KB139459

중정이 기록한 장준하

중정이 기록한 장준하

민주주의자 장준하 40주기 추모 평전 / 고상만 지음

오마이북

프롤로그

우리나라 국민의 과반 이상은 자신의 이념적 정체성을 묻는 설문에 '보수'라고 답한다. 그런데 왜 자신을 보수라고 생각하는지 그 이유를 물으면 실망스럽기 짝이 없다. 내가 가장 많이 들은 답변은 지지하는 정당이 '새누리당'이기 때문에 자신이 보수라는 것이다. 이는 불행히도 '보수'라는 이념적 정체성을 잘 이해하지 못하는 무지이자, 우리나라의 기형적인 근현대사를 거치면서 자리 잡은 이념의 왜곡이라고 하지 않을 수 없다.

이러한 무지는 아마도 국어사전에서 검색되는 '보수(保守)'라는 단어를 문자 그대로 해석하는 데서 비롯될 것이다. 국어사전에 '보수'는 "새로운 것을 반대하고 재래의 풍습이나 전통을 중히 여기어 유지하려는 것"이라고 되어 있다. 그렇다면 보수는 무조건 과거의 것을 지키고 유지하는 것일까.

여기서 말하는 재래의 풍습이나 전통은 바로 '사람'을 중심으로 생각하는 마음이다. 사람을 먼저 생각하는 마음, 사회적 약자의 아픔을 생각하는 마음, 그래서 나의 이익을 위해 타인에게 불이익을 강요하지 않는 정직한 마음이 '진정한 보수'의 핵심이다. 부패한 세력과 자신의 이익을 위해 타협하지 않는 보수, 나는 그러한 철학을 가진 이들이야말로 살아 있는 이 땅의 진정한 보수라고 믿는다.

그런데 과연 지금 대한민국에 이 같은 진정한 보수주의자가 존재하는가? 내가 알기론 적어도 예전에는 있었다. 1975년 경기도 포천 약사봉에서 의문사로 목숨을 잃은 재야인사 장준하 선생. 그는 조국을 사랑하고 항상 먼저 생각하면서 단 한 번도 자신을 위해 눈물을 흘리지 않았다. 하지만 그 때문에 역설적으로 그의 최후는 비참했다.

1975년. 당시 하길종 영화감독이 만든 화제작 〈바보들의 행진〉이 인기를 끌던 그때, 그리고 그 영화 속 삽입곡으로 지금까지 많은 이들에게 사랑받는 노래 〈고래 사냥〉이 세상에 첫선을 보인 그해 8월 17일, 경기도 포천 약사봉 계곡에서 한 남자가 숨진 채 발견되었다. 그의 이름은 장준하. 사후 13년이 지난 1988년이 되어서야 그의 의문사가 국회 본회의장에서 논란이 되었던 비참한 죽음이었다. 누가, 왜, 무슨 이유로 장준하 선생을 낯선 곳으로 끌고 가 비명에 가게 했는지 밝혀내지 못한 채 어느덧 세월은 그때로부터 만 40년을 비껴갔다.

시대의 어른이었고 선각자였으며 지성인이었던 장준하. 나이 어린 후배에게도 하대하지 않고 늘 존칭어를 썼다는 장준하. 약한 민중에게는 한없이 부드러웠으나 거대한 기득권 세력에게는 칼보다 더 날카로웠다는 장준하. 올해 나는 장준하 선생의 사후 40주기를 맞아 그의 일대기를 쓰기로 결심했다. 그리고 그동안 세상에 알려지지 않은 비밀을 담아 세상에 내놓기로 했다. 바로 1961년 5·16 군사쿠데타 이후 유신독재자 박정희에 의해 만들어진 중앙정보부(지금의 국가정보원, 이하 '중정')가 감시하고 기록한 '장준하 동향 보고'를 확보한 것이다.

우리는 중정이 작성한 '중요 상황 보고', 즉 '중정이 기록한 장준하'를 통해 독재 권력이 자신의 정치적 반대자를 어떻게 감시하고 탄압했는지 확인할 수 있다. 독재 권력이 국민의 인권을 어떻게 유린했으며 그것이 얼마나 끔찍한 일인지 똑똑히 알 수 있을 것이다. 다른 한편으로는 장준하를 처벌할 목적으로 중정이 꼼꼼하게 기록한 그의 언행을 통해 새로운 장준하의 모습을 마주하게 된다. 그의 가족과 지지자가 증언하는 주관적 평가가 아닌, 장준하의 말과 행동 그대로를 담백하게 알 수 있는 생생한 기록을 들여다보는 기회가 될 것이다. 그렇다면 과연 중정 동향 기록에 담긴 장준하의 참모습은 무엇일까.

내가 중정의 동향 정보 기록을 토대로 장준하의 일대기를 엮게 된 것은 두 가지 이유 때문이었다. 첫째, 중정의 장준하 동향 기록을 입수하게 된 경위가 나의 '운명'처럼 여겨졌다. 나는 이것을 박정희 독재 권력하에서 숨진 장준하 선생이 미처 전하지 못한 말을 세상에 대신 알려달라는 뜻으로 해석했다. 그의 일생에서 어떤 일이 벌어졌으며 그가 무엇을 위해 누구와 싸웠는지, 그리고 그 과정에서 어떤 탄압을 받았고 결국 저들이 그에게 무슨 일을 자행했는지 알려달라는 장준하 선생의 간곡한 뜻을 나는 가슴으로 받아들였다. 민주주의와 인권을 위해 싸우다가 박정희 유신독재에 쓰러진 장준하를 오늘날 후세의 사람들이 새롭게 재평가하는 계기가 되기를 소망한다.

둘째, 장준하를 위시한 정치적 반대자를 상대로 그 당시 유신독재 세력이 어떤 범죄적 행위를 자행했는지 우리 국민이 이제라도 정확히 알아야 한다는 이유에서 이 책을 쓰기로 했다. 이는 이 나라 민주주의와 인권의 가치를 지키는 공익을 위해 필요한 일이라고 나는 믿는다. 만일 이것이 당대 권력자의 불의로 인한 국가권력기관의 잘못이라면, 오랜 시간이 흘렀더라도 진실은 반드시 밝혀진다는 사실을 다시 한번 확인하고 싶었다. 더구나 18년 장기독재를 유지하는 과정에서 박정희가 자신의 권력 연장을 위해 중정이라는 폭압 기구를 어떻게 운영했는지 이제라도 국가의 주권자인 국민은 당연히 알아야 할 권리가 있다. 따라서 박정희 유신독재에 맞서 싸운 장준하 선생을 상대로 자행한 당시 중정의 사찰은 불법 행위의 결과물일 뿐 결코 국가가 보호해야 할 비밀이라고 생각하지 않는다.

또한 장준하를 상대로 한 중정의 초법적인 사찰과 이를 기초로 작성된 동향 기록 및 중요 상황 보고는 이미 지나간 과거의 이야기가 아니다. 이는 엄연히 국가가 권력을 남용한 명백한 범죄 증거이다. 민주주의 국가에서 절대 해서는 안 될 잘못을 그때 막지 못했다면, 지금이라도 제대로 알려야 옳다. 그러지 않는다면 역사는 다시 그 불행을 반복할 수밖에 없다. 과거 없는 미래는 없다. 나는 이 기록의 공개가 또다시 도래할지도 모를 독재를 막아내는 역동적인 힘이 될 것이라 확신한다.

이러한 근거는 1990년 9월, 국군보안사령부의 민간인 사찰을 폭로한 윤석양 이병의 양심선언과 같은 맥락으로 이해된다.

당시 국군보안사령부는 민간인을 상대로 광범위한 사찰을 했다. 해서는 안 될 명백한 국가권력기관의 범죄였다. 결국 윤석양 이병의 폭로는 이후 국군보안사령부를 국군기무사령부로 개칭하게 만들었고, 다시는 민간인을 사찰하지 않겠다는 선언으로 이어졌다. 공식적으로는 그렇게 되었지만, 국군기무사령부가 정말로 민간인을 사찰하지 않는지는 여전히 확신할 수 없는 가운데, 적어도 기폭제 역할을 한 것은 윤석양 이병의 양심선언이었다. 아니나 다를까 2015년 8월, 중정의 뒤를 이은 오늘날의 국가정보원은 해킹프로그램을 이용한 국민 사찰 의혹의 중심에 서 있다. 국민의 말을 감시하고 싶은 국가권력기관의 속성이 그때나 지금이나 전혀 달라지지 않았음을 확인할 수 있다.

나는 이 책에서 인용한 중정의 장준하 관련 '중요 상황 보고' 문서의 공개가 공공 이익을 위한 차원으로 해석되어야 한다고 거듭 주장한다. 중정이 장준하 선생을 상대로 한 사찰, 미행, 도청, 그리고 사설 정보원 활용을 통한 정보 수집은 그때나 지금이나 해서는 안 될 정치 개입이었다. 국가의 안보와 상관없는 독재자의 권력 연장용 도구로서 국가권력을 이용한 것이다. 따라서 이는 처벌받아야 할 불법 행위이지 보호할 가치가 있는 국가 기밀이 아니다. 나는 이러한 불의한 권력을 고발하고 싶었다. 하여 누구도 말할 수 없었던 장준하 선생 그대로를 다시 역사 속에서 끄집어내어 오늘에 되살리려 한다. 박정희 독재 권력하에서 누구도 솔직하게 기록할 수 없었고 전달하거나 남길 수 없었던 장준하의 진정한 말과 행동의 저항을 말이다.

중징의 기록은 어디까지가 사실이며 또 어디까지가 거짓일까. 만약 사실과 다르다면 왜 장준하를 매도하거나 흑칠하려 한 것일까. 이 책은 장준하에 대한 중정의 동향 기록과 중요 상황 보고를 토대로 썼지만, 해석만큼은 중정의 시각에 동의하지 않을 것이다. 장준하가 남긴 말과 글을 장준하의 관점에서 해석하고, 장준하의 유족과 동지들이 증언하는 수많은 글과 책을 함께 담아 장준하의 일대기를 온전히 드러내려 한다. 또한 2003년부터 1년간 장준하 사인 의혹을 직접 조사했던 경험을 토대로, 직접 듣고 확인했던 수많은 증언 역시 이 책에 녹여 장준하의 참모습을 느낄 수 있도록 했다.

더불어 민주주의자 장준하가 독재자 박정희의 실체를 고발한 그 당시의 말들을 다시 살려내려 한다. 이를 통해 독재 권력 아래 그 어떤 신문도 시도할 수 없었던 장준하의 날카로운 비판을 있는 그대로 담아내어 장준하의 정의로운 외침이 이제라도 국민에게 알려질 수 있도록 할 것이다. 그리하여 40년을 넘는 긴 세월을 돌고 돌아 이제라도 그 당시 장준하의 외침이 제대로 평가될 수 있기를 염원한다. 역설적이게도 이런 이유로 기록자 입장인 나는 중정이 고맙다. 그 당시 장준하의 모든 것을 감시하고 이를 기록으로 남긴 중정 덕분에 장준하의 진실에 한발 더 다가갈 수 있었기 때문이다.

하지만 생전의 장준하는 이러한 중정 등 권력기관의 감시 때문에 여러 차례 극심한 정신적 고통을 피력했다. 마음 놓고 사람을 만날 수도, 자기 집 안방에서 걱정 없이 전화 통화조차 할 수 없는 지경이었기 때문이다. 장준하는 늘 압박당했다. 중정은 이러한 장준하의 하소연조차도 엿듣고 이 또한 기록으로 남겨두었다. 참으로 끔찍한 일이 아닐 수 없다. 이제 국가 범죄의 진실은 남김없이 밝혀지고 알려져야 한다.

이제 그 새로운 역사 속으로 들어가보자.

2015년 8월

고상만

차례

2장

중앙정보부, 장준하를 기록하다 1963~1973

3장

장준하, 박정희를 넘어서다 1974~1975. 7.

4장

장준하, 영원히 살다 1975. 8.~2013

일러두기

- 문서나 자료 가운데 일부분은 당시의 표기법이 아닌 지금의 표기법에 맞추어 수정했다.
- 저자의 주는 글줄 상단에 고딕체로 작게 처리했다.
- 단행본·잡지는《 》, 신문·기사·연설문 등은〈 〉로 표시했다.

서장

'온순하나 날카로움' 중정이 평가한 장준하

중앙정보부는 1963년부터 장준하가 의문사로 숨진 1975년까지 그의 모든 행적을 철저히 감시했다. 미행과 도청, 장준하의 주변인을 정보원으로 활용한 정보 수집 등의 방법으로 그의 모든 것을 감시했다. 또한 중정은 이렇게 획득한 장준하의 동향 정보를 '중요 상황 보고'라는 제목의 문서로 만들어냈다.

사실 중정의 이러한 감시는 장준하가 생존해 있는 동안에만 이뤄진 것이 아니었다. 장준하가 사망한 후에도 중정의 감시는 중단되지 않았다. 중정은 장준하가 사망한 1975년 8월 17일 이후부터 1978년까지 장준하의 유족과 그의 동지들을 감시했고 이를 기록으로 남겼다.

중정의 장준하 감시 기록 중 가장 먼저 눈에 띈 자료는 인물관리를 위해 중정이 직접 작성한 장준하 '인물 존안 원본'이다. '중앙정보부 제8국' 소인이 찍혀 있는 이 '인물 존안 원본'은 모두 8매인데, 그 안에는 장준하에 대한 가족 사항과 교우 관계, 접촉 인물, 그리고 그가 살아온 주요 경력을 포함하여 장준하와 관련된 모든 사항이 기록되어 있었다.

문서가 만들어진 날은 1968년 6월 20일. 종교는 기독교, 본관은 안동, 생년월일은 1915년 8월 27일로 기록되어 있었다(장준하의 정확한 출생 연도는 1918년이다). 별명이나 아호는 없으며 재산은 동산 200만 원, 부동산 400만 원으로 기재되어 있었다. 특이한 점은 '성질 소행'이라는 항목에다 중정이 기록한 대목이다. '溫順(온순)하나 날카로움.' 장준하에 대한 중정의 짧지만 강렬한 평가였다.

그리고 이어지는 '동향 및 기타 참고 사항'. '인물 존안 원본'의 다른 내용들은 사람이 직접 쓴 필기체인 데 반해 이 부분만은 한글 타자기로 작성되어 있었다. 마치 누군가에게 보고하기 위한 용도로 작성되었음을 추측해볼 수 있다. 모두 8개 항목으로 정리되어 있는 이 부분은 장준하에 대한 중정의 공식적인 인물 평가라고 할 수 있을 것이다. 그 전문을 공개한다.

동향 및 기타 참고 사항

1. 족청계로서 착실한 기독교 신자이며 현 정부 시책을 비방하는 자임.
2. 본명[장준하를 지칭]은 1967. 4. 5. 예천 유세에서 "박정희가 광복군 장교로 독립운동을 하였다는 것은 거짓이다. 현 정부가 쿠데타로 정권을 탈취, 현재 외국의 부채가 10억 불이 넘고 있다"고 역설, 박 대통령을 비방한 사실이 있음.
3. 1967. 4. 2. 포항, 경주, 영천 유세에서 "박정희 씨는 여수, 순천 반란사건에 가담한 자이며 사상과 철학이 없는 사람"이라고 박 대통령을 비난한 사실이 있음.
4. 1967. 4. 23. 천안에서 "박정희 씨는 청년 시절에 일본군 장교로서 일본 천황에게 충성을 다하였으며 해방 후 공산당 조직책으로 일한 사람"이라고 비난, 인신공격을 한 바 있음.

5. 1967. 5. 1. 부산에서 "우리가 못사는 것은 삼성 등 몇몇 사람의 재벌들 때문이다. 박 정권은 조국 근대화와 민족적 민주주의라는 미명하에 독재정치로 국민을 수탈하면서 조직적인 부패 정치를 일삼고 있다"고 운운한 바 있음.
6. 본명은 6·8 총선에 옥중 출마하였다가 1967. 5. 31. 서울 형사지법 합의부 김영준 부장판사에 의해 10만 원으로 보석 결정되어 석방된 자임.
7. 정쟁법 3조 1항 8호에 해당했던 자임.
8. 본명은 8·15 해방 직후 김구 선생과 함께 귀국한 자로서 1958. 9. 30. 자유당을 규탄하는 〈생각하는 백성이라야 산다〉는 내용을 《사상계》 잡지에 게재함으로써 당시 서울지검에 국가보안법 위반 혐의로 불구속 취조 중 무혐의로 결정된 바 있음.

1967년 4월 22일 연설 전문 최초 공개

장준하. 그의 이름 앞에는 재야인사라는 호칭이 자연스럽게 따라붙었다. 재야인사 장준하. 하지만 이러한 호칭 외에도 그의 이름에 따라붙는 수식어는 더 다양했다. 광복군 출신 장준하, 《사상계》 사장 장준하, 국회의원 장준하, 정치인 장준하, 재야의 대통령 장준하, 반유신독재 민주주의 투사 장준하, 100만인 서명운동 주도 장준하, 긴급조치 1호 첫 번째 구속자 장준하. 그리고 또 하나의 비극적인 수사는 '대한민국의 대표적인 의문사 피해자' 장준하. 이 밖에도 장준하에 대한 사람들의 기억은 더욱 넓다.

하지만 돌이켜 생각해보면 장준하가 대한민국 근현대사에 남긴 수많은 흔적과는 달리, 그가 살아온 기록은 생각보다 많지 않다. 그가 일본군 부대 탈영 후인 1944년 7월부터 근 2년간의 경험을 담아 1971년 4월 19일에 펴낸 항일수기 《돌베개》 정도가 알려져 있을 뿐이다. 예를 들어 유신독재자 박정희에 맞서 장준하가 주도한 '유신헌법 개헌청원을 위한 100만인 서명운동'(이하 '100만인 서명운동')을 주도했다는 사실만 널리 알려져 있을 뿐, 100만인 서명운동이 구체적으로 어떤 내용을 담고 있는지 읽어본 사람은 거의 없다.

게다가 이보다 더 가려진 사실이 있다. 바로 천재적인 달변으로 알려진, 특히 18년 장기집권 유신 독재자 박정희에 대한 거침없는 발언으로 알려진 그의 연설 내용이다. 장준하는 박정희 독재하에서 모두 서른일곱 번 연행되고 그중 세 번 구속되었다. 그런데 이러한 연행과 구속이 전부 장준하가 행한 연설 때문이었다. 장준하는 박정희의 권력 앞에 절대 굴복하지 않았다. 그 앞에서 무섭게 쏟아낸 발언으로 그가 받은 죄목은 '국가원수 모독죄'로서, 민주주의 국가에선 찾아볼 수 없는 천하의 악법이었다. 하지만 정작 장준하가 연단에서 외친 저항의 절규는 지금까지 온전히 사람들에게 알려지지 못했다. 그저 신문과 잡지에 몇 쪼가리 문장으로 실렸으며, 이를 인용한 글들이 사람들에게 읽혀 전해졌을 뿐이다. 왜 그렇게 되었을까.

장준하의 말은 박정희 독재하에서 금기였다. 장준하가 청량리 역전 광장에서, 한강변에서, 장충단 공원과 전국의 모든 장터의 유세장에서 호랑이처럼 포효하던 외침은 그 당시 어느 신문, 어느 방송도 온전히 담아 전달할 수 없는 금기 그 자체였다. 그래서 누구도 장준하의 외침을 기록으로 쓰거나 남길 수 없었다. 그런데 단 한 곳만은 예외였다. 장준하의 일거수일투족을 낱낱이 담아 기록하고 보관해둔 곳이 유일하게 있었다. 그것도 매우 세세하고 다양한 방식으로 남겼다. 바로 박정희의 손발이 되어 악행을 저질렀던 중앙정보부이다. 또한 중정의 지휘를 받아 장준하의 언행을 감시하도록 조정을 받았던 경찰과 검찰, 국군보안사령부 등도 마찬가지였다. 이런 방식으로 중정이 장준하의 말과 행동을 기록한 이유는 무엇일까. 간단하다. 박정희와 대적하던 장준하를 유사시 처벌하기 위한 '정보 수집'이 목적이었다.

그중 중요한 하나를 살펴보자. 1967년 5월 3일 실시된 제6대 대통령 선거 당시, 박정희가 재선을 위해 대통령 선거에 출마했다. 지금은 헌법이 개정되어 대통령 임기가 5년 단임제로 되어 있지만, 당시 대한민국 헌법은 두 번에 한해 4년씩 대통령을 할 수 있는 중임제를 채택하고 있었다. 따라서 박정희는 1963년 제5대 대통령에 당선된 후 1차 임기인 4년을 마치고 현직 대통령 신분으로 1967년 대통령 선거에 다시 출마했다. 이때 박정희의 야당 경쟁자는 신민당의 윤보선 후보였다. 야당 단일 후보로 출마한 윤보선과 재선에 도전하는 박정희 사이에 연일 치열한 공방전이 벌어지던 중이었다. 그 가운데 야당 후보를 지지하는 연사로서 군중 앞에 나선 이가 바로 이 평전의 주인공, 장준하였다.

지금부터 중정이 기록한 1967년 4월 22일 남산 야외음악당에서 있었던 야당 대통령 후보 지지를 위한 장준하 유세 전문을 공개한다. 그는 이날 유세에서 박정희 정권의 실정과 탐욕을 신랄하게 비판했다. 그리고 이러한 장준하의 유세를 중정은 마치 녹취록을 작성하듯 꼼꼼하게 기록했다. 당시의 정치적 시대 상황을 고스란히 느낄 수 있는 그 기록을 여기에 그대로 옮긴다.

"지금 소개받은 장준하입니다. 몇 달 전에 〈동아일보〉 사회면에 묘한 기사가 하나 났습니다. 나는 그 기사를 보고 깜짝 놀랐습니다. 그런 일은 딴 일이 아니고 이 나라 박정희 정권에서 둘째간다고 하는 김종필. 김종필이란 사람이 돈 850만 원을 호주머니에다 넣고 요정에 가서 진탕 놀다가 그 돈 850만 원을 잃어버렸습니다. 그래서 혼란을 피웠는데 이 기사가 여러 사람에게 큰 충격을 주어서……

왜 김종필이라는 사람은, 박정희 정권의 제2인자인 격에 있어서 김종필이란 사람은 그 돈이 어디서 났느냐? 김종필이란 사람은 본래 그렇게 부자냐? 나는 돈이란 것이 좀 어색하기는 합니다마는 이 사람도 국민인 까닭에 자기의 돈을 가지고 요정에 가서 뚱땅거리고 주지육림 속에서 850만 원을 뿌리는 사람이 아니냐? 인민이야 어떻게 되었든 우리들이 세금을 바칠 때 이 돈을 가지고 뚱땅거리는 까닭에 나는 여러분 앞에 김종필이를 고소합니다. 김종필은 내가 알기에는 군사쿠데타가 나던 그 당시 취직을 못해서 여기저기 이력서를 가지고 다녔으며 내가 관계하던 회사에도 이력서를 가져와 80여 일 동안 가지고 있었던 사실이 있는데 5·16 안 났다면 취직을 시켜주었을지도 모릅니다. 셋방살이를 하던 사람이 어디서 이런 돈이 났단 말입니까? 이 돈은 우리가 낸 세금입니다. 어디서 그런 돈이 났어?"

박정희 권력하에서 막강한 2인자 자리에 있던 김종필을 향한 장준하의 공격은 거침이 없었다. 장준하의 연설은 이후 더욱 날카롭게 이어진다. 특히 김종필이 5·16 군사쿠데타 이전에 장준하에게 이력서를 가지고 왔다는 대목이 이채롭다. 확인 결과, 이는 1960년 4·19 민주혁명 후 장면 정권이 추진한 국토건설본부에서 장준하가 기획부장을 맡고 있던 시기였다. 그때 김종필은 1960년에 군인으로서 정군운동(整軍運動)을 주도하다가 항명으로 몰려 예편한 상태였다. 이때 무직이었던 김종필이 국토건설본부에 취직하겠다고 이력서를 들고 왔으나, 마침 장준하가 사무실을 비워 두 사람은 만나지 못했다고 한다. 그런데 그 후 5·16 군사쿠데타가 일어나 무직자였던 김종필이 일약 무소불위의 중앙정보부장이 되어 전횡을 일삼자 이에 대한 장준하의 분노였던 것이다. 이어지는 연설은 박정희 정권의 해외 차관 비리에 대한 비판이다.

"여러분. 3000만 원, 5000만 원, 1억 원 부채를 들여다 이렇게 해서 공장을 짓는다는 명목으로 돈을 물 쓰듯…… 어떤 사업가가 원조를 해달라고 그러면 외국 사람은 돈을 빌려줬다가 어떻게 될지 모르니까 너희 나라가 보증을 해라. 그러면 이 사업가는 우리나라 박정희 정부에 그 보증을 요구합니다. 그러면 정부가 보증해서 국회에 동의를 얻습니다. 국회가 보증하고 동의한다는 것은 모든 국민이 연대보증을 서가지고 공장을 짓게 해준다는 것이요. 박정희 정권은 공장을 짓는다는 명목으로 여러 국가에서 원조를 얻어 들여와서 함부로 뿌리고 있습니다.

이효상 국회의장은 원조를 얻어 오는데 국민은 왜 떠드느냐 그랬어요. 그래서 국민은 군소리 안 했어요. 그랬드니 1000만 원 얻어다가 지을 공장을 5000만 원에 빚을 얻어 오니 모든 국민이 연대보증한 빚이니 그런 까닭에 급자기 들어오는 물건은 비싼 물건이고 국내에서 생산되는 물건만 가지고는 맨들지 못하게 하는 것입니다.

여러분. 박정희 정권이 총칼을 들고 한강다리를 건너서 향토를 강도질할 때 1744만 6000달러의 빚이 오늘날 얼마나 늘었는지 아십니까? 12억 달러. 그래서 우리들이 뭐라 하니까 우리들은 그렇게 부채가 없는데 (야당인) 신민당이 말한다는 것입니다. 그래서 우리 당 정책위원회는 그 명세서를 밝히라고 아무 때 아무 해 얻어 온 빚이 얼마, 일본에서 얻어 온 빚이 얼마, 독일서 얻어 온 빚이 얼마, 이태리에서 얻어 온 빚이 얼마, 전부 합해서 12억 가까운 것을 발표하였습니다. 그랬드니 그 후부터는 입을 꼭 다물고 아무 소리 못해. 그중 정치자금은 얼마를 바치고 하였는지 아무 소리를 못하고 입을 꽉 다무는 거야.

여러분. 이렇게 무지무지한 빚을 져가지고 건설을 한다고 했습니다. 일본에 8000만 불, 단 8000만 불 일본에서 한국에 원조해준다고 떠들면서 주는 것이 5000만 불에서 6000만 불 사이. 놀라지 않았습니까? 여러분. 숫자를 가지고 말해야 되지 그렇게 말 안 해요. 농민들이 열심히 일해서 5200만 석 거뒀는데 박정희 정권이 들어서더니 쌀 난동이 일어나지 않았어요? 농림부에 알아봤더니 한 사람이 과거 1년에 한 섬씩 먹었는데 지금은 한 사람이 1년에 다섯 섬씩 먹어서 이렇게 쌀이 모자란다고 그럽디다. 이런 말, 여러분이 곧이듣겠어요?

거짓말은 양곡뿐이 아닙니다. 수출은 많이 한다고 야단인데 보세 가공에 개수를 따져보자고 하니까 2만 5000만 불 되고 또 2억 5000만 불도 되고 그렇게 늘리고 줄이게도 되는 것입니다. 여러분. 대통령의 연두교서란 것은 대통령이 1년 동안 자기는 무슨 일을 하겠다고 연초에 국회에 나가서 이야기하는 가장 중요한 것입니다. 이 교서는 박정희 씨의 거짓말뿐입니다. 동네방네 다니면서 고리자금을 은행돈 잔뜩 들여다 쌓아놓고 우리는 돈 많다, 부자다 하면서 쪽쪽 들여 먹으니 되겠습니까?"

해외 차관을 얻어 와 집권 여당인 공화당이 흥청망청 쓰는 실태를 두고 장준하는 분노했다. "외국에서 얻어 오는 차관을 두고 왜 시비냐"는 국회의장 이효상의 터무니없는 망언을 장준하는 조목조목 지적했다. 그의 연설을 듣던 유권자들은 연신 박수를 치며 공감을 표시했다. 이어지는 연설의 주제는 1967년 당시 사회적 이슈가 되고 있던 월남전쟁에 대한 것이다.

"박정희 씨가 독립운동을 했다고 어느 책에 나왔는데, 독립운동 당시에 박정희 씨는 북경 지방에 일본군 장교로 있었어요. 여러분. 박정희 씨는 대통령이 되더니 동남아 일대를 한 바퀴 휙 돌아오더니 한다는 이야기가 군대에 있을 적에는 우리나라 인구가 하두 많아서 두통거리더니 동남아 일대를 돌아와보니 우리나라 인구가 많은 것이 큰 기쁨이 되드라는 말입니다. 무슨 일을 하려고 이따위 소리를 하느냐 했드니 얼마 있다가 월남에 군대를 보낸다고. 가보니까 군대를 많이 보내서 잘 팔아먹으면 그럴듯하그던.

월남에 군대가 얼마나 갔습니까. 처음에 3000명 공병대를 보낼 때 다시는 안 보낸다고 하였습니다. 그러나 그 후 몇 사단이 갔습니까? 또 다시는 안 보낸다고 하드니 맹호사단이 가고, 백마사단이 갔습니다. 그래서 5만 명이 가 있습니다.

여러분. 작년 연말에 내가 2개월 동안 형무소에서 살았는데 박정희 씨를 무시한 게 문제가 됐지만 또 다른 문제가 하나 있었습니다. 미국의 존슨 대통령이 한국에 오는 것은 한국 청년들이 필요해서 오는 것이라고 말한 문제입니다.

우리나라 모든 신문들은 거짓말 많이 하는 것 같은데 월남전쟁은 우리 부대가 가서 장수하면서 계속 승승장구하는 것 같은데 이것은 거짓 보도야. 맹호부대는 전쟁을 하고 있지 않아. 전쟁을 하기 위해서 훈련을 받고 있는 거야. 맹호부대가 주둔하고 있는 퀴논은

열 개 사단이 주둔할 수 있는 넓은 지역이고, 한 개 부대가 담당하는 전선이라는 것이 우리 삼팔선 전체를 독찰로[통째로] 맡았던 지역에 해당하는 넓은 지역이야요. 맹호부대와 백마부대들은 민간 공산당을 소탕하는 정도밖에 하고 있지 않아요. 그리고 작년부터 본격적인 전쟁을 하려고 계획하고서 미국군 당국은 한국군에게 압력을 넣고 있어."

이후 장준하는 월남전쟁 참전을 결정한 박정희 정권하에서 이중적인 태도를 취하는 특권층에 대한 비판을 시작했다. 당시 서민의 아들들이 이 정책으로 월남 파병을 가는 상황에서 권력자의 자식들은 열외였기 때문이다. 그 당시 어떤 방식으로 병역 면탈이 이루어졌는지 그 놀라운 실태 고발이다.

"작년에 병역법을 고쳤습니다. 어찌 고쳤는지 아시지요. 징병 해당자는 외국에 유학을 갈 수 없어요. 병역을 마치기 전에. (그런데) 우리나라가 근대화되어가는데, 인재가 많이 필요해서 외국 유학을 많이 보내야 되겠다고. 외국에 유학할 동안은 병역을 안 마쳐도 된다고 고쳐놨어요. 그러고는 누가 먼저 갔습니까? 그렇게 월남에 군대를 많이 보내야 되겠다고 떠들던 이 나라 국방장관의 아들이 먼저 갔어요. 헐벗고 굶주린 가난한 아들들은 월남으로, 월남으로 가는데 잘 입고 돈 있는 고급 관리들의 아들은 미국으로, 미국으로 갑니다."

2015년 현재, 대한민국에서는 공직자 인사 청문회 후보자로 나온 이들의 병역 면탈이 늘 논란이 되고 있다. 인사 청문회 후보자를 비롯하여 그 자녀들까지도 대를 이어 병역을 기피한 의혹 때문에, 어떤 이는 "건강하지 못한 이유로 저와 제 자식이 병역을 이행하지 못해 송구하다"며 사과하기도 했다. 바로 그 병역 면탈의 법적 토대가 마련된 때가 1967년이었던 것이다. 장준하는 이 한심한 실태를 날카롭게 비판했다. 한편 장준하의 큰아들 장호권은 현역으로 입대하여 월남전에 참전했다. 진정한 보수의 당연한 선택이었다.

이어지는 장준하의 비판은 마침내 당시 독재자인 박정희를 정조준했다. 절대적 권력자인 대통령 박정희를 향한 장준하의 비판은 칼처럼 날카로웠고 도끼처럼 무서웠다. 특히 장준하는 박정희의 이념적 정체성에 대한 의혹을 제기했다. "박정희 씨를 나는 믿을 수 없다"는 말로 시작하는 장준하의 사상적 공세는 정말 의외다. 대한민국에서 사상 문제로 박정희가 공격받았다는 것을 아는 사람은 생각보다 많지 않다. 장준하는 무슨 이유로 박정희를 사상 문제로 공격했을까.

> "박정희 씨를 나는 믿을 수가 없는 사람이요. 왜 박정희 씨를 믿을 수 없느냐? 사상이 없는 사람이요, 일본 군벌과 천왕에 충성을 다한 사람이요. 황도주의를 그렇게 좋아하더니 하룻밤 사이에 남북으로 조국이 갈라지고 공산당의 조직이 강해지니까 군대 내에 있어서 공산주의 조직과 빨갱이들과 완전히 결합되었었다고 소문이 자자하드군요. 그러든 박정희 씨가 군사쿠데타를 하고 나드니 행정적

민주주의를 들고 나왔어요. 그러드니 행정적 민주주의는 온데간데 없고 민족적 민주주의, 민족적 민주주의란 것은 우리 당 당시 야당인 신민당의 정책위원장이신 부완혁 선생이 전번 선거 때 박정희 씨가 민족적 민주주의를 내세웠을 때 《사상계》에 민족적 민주주의라는 것이 무엇이냐 하는 이야기를 썼어. 바로 전 소련 수상 흐루시초프가 아직도 공산화되지 않은 비공산주의 국가에게 공산화시키기 위해서 새로 만든 용어가 민족적 민주주의라 했소."

이러한 장준하의 발언을 듣던 박정희의 심정은 어떠했을까. 상상해보면 박정희로선 끔찍하기 짝이 없었을 것이다. 놀라운 점은 만주군관학교 출신으로 친일 군인의 길을 걸었던 박정희가 자신의 과거를 왜곡했다는 사실이다. 이는 장준하의 연설 중 "박정희 씨가 독립운동을 했다고 어느 책에 나왔는데 독립운동 당시에 박정희 씨는 북경 지방에 일본군 장교로 있었어요"라는 부분이 있기 때문이다. 장준하는 이러한 연설을 여기에서만 한 것이 아니라 전국의 유세장에서 반복하면서 더욱 구체적인 근거를 제시한다. 장준하는 이러한 박정희의 치부를 폭로했을 뿐만 아니라 그의 사상이 소련 수상 흐루쇼프와 함께한다며 사실상 그를 '공산주의 사상을 가진 인물'로 공격했다. 오늘날 '종북 세력' 운운하며 매도하는 세력의 조상 격인 박정희가 오히려 사상 문제로 공격당했다는 점이 이채롭다.

장준하는 박정희의 국내 정치에 대해서도 비판한다. 1961년 5·16 군사쿠데타 직후 박정희는 민정에 정권을 이양한 후 다시 본연의 업무인 군으로 돌아가겠다고 스스로 약속한다. 이것이 '혁명 공약'이다. 하지만 박정희는 이 공약을 파기하고 1963년 공화당을 창당한 후 본인이 대통령 후보로 나섰다. 그리고 온갖 부정선거 끝에 대통령으로 당선된 그는 4년간의 첫 임기를 마친 후 재선을 위해 두 번째로 대통령 선거에 출마했다. 장준하는 이러한 박정희의 정치적 정당성에 대해 비판의 목소리를 높였다. 이어지는 장준하의 비판이다.

"그러면 그 민족적 민주주의는 온데간데없고 박정희 씨가 정권을 잡은 4년 동안 무엇을 했습니까. 가장 악질적인 군사독재주의로 모든 인권을 짓밟고, 모든 여론을 탄압하고, 모든 야당을 돈으로 매수하고. 오늘도 어떤 소식을 들으니까 군소 정당을 잔뜩 만들어가지고 여기다가 어떤 기관에서 돈을 준다고…… 전라도 지역 출신구를 따지 못한 어떤 사람에게 3월 10일에 300만 원을 주었고, 3월 23일 400만 원을 주었고, 또 4월에 2000여 만 원, 계 2500여 만 원이 나갔고. 이 정당에 돈을 막 주고 안 되면 죽으라 하였다. 군대를 시켜서 부정선거를 획책하고 있다는 이야기예요. 3·15 부정선거를 빰칠 수 있는, 군대를 시켜서 부정선거를 획책하고 있는데 이것은 이미 만고 공판[세월이 흘러도 변할 수 없는 진실]이란 거야. 이것은 이미 판명되었고 그 비밀은 신민당에 들어와 있는 것입니다.

군대에 계신 여러분. 군대는 국토를 방위할 신성한 임무를 가진 것입니다. 국토를 방위하여 민주주의를 수호해야만 하는 성스러운 임무를 가진 것입니다. 군인 여러분. 자중하셔서 이 공작에 속지 마시고 단연코 진정한 표를 찍어주시기를 나는 군대 장성 여러분에게 촉구합니다. 이렇게 협잡이나 하고 거짓말이나 하고 백성을 속여가지고 월남에나 팔아가지고 평화 군단 10개, 10만 평화 군대를 보내가지고 잘살게 만들고 인력 수출을 한다고 야단을 하면서. 그것은 완전한 거짓말이지요. 지난 2월인가, 정월인가. 국방장관이 미국에 가서 평화군단 17만 명을 보내겠다 하였드니, 그것도 국방장관이 직접 말한 것이 아니고 월남에 가는 한국 경제협조회장이 주월 경제협조처장에게 말하여서 본국에 조회하드니 고려는 해보겠다는 말입니다. 월남 당국은 이 말을 듣고 발칵 뒤집혀서, 한국 인구 10만 명이 월남에 와서 돈벌이를 하면 큰일이다. 제발 오지 말어라. 제발 오지 말어라. 제발 '환영하지 않는다' 떠들고 나섰어요. 그래서 이것은 수포로 돌아갔습니다.

여러분, 우리도 정신 차릴 때가 온 것입니다. 이렇게 갈팡질팡하는 아무런 사상을 가지지 못한 암흑 심야에 파도가 치는 일엽편주에 나침반을 잃고 선장도 없이 6년 동안을 끌어온 것입니다. 이제 우리는 끝장이 온 것입니다. 박정희 정부를 합법적으로 타도하고, 새 나라를 건설하여줄 것을 당부하는 바입니다."

놀랍지 않은가. 나는 장준하의 이 긴 연설문을 처음 접하고 그야말로 감동하지 않을 수 없었다. 무엇보다 그 시절 박정희에 맞서 가장 치열하게 싸운 이가 장준하라는 이야기는 너무도 많이 들어왔지만 그 연설이 구체적으로 어떤 내용인지는 제대로 읽어본 적이 없었다. 그 시절 어느 책, 어느 신문, 어느 자료에도 당시 장준하의 연설이 실리지 않았기 때문이다. 그런데 그 유세 연설을 옮긴 중정의 세세한 기록을 보자 나는 장준하가 외친 그 뜨거운 숨결과 심장의 박동 소리를 듣는 듯한 착각에 빠졌다.

하지만 이 유세 후 장준하의 고행은 본격적으로 시작되었다. 1967년 4월 22일 남산에서의 유세 후 중정은 유세장을 찾은 유권자와 주요 관계자를 대거 소환하여 장준하 유세에 대한 수사에 착수한다. 그리고 지금은 사라진 형법상 '국가원수 모독죄'로 장준하를 체포하여 끝내 서대문구치소에 구속시킨다. 장준하의 유세가 박정희의 심기를 얼마나 크게 건드렸는지 알 수 있는 대목이다.

장준하에게도 이날의 연설은 그의 인생에서 매우 중대한 전환점이 된다. 그는 두 번째로 구속된 그곳 구치소에서 대단히 중요한 결단을 내린다. 광복군에서 언론인으로 역할을 바꿔 이승만과 박정희의 부패와 독재에 맞섰던 장준하가 마침내 정치인으로서 본격적인 참여를 결심하는 중대한 기점이 바로 이때였기 때문이다.

이제 평전은 장준하가 처음 세상에 왔던 때로 돌아간다. 그의 출생부터 이후 대한민국 근현대사까지 관통한 위대한 장준하의 일대기이다. 그 출발은 1918년 8월 27일, 평북 의주에서 아버지 장석인, 어머니 김경문의 맏아들로 태어나면서부터였다.

1장

광복군 장준하

1918~1962

1915년과 1918년, 두 개의 출생 연도

장준하 일대기를 시작하기 전, 하나 정리하고 가야 할 의문이 있다. 지금까지 장준하의 출생 연도는 1918년으로 알려져 있다. 장준하의 항일수기 《돌베개》에도 1918년 8월 27일 평북 의주에서 태어났다고 작가 소개에 쓰여 있다. 그런데 묘하게도 장준하에 대한 중정의 자료에는 장준하의 출생 연도가 다르게 적혀 있었다. 장준하가 1918년생이 아니라 1915년생이라고 기록되어 있는 것이다. 어떻게 된 것일까? 이상한 점은 다른 사람도 아닌, 장준하 본인이 작성한 서류에도 스스로를 1915년생으로 쓰고 있다는 사실이다.

1969년 5월, 당시 장준하는 국회의원이었다. 그해 장준하는 국회 국방위원 자격으로 이스라엘 해외 시찰을 준비하고 있었다. 그래서 정부로부터 국외 여행을 허가받기 위해 '해외여행자 신고서'를 직접 작성하여 정부에 제출한다. 이때 장준하는 관련 서류에 자신의 생년월일을 '1915년 8월 27일 평북 의주 출생'이라고 썼다. 실수였을까? 하지만 장준하의 출생 연도가 1915년으로 기재된 서류는 이것만이 아니었다. 박정희 정권하에서 구속되어 작성된 검찰 공소장과 판결문, 그리고 중정이 작성한 인물 존안 카드 등에서도 장준하의 출생 연도는 모두 1915년으로 기재되어 있었다. 도대체 왜 이처럼 두 가지 출생 연도가 존재하는 것일까?

이러한 의문에 대한 장준하의 장남 장호권의 답변은 뜻밖이었다. 장호권은 "아버님의 출생 연도는 1918년이 맞다"며 "1915년생으로 기재된 이유는 1967년 국회의원에 당선된 아버님이 국회에 의원 등록을 하는 과정에서 생년월일을 1915년으로 잘못 기재했기 때문"이라고 말했다. 한번 잘못 등록한 후 계속해서 1915년으로 쓰이게 된 것 같다니 조금 의외였다. 처음 기재를 잘못했다 하더라도 국회의원 임기 4년 동안 얼마든지 정정할 시간이 있지 않았을까.

그래서 이런 생각도 들었다. 장준하의 평생 숙적이었던 박정희 때문에 출생 연도를 의도적으로 바꾼 것은 아닐까? 박정희의 출생 연도는 1917년이다. 그런데 장준하의 출생 연도는 1918년이니 자기가 그토록 싫어하는 박정희보다 나이가 적다는 것이 싫지 않았을까? 그래서 처음엔 실수였지만 이왕 그렇게 되었으니 그냥 고치지 않고 놔둔 것이 아닐까 하는 상상을 한번 해본다. 한국 남자에게 '나이'란 때론 '사실'보다 더 중요하기도 하지 않은가.

여하간 장준하의 이 같은 두 가지 출생 연도를 두고 일부 혼선이 빚어지기도 했다. 2000년 이후 약 4년간 장준하 사인 의혹을 조사하던 대통령소속 의문사 진상규명위원회(약칭 '의문사위')에서도 장준하의 '정확한 출생 연도가 언제인가'라는 논란이 있었기 때문이다.

어쨌든 정리를 하면 장준하는 1918년 8월 27일 평안북도 의주군 고성면 연하동에서 아버지 장석인과 어머니 김경문 사이에서 장남으로 태어났다. 위로 남자 형제가 한 명 더 있었으나 사망하여 장준하가 장남이 되었다고 한다. 장준하의 아버지 장석인은 1901년생이므로 그가 만 열일곱 살 되던 해에 아들 장준하를 낳은 것이다. 지금이야 엄청 젊은 나이에 자식을 둔 것이지만 그때만 해도 이는 평범한 일이었다. 어머니 김경문의 나이는 아버지 장석인보다 두 살 더 많았다. 이들은 1914년에 부부가 되었으니 장석인 선생은 만 열세 살, 김경문 여사는 만 열다섯 살 되던 해였다.

아버지 장석인은 고향에서 '수재' 소리를 듣는 사람이었다고 한다. 장준하가 태어나기 전해인 1917년 신의주 공립 보통학교를 수석으로 졸업했기 때문이다. 하지만 집안 형편이 넉넉지 못했던 장석인은 원하는 상급학교에 진학할 수 없었고, 신의주 공립 보통학교 교장의 도움으로 신의주 제일교회 주일학교 반사(班師)로 일하게 된다. 반사란 교회가 운영하는 학교에서 아이들을 가르치는 교사를 의미하는데, '학생들을 인도하는 목자'라는 뜻이다. 한편 장석인이 반사로 일하던 1918년에 아들 장준하가 태어나자 가장 기뻐한 사람은 바로 장준하의 할아버지, 장윤희였다.

1864년에 태어난 장준하의 조부 장윤희는 마을에서 가장 존경받는 학자였다고 한다. 한문 지식에 통달했으며 배움에 있어 신문명을 차별하지 않았다고 한다. 특히 어린 손자 장준하에게 할아버지 장윤희가 미친 영향은 지대했다. 장윤희는 첩첩산중

오지 중의 오지인 그곳 평안북도 삭주에서 유일하게 신문을 받아 구독하던 참 별난 어른이었다고 한다. 일제 강점기인 1920년대, 운송 수단도 변변치 않았고 먹고사는 일조차 쉽지 않았던 그때, 신문을 정기구독했다는 것 자체가 사실은 신문에 나올 만한 일이었다. 후일 장준하는 〈한 시민이 읽은 30년간의 신문〉이라는 칼럼에서 이때의 기억을 다음과 같이 회상한다. 당시의 상황을 가늠해볼 수 있는 글이다.

> 그곳은 아주 중중첩첩의 산골 마을로 교통이 엉망인 곳이었다. 정주역이 제일 가까운 기차 정거장인데 거기까지 나가려면 꼬불꼬불한 산 소롯길을 걷고 다시 산속으로, 들판으로 번갈아서 뚫린 좁다란 3등 신작로 300리를 하루 한 번 다니거나 말거나 하는 자동차로 가야 한다. 이런 곳에 오직 한 부의 신문이 배달되었던 것이다. 한꺼번에 1주일분씩 모여서 들어오는 이 신문을 받아 보는 분이 나의 조부였다. 그 무렵 서울에서는 어땠는지 모르지만 그런 시골에서 신문을 보는 분이라면 아주 굉장한 분으로 그 지방을 지도할 만한 식자요 유지이며, 때로는 불령 불온자로 일제의 '요주의 인물'이 되기도 했다.

훗날 장준하가 잡지에 관심을 갖게 되어 《사상계》를 창간하게 된 계기가 어쩌면 어린 날 할아버지 장윤희의 영향은 아닐까. 할아버지가 읽던 신문을 손자 장준하가 물려 읽으며 언론에 대한 인식을 갖게 된 것은 분명해 보인다. 이처럼 어린 장준하에게 큰 영향을 준 할아버지 장윤희는 한국전쟁이 발발한 1950년에 생을 마친다.

아버지 장석인 역시 아들 장준하에게 많은 영향을 끼쳤다. 마을에서 대단한 수재로 통했던 장석인은 장준하가 태어난 이듬해인 1919년 '대한독립 만세운동'에 직접 참여한다. 1919년 3월 29일 의주 영산시장에서 만세운동이 일어나자 장석인은 시위 참가자들에게 제작한 태극기를 나눠줬다. 이로 인해 장석인은 만세운동 후 일본 경찰에게 쫓기는 신세가 되어, 결국 고향인 평북 의주를 떠나게 되었다. 그래서 정착한 곳이 이웃 마을인 삭주 청계동 산골이었는데, 그때가 장준하 나이 세 살 되던 해였다.

아버지 장석인은 못 다한 학업을 마치기 위해 독학을 시작한다. 1923년 평북 선천의 신성중학교 3학년으로 편입한 후 숭실전문학교를 졸업한 때가 1930년이었다. 장석인은 이후 숭실중학교와 신성중학교에서 교목으로 일했다. 하지만 안정적인 장석인의 일상에 위기가 찾아온 것은 그로부터 불과 4년 뒤, 일본제국의 폭압이 높아가던 1938년이었다.

일제는 1937년 2차 세계대전이 시작되면서 사회 전반적인 강압 통치를 시작했는데, 가장 먼저 요구한 것이 모든 조선 학교에서 신사 참배를 하는 일이었다. 그러자 기독교 계열의 사립학교는 우상 숭배를 할 수 없다며 이에 저항했다. 결국 이 과정에서 장석인 역시 신성중학교 교목을 그만두게 되었고, 이후 용천과 신의주 지역의 교회를 전전하며 전도사로 일하게 된다.

아버지 장석인은 이때 일제 경찰의 감시 속에서 생활하는 어려움에 처하게 된다. 장준하가 할아버지 장윤희로부터 언론과 잡지에 대한 영향을 받았다면, 불의에 대한 그의 저항 정신은 아버지 장석인에게 배웠다고 할 수 있다. 콩 심은 데 콩 나고, 팥 심은 데 팥 난다는 속담이 떠오르지 않을 수 없다. 위인은 그냥 쉽게 만들어지는 것이 아니다.

일제 향한 첫 항거, 1937년 동맹 시위

1933년 봄이 되었다. 열여섯 살이 된 장준하는 첩첩산중인 평북 삭주 땅을 벗어나 평양으로 가 상급학교에 진학하게 된다. 그 시절 장준하의 집안은 넉넉지 않았다. 하지만 배움에 대한 확고한 철학을 가진 할아버지 장윤희 덕분에 장준하는 대관보통학교를 졸업한 뒤 평양의 숭실중학교로 진학할 수 있었다. 그러나 평양에서의 생활은 길지 못했다. 고작 1년간 숭실중학교에서 공부한 뒤 1934년 장준하는 평안북도 선천에 있는 신성중학교로 전학을 간다. 장석인이 평양 숭실중학교에서 신성중학교로 전근가면서 아버지를 따라 전학한 것이다.

이후 학생으로서 평범한 일상을 보내던 장준하에게 일대 변혁과도 같은 사건이 찾아온다. 그가 신성중학교 5학년이 되던 1937년의 일이었다. 당시 중학교는 5년제였으니 지금으로 따지면 고등학교 3학년 때이다. 단오 명절을 맞은 음력 5월 5일,

평북 도내 씨름대회가 개최되었다. 지금이야 별 의미 없는 명절이 되어버렸지만 원래 단오는 우리 민족에게 설 명절보다 더 중요했다. 그 단오 명절을 맞아 큰 상이 걸린 씨름대회가 열렸는데 선천군 대표 선수로 신성중학교 학생들이 대거 출전했다. 그런데 '호사다마'라는 속담처럼 좋은 일 뒤에 불행이 바짝 따라왔다. 이날 씨름 경기에서 신성중학교 학생들이 대승을 거뒀고 모두가 신이 나서 들썩이고 있을 때였다. 갑자기 행사 끝 무렵에 일본 경찰이 나타나 신성중학교 장이욱 교장을 체포했다. 학생들이 다 지켜보는 상황에서 벌어진 일이었다. 장이욱 교장에게 적용된 혐의는 '수양동우회(修養同友會) 사건' 연루. 수양동우회 사건이란 1937년 도산 안창호와 소설가 주요한이 가입한 '재경성 기독교 청년면려회'에서 "멸망에 함(陷)한 민족을 구출하는 기독교인의 역할" 등의 내용을 담은 인쇄물을 배포하자 일제가 이를 치안유지법 위반으로 엮어 관련자를 구속한 사건을 말한다.

교장 선생님이 일본 경찰에 의해 체포되는 장면을 눈앞에서 목격한 학생들은 젊은 혈기로 크게 분노한다. 민족의식이 남달랐던 장준하의 분노는 더욱 컸다. 곧바로 교장 선생님의 석방을 요구하는 수업 거부와 동맹 시위를 결의하고 나섰다. 가장 앞자리에 선 장준하가 학생들을 인솔하여 교문을 나섰으나 싸움은 싱겁게 끝났다. 교장의 석방을 요구하는 구호를 외치며 교문 밖을 나섰으나 이내 출동한 일본 경찰에 의해 둘러싸인 것이다. 총을 들고 출동한 일본 경찰과 젊은 혈기만 가진 학생들의 싸움은 애초부터 승산이 없었다. 학생들의 시위는 맥없이 중단되었다.

잠시 후 "이 시위대의 주모자가 누구냐"며 경찰이 다그치기 시작했다. 그러자 그 앞을 나서는 한 학생이 있었다. 장준하였다. "내가 이 시위를 주도한 사람이오."

그날 일본 경찰은 스스로 주모자임을 자처한 장준하와 학년 대표들을 체포하여 경찰서로 연행한다. 그렇게 해서 교장의 석방을 요구하는 장준하의 작은 싸움은 끝이 났다. 하지만 싸움은 끝이 아니었다. 이날의 시위는 장준하에게 일제에 대한 항거 의식을 명확히 만들어준 첫 싸움이었다. 비굴하지도 않았고 두려워하지도 않았다. 당당했다. 누가 가르쳐준 것이 아니라 스스로 배운 저항이었고 분노였다. 일제에 맞선 장준하의 첫 싸움이었다.

그렇게 한 해가 지나가고 이듬해인 1938년 3월 25일, 장준하는 신성중학교를 졸업한다. 지금으로 치면 고등학교를 졸업한 것이다. 그런데 새롭게 출발하려는 그때, 장준하에게 예기치 않은 일이 벌어진다. 진학하려던 평양 숭실전문학교가 자진 폐교했다는 소식이었다. 애초 장준하는 아버지 장석인이 졸업한 숭실전문학교를 졸업한 후 교사가 되겠다는 꿈을 가지고 있었다. 이 갑작스러운 상황 변화는 이후 장준하의 일생을 바꾸는 중대한 계기가 된다.

당시 숭실전문학교가 폐교한 이유는 일제의 신사 참배 강요를 거부했기 때문이다. 미션 스쿨이었던 숭실전문학교에 일제는 두 가지 중 하나를 선택하라고 강요했다. 신사 참배를 할 것인지, 아니면 폐교를 할 것인지 선택하라는 압박이었다. 그러자 숭실전문학교는 기독교다운 결정으로 폐교원 제출을 선택했다. 하나님 외에 다른 우상을 숭배할 수 없다는 교리에 입각한 결단이었다.

신안소학교 교원에서 일본 유학까지

진학 길이 막혀버린 상황에서 난감해하던 장준하에게 뜻밖의 길이 열렸다. 평북 정주에 위치한 신안소학교(지금의 초등학교)에 교원 자리가 났다며, 이를 주선해주겠다는 어느 교회 목사님의 도움을 받게 된 것이다. 덕분에 장준하는 소학교의 교원이 되었고 이 학교에서 훗날 평생을 함께할 운명적인 한 여인을 만나게 된다. 바로 신안소학교 스승과 제자로 만나 평생의 반려자가 된 김희숙이다. 물론 장준하와 김희숙의 인연이 처음부터 특별했던 것은 아니었다. 새내기 교사로서 의욕 넘치던 젊은 선생님과 여러 제자 중 한 명의 관계로 둘은 처음 만나게 된다.

장준하는 처음 부임한 신안소학교에서 파격적인 행보를 거듭한다. 가장 먼저 한 일은 여학생들의 긴 머리를 싹둑 잘라버린 것이다. 두 번째로는 학생들의 전통적인 치마저고리를 모두 블라우스와 통치마로 바꿨다. 말하자면 교복을 맞춰준 것이다.

이런 개혁적인 행보에 당연히 반발이 이어졌다. 하지만 장준하는 개의치 않았다. 바꿔야 한다고 생각하면 이를 실행하는 데 거침이 없었다. 결론이 내려지면 두려움 없는 추진력으로 밀고 나갔다.

시간이 지나면서 장준하의 개혁은 효과를 나타냈다. 학생들의 눈빛이 달라졌으며 그러한 구성원으로 가득 찬 소학교 역시 새롭게 변해갔다. 장준하는 자신의 의지로 바꿀 수 있는 변화를 느끼며 소학교 교사로서의 생활을 행복해했다. 제자들과 당연히 가깝고 친근하게 지낼 수밖에 없었던 그때, 장준하의 눈에 유독 한 제자가 눈에 띄었다고 한다. 바로 김희숙이었다. 김희숙은 소학교 제자이면서 동시에 장준하가 머물던 하숙집 딸이기도 했다. 유난히 똑똑했으며 성격은 온화했고 인정 많은 착한 여학생이었다고 한다. 그러한 김희숙과 장준하가 훗날 사제지간을 넘어 남녀로, 그리고 부부의 연으로 맺어지게 된 경위는 그 시대 아픈 사연이 함께 묻어 있었다.

1941년, 장준하는 3년간 열성을 다했던 신안소학교의 교원 자리를 내려놓는다. 그러고 나서 선택한 길은 일본 유학이었다. 아버지 장석인의 제자였던 김익준의 제안이 계기가 되었다. 당시 일본에서 유학 중이던 김익준이 자신이 도와줄 테니 일본으로 오라는 뜻을 전해온 것이다. 장준하는 고심 끝에 이 제안을 수용한다. 중단했던 신학 공부를 더 하고 싶었기 때문이었다.

장준하는 1년간 일본 도요(東洋)대학 철학과를 수학한 후 이듬해인 1942년 자신이 원하던 일본신학교에 입학한다. 원했던 공부였기에 장준하는 무엇이든 스펀지처럼 빨아들였고 하루하루 학업에 정진하면서 행복한 시간을 보냈다. 하지만 행복한 유학 생활은 1년 반을 넘기지 못했다. 2차 세계대전이 본격화되면서 일제는 깊고 깊은 전쟁의 악몽으로 빠져들었다. 모든 물자와 사람들이 전쟁이라는 비극의 한복판으로 내몰리고 있었다. 상황은 더욱 나빠졌고, 일본은 연전연승을 외쳤으나 세상 물정을 아는 사람들은 이를 의심했다.

그러던 1943년 4월, 일제는 다급해진 전황 속에서 사실상 전 국민 동원령을 내린다. 그것이 일본인 대학생의 징집 결정이었다. 게다가 그로부터 6개월이 더 흐른 10월에는 일본인 대학생뿐만 아니라 조선인 대학생 역시 '학도 지원병'이라는 이름으로 자원입대를 요구한다. 그러나 형식만 지원제일 뿐 사실상 입대를 거부할 수 있는 방법은 없었다. 이를 피할 수 있는 방법은 학생 신분을 포기하거나 만주로 피신하는 것이 유일했다.

훗날 고려대학교 총장을 지낸 김준엽이 쓴 책 《장정(長征)》에는 1943년 10월 이후 일제가 전쟁터로 끌고 간 조선인 대학생의 수가 약 4500여 명이라고 기록되어 있다. 그리고 이들 중 절대다수의 조선인 대학생들은 그들의 부모가 기다리는 고향으로 다시 돌아가지 못했다. 일제가 벌인 명분 없는 전쟁에 끌려가 의미 없는 죽음을 맞이한 것이다. 이는 나라를 잃은 청년들의 크나큰 비극이었다.

그러나 그 시대의 비극은 조선의 남자에게만 있지 않았다.

젊은 여인들이 겪어야 했던 고통은 더욱 참혹했다. 그중 하나가 조선인 처녀를 대상으로 한 일본군 위안부, 즉 '일본군 성노예'로 끌려간 이들이 겪어야 했던 참담한 인권 유린이었다. 연세대학교 홍성필 교수가 2003년 쓴 논문 〈종군 위안부: 일본군에 의한 성적 노예제〉에 따르면 "종군 위안부는 대부분이 한국인 여성들로 구성되어 전지의 일본 부대를 수행하며 성적 착취의 대상이 되었던 20여 만 명의 피해자"라고 규정했다.

또한 '여성에 대한 폭력 문제 유엔 특별 보고관' 라디카 쿠마라스와미(Radhika Coomaraswamy) 여사는 〈1996년 유엔 보고서〉에서 '위안부'라는 용어는 미사여구에 불과하며, 피해 여성들이 당한 인권 유린 피해 행위를 정확히 표현하면 '군대에 의한 성적 노예제'가 맞다고 정리했다. 이에 따라 쿠마라스와미 여사는, 일본 정부는 이들 피해자들에게 사과와 배상을 하라고 〈1996년 유엔 보고서〉에 썼다. 하지만 일본 정부는 2015년 현재, 쿠마라스와미 여사가 쓴 이 유엔 보고서의 '일본군 성노예'라는 표현을 수정해달라고 요구할 뿐, 반성도 사과도 거부하고 있다. 일본이 제대로 사과하지 않는 한 그들이 자행한 반인륜적 범죄는 소멸될 수 없다.

일제가 조선인 처녀를 '일본군 성노예'로 끌고 간 과정은 명백한 인신매매 범죄였다. 이들은 일본의 군수 공장에 취직시켜주겠다며 조선인 처녀들을 속였다. 또한 그렇게 월급을 받아 부모에게 효도할 수 있을 뿐만 아니라 공부도 할 수 있다고 속였다. 밭에서 일하는 여성에게 잠시 물어볼 것이 있다며 유인하여 그길로 납치해서 끌고 간 황당한 경우도 있었고, 물을 길어 집으로 돌아가던 처녀를 납치하여 끌고 간 피해 사례도 있었다. 혹은 트집을 잡아 주재소(지서)에 가둔 아버지를 석방시켜주겠다며 일본의 군수 공장에 가서 얼마간 일하다 오라는 회유에 속아 따라나섰다는 피해자의 증언도 있었다. 이들은 자신들이 군수 공장에서 전쟁 물자를 만드는 노역을 할 줄 알았지 일본군 성노예 생활을 강요받을 줄은 몰랐다고 증언했다.

하지만 일본은 이러한 '일본군 성노예' 책임에 대해 인정하지 않는다. 그것은 '민간업자의 잘못'이며 또 자발적인 뜻에 의해 이루어진 매춘 행위라는 주장도 한다. 또한 설령 속였거나 강제성이 있었다 해도 이는 일본이라는 국가가 책임져야 할 일은 아니라고 주장한다. 일본 군대나 국가와는 전혀 무관한 일이었다는 것이다. 이는 명백한 거짓말이다. 홍성필 교수는 논문을 통해 "일본 육군성의 주도로 군 위안소가 설치된 때는 1937년 말로 추정되며, 이때부터 위안소의 설치, 경영, 위안부의 모집, 수송에 이르는 전 과정에서 일본 군대가 적극 개입했고 내무성, 외무성 등 일본의 국가 정부기관과 조선총독부가 적극 협조하여 정신대 운영 체제를 갖췄다"고 밝혔다. 즉, 초기에는 일본인 민간업자들이 주도했으나 그들에게 맡긴 결과 성병이 창궐하는 등 문제가 야기되자 1937년 또는 1938년 이후부터는 일본 육군성이 직접 개입하여 '일본군 성노예'인 위안부를 운영한 것으로 확인되고 있다. 일본의 국가적 책임을 피할 수 없다는 것이다.

그런데 일본에 의해 고통을 당한 이들은 '일본군 성노예'뿐만이 아니었다. 바로 '정신대'라는 이름으로 강제 징용된 여인들의 고통 역시 가혹했다. 정식 명칭이 '조선여자근로정신대'인 정신대는 '나라를 위해 몸을 바치는 부대'라는 뜻이다. 일제는 전쟁 막바지에 이르러 여성에게도 전쟁 물자를 만드는 노역을 강요했는데 이를 위해 미혼 여성을 정신대로 끌고 갔다. 다만, 이미 결혼한 유부녀의 경우는 나이가 몇 살이든 간에 정신대에서 제외했다. 이것이 장준하가 학도 지원병을 자원한 이유 중 하나이다.

김희숙과 장석인을 지켜낸 희생

1938년 정주의 신안소학교에서 스승과 제자 사이로 처음 알게 된 김희숙은 훗날 장준하가 일본 유학을 떠나고 나서도 계속 인연을 맺게 된다. 1941년 일본으로 유학을 가게 된 장준하가 과거 자신을 살뜰하게 보살펴주던 하숙집 아주머니에게 안부 편지를 보냈고, 이 편지를 받은 하숙집 아주머니가 문맹이라서 답장을 보낼 때 대신 편지를 쓰게 한 이가 딸 김희숙이었던 것이다. 자연스럽게 편지는 장준하와 하숙집 딸 김희숙 사이에 오고 가게 되었다. 현해탄을 사이에 두고 그렇게 3년간 편지를 주고받으면서 어느덧 마음에서는 남녀 감정이 싹트기 시작했다.

그러던 1944년 어느 날, 장준하는 김희숙에게 받은 한 통의 편지를 두고 깊은 고민에 빠지게 된다. 어려운 형편으로 김희숙이 학업을 중단하게 된 사정과 더불어 정신대에 끌려갈지도 모른다는 내용이 담긴 편지였다. 장준하는 어떻게 해서든 김희숙이 정신대로 끌려가는 것은 막아야겠다고 결심했다. 더구나 정신대로 끌려간 여성 중 일부는 '일본군 성노예' 생활을 강요당한 사례도 있어 더욱 그러했다. 그렇다면 방법은 하나밖에 없었다. 이미 제자가 아닌 여인으로서 김희숙을 사랑하고 있었던 장준하는 결혼을 결심한다. 그것만이 미혼 여성만 정신대로 끌고 가던 상황에서 김희숙을 구할 수 있는 유일한 길이었기 때문이다.

1943년 11월 30일, 장준하는 일본에서의 학업을 중단하고 귀국한다. 그리고 제자였던 김희숙과 결혼한다. 이로써 유부녀가 된 김희숙은 정신대에 끌려가지 않게 되었다. 하지만 장준하의 운명은 가혹했다. 김희숙과 결혼 후 불과 10일이 지난 1943년 12월 10일, 장준하는 평북 삭주읍에서 학병을 지원한다. 외형적으로는 학병에 지원 입대하는 형식이었다. 왜 그랬을까.

장준하는 자신을 희생하여 두 사람을 지키려 했다. 한 사람은 사랑하는 여인이었고 다른 한 사람은 자신을 낳아준 아버지였다. 정신대로 끌려갈 운명인 김희숙을 지키고, 또한 일제의 탄압 속에서 고통받던 아버지 장석인을 지킬 방법은 일제의 학도 지원병에 응하는 길뿐이었다. 만약 그가 학도 지원병을 거부하고 다른 이들처럼 만주로 도망가버린다면 김희숙도 지킬 수 없고, 감시와 탄압 속에 사는 아버지의 고통은 더욱 커질 수밖에 없는 상황이었다. 이러한 당시 상황에 대해 장준하는 《돌베개》에 이렇게 썼다.

> 일인들이 가장 주목하고 또 가장 미워하던 목사 가운데 한 분이 나의 아버님이었다. 신사참배를 반대하였다는 죄목으로 선천(宣川) 신성(神聖)중학교 교직에서 축출당한 뒤에도 계속 요시찰인물로 늘 형사들이 뒤를 따르던 형편의 집안이었다. 나는 장남이다. 거기다 일본에서 피해 와 있다. 다른 신학교와 달리 정규대학 과정의 일본 신학교 재학생이다. 학도병 지원의 자격이 부여되어 있는 처지다. 그리하여 나는 우리 집안의 불행을 내 한 몸으로 대신하고자 이른바 그 지원에 나를 맡겨버린 것이었다.
>
> 내가 지금 일본 병영 안에 병정으로 있는 이유는 나의 집안에 닥칠 불행을 예감했기 때문에 그 방파제로서 나를 스스로 설득시킨 결과다.

한편 장준하를 폄하하려는 이들은 "장준하 역시 일본군 학병에 지원 입대했으니 만주군관학교를 나와 일본군인이 된 박정희와 다를 것이 없다"는 해괴한 논리를 전개한다. 하지만 이는 장준하의 《돌베개》를 읽어보지 않은 이들의 무지한 논리다. 만약 장준하가 박정희처럼 민족을 배반하고 일본군인의 길을 걸어가려 했다면 입대 전에 어떤 말을 했을까. 박정희는 만주군관학교에 입교하기 전, 자신의 제자와 주변 사람에게 "큰 칼을 차고 다시 돌아오겠다"는 말을 남긴 것으로 유명하다. 장준하가 박정희와 같은 친일 군인의 길을 걷고자 한 것이라면 그 역시 "혁혁한 공을 세워 큰 칼을 차고 돌아오겠다"는 박정희식 장담을 남겨야 자연스러운 일이 아닌가. 그래야만 장준하와 박정희가 똑같다는 말이 가능할 것이다.

하지만 장준하는 그러지 않았다. 결혼식을 올리고 불과 10일이 지난 1943년 12월 10일 학병을 지원한 장준하가 일본군에 입대한 날은 이듬해인 1944년 1월 20일이었다. 그 후 평양에 위치한 일본군 제42부대에서 신병 교육을 받은 후 죽음의 땅인 중국 전선으로 이동하기 직전, 장준하는 처음이자 마지막으로 면회를 온 새 신부 김희숙에게 이런 말을 남긴다. 장준하의 《돌베개》 중 관련 부분이다.

> 이미 며칠 전 면회하러 왔던 아내에게 장차 취할 나의 행동에 대해서 암시를 준 일은 있었다. 중국에 가면 꼭 매주 주말마다 편지를 하마. 만약 그 편지의 끝이 성경 구절로 되어 있으면 그것이 마지막 받는 편지로 알아도 좋을 것이다. 당신이 그 성경 구절을 읽고 있을 땐 이미 나는 일군을 탈출하여 중국군 진영이나 또는 우리 임정의 어느 곳으로 들어가 있을 것이다.

남편인 장준하에게 이 말을 들은 새 신부 김희숙의 반응은 어떠했을까.

내가 이 결심을 말했을 때 아내의 표정이 백지장같이 변하던 그 모습은 그때 이후 오늘까지 반년이 넘도록 잊을 수가 없었다.

장준하의 평생 벗 김준엽

1944년 7월 7일. 장준하가 그해 1월 일본군에 입대한 뒤 다시 중국으로 떠난 2월로부터 약 5개월이 지나던 때였다. 중국의 쓰카다(塚田) 부대에서 발송된 엽서 한 장이 김희숙에게 도착했다. 발신인은 남편 장준하였다. 그가 떠난 후 시부모님과 함께 살고 있었던 김희숙으로서는 남편의 편지가 유일한 희망이었다. 그런데 다른 때와 달리 남편이 보낸 엽서에는 짧은 사연만 한쪽에 적혀 있고 그 말미에는 다음과 같은 문구가 적혀 있었다.

앞이 보이지 않는 대륙에 발을 옮기며 내가 벨 돌베개를 찾는다. 어느 지점에 내가 베어야 할 그 돌베개가 나를 기다리겠는가(창세기 28장 10~15절).

5개월 전, 장준하가 중국 전선으로 떠나면서 아내 김희숙에게 남긴 그 말처럼 엽서에는 성경 구절이 적혀 있었다. 장준하가 일본 쓰카다 부대를 탈출한 것이다. 천주교 신자였던 아내 김희숙은 그 순간 자기도 모르게 기도를 하기 시작했다고 한다. 만일 성경 구절이 쓰여 있는 편지를 그녀가 받는다면, 그땐 자신이 일본군 진영을 탈출한 후일 거라는 남편의 말이 있었기 때문이다. 김희숙은 이미 필사적인 탈출을 하고 있을 남편을 생각하며 눈물을 흘렸다. 과연 다시 남편을 만날 수 있을지 알 수 없으므로, 그 순간 김희숙이 할 수 있는 일은 오직 기도뿐이었다. 남편에게 처음 탈출에 대한 이야기를 들었을 때 그녀는 이렇게 물었다고 한다.

"제가 도울 수 있는 일은 무엇일까요?"

그러자 장준하는 말했다.

"기도를 많이 해주세요. 그러면 됩니다."

김희숙의 기도는 그래서 더 절박해질 수밖에 없었다. 남편의 안녕을 염원하는 어린 신부 김희숙의 기도는 눈물이 되어 한없이 흘렀다.

실제로 그 시각 장준하는 일본군 진영을 함께 빠져나온 동지들과 필사적인 탈출을 하고 있었다. 김영록, 윤경빈, 홍석훈 등 3인이었다. 장준하는 이들과 함께 우여곡절 끝에 장제스 총통 소속의 중국 중앙군 유격대로 들어간다. 그리고 그곳에서 자신의 평생 벗, 김준엽과 운명적인 조우를 하게 된다. 김준엽은 훗날 고려대학교 제9대 총장(1982~1985년)을 지낸 인물로서 장준하가 탈출한 일본 쓰카다 부대를 5개월 먼저 탈영한 사람이었다. 김준엽 역시 대한민국 근현대사에서 적지 않은 일화를 남긴 인물이다. 특히 조선인 학병 중 일본 쓰카다 부대를 최초로 탈영한 이가 김준엽이다. 이는 단 한 명의 탈영자도 용납하지 않았던 쓰카다 부대의 기록을 깨는 최초의 사례였다.

반면 이러한 김준엽의 앞선 탈영으로 고생한 사람은 바로 장준하였다. 장준하가 탈출 계획을 세우며 기회를 엿보고 있는데 조선인 학병 중 누군가가 탈출하여 부대 전체에 한동안 비상이 걸렸기 때문이다. 장준하는 나중에야 그가 바로 김준엽임을 알게 된다. 그런 김준엽을 중국 중앙군 유격대에서 우연히 만나, 이후 평생의 벗으로 함께하는 인연이 된 것이다.

장준하가 훗날 언론인, 국회의원, 재야운동가로 대한민국 근현대사에 큰 획을 그었다면, 김준엽 역시 양심적 지성의 상징으로 남았다. 1920년 8월 26일 평안북도 강계에서 태어난 김준엽은 일본 게이오(慶應)대학 동양사학과에 재학 중이던 1944년 학도병으로 징집된다. 이후 일본군을 탈출한 후 장준하와 함께 광복군이 되어 대한민국 독립에 기여한다.

장준하가 일본군 입대 후 중국 전선으로 떠나면서 미리 아내에게 탈출 계획을 알린 것처럼 김준엽에게도 일화가 있었다. 김준엽이 일본군 입대 전 준비한 것은 나침반이었다. 그는 일본 부대를 탈영한 뒤 이 나침반을 이용하여 탈출에 성공하게 된다. 이후 김준엽은 장준하와 함께 중국 충칭에 있는 임시정부에 합류한 후 철기 이범석 장군의 부관으로 일한다. 그러다가 해방을 맞이한 김준엽은 장준하와 다른 길을 선택한다. 속히 해방된 조국으로 돌아가려 하는 다른 이들과 달리 김준엽은 학자의 길을 걷겠다며 중국에 남아 국립중앙대학에서 공부를 한다. 그러다가 조국으로 귀국한 때가 1949년. 김준엽은 다시

1951년 국립대만대학으로 건너가 그곳에서 학위를 마친 후 돌아와 내내 고려대학교 교수로서 후학 양성에 힘썼다.

1982년 김준엽은 고려대학교 총장의 직위에 오르게 된다. 장준하 하면 많은 이들이 《사상계》를 떠올리듯, 김준엽 하면 떠올리는 호칭은 '총장'이었다. 이 나라에는 많은 유수한 대학이 있고 또 대학마다 총장이 수도 없이 많은데 왜 유독 사람들은 김준엽 하면 '총장'이라는 호칭을 저절로 떠올리는 것일까. 그 이유는 김준엽이 만들어놓은 전설 같은 '총장' 일화 덕분이다. 그중 대표적인 일화 몇 가지를 소개해본다.

김준엽이 고려대학교 총장에 임명된 후 첫 임기를 시작한 날은 전두환 독재 권력의 서슬이 시퍼렇던 1982년 7월 10일이었다. 김준엽은 첫 업무를 마치고 집으로 돌아온 후 가족들을 전부 한자리로 모았다. 그리고 앞으로 자신이 총장으로서 행할 다짐을 밝혔다.

첫째, 결코 비굴한 행동을 하면서까지 총장 자리에 남아 있지 않겠다.

둘째, 총장으로서 업적을 내지 못한다거나 또는 업적을 낼 수 없다고 판단될 경우 자리에서 물러나겠다.

결국 그는 이 약속을 지킨 셈이 되었다. 고려대학교 총장 임기가 4년인데 3년을 다 채우지 못한 것이다. 왜 그랬을까.

김준엽은 독재자 전두환의 권위주의적 통치에 항거하는 고려대학교 제자들을 지키기 위해 노력한 '첫 번째' 총장이었다. 그는 자신의 안위보다 불의에 항거하는 제자들을 권력의 탄압에서 보호하기 위해 할 수 있는 모든 수단을 다 동원하여 싸웠다. 자기 외에 그 누구도 다쳐서는 안 된다는 신념이 있었다. 이는 전두환 체제하에서 그 어느 대학 총장도 보여주지 않은 확연히 다른 행보였다.

특히 1983년 가을, 전두환의 독재정치를 규탄하는 고려대생 500여 명의 거리 시위가 있던 날의 일화는 유명하다. 이날 학생들은 교문 시위가 끝난 후 다시 학생회관에 모여 철야 농성에 돌입했다. 말이 철야 농성이지 사실은 그대로 해산할 경우 경찰에 연행될 것이 염려되어 학내에 갇혀 있었다는 표현이 정확할 것이다. 이때 김준엽 총장의 역할이 인상적이다. 학생들은 언제 경찰이 들이닥쳐 자신들을 연행할지 알 수 없는 상황에서 두려움에 떨고 있었다. 그때 확성기를 통해 학생회관 안으로 들려온 목소리가 있었다. 그 낯익은 음성의 주인공은 바로 김준엽 총장이었다.

"다치거나 아픈 학생 있으면 밖으로 내보내라. 지금 병원차를 대기시켜놓았다. 부상당한 학생이 있으면 바로 병원에 데려가 치료해줄 테니 걱정 말고 나와라. 학생 제군들, 부디 몸을 다치지 마라."

김준엽 총장의 방송은 30분에 한 번씩 확성기를 통해 들려왔다. 불안에 떨고 있는 학생들을 안심시키기 위한 그의 노력이었다. 학생들은 그의 방송을 들으며 자신들과 함께 총장도 밤을 새고 있다는 사실에 감격했다.

다음 날, 김준엽 총장은 경찰과 직접 교섭을 벌였다. 학생들이 자진 해산할 수 있도록 설득할 테니 그 누구도 연행하지 말아달라는 요구였다. 결국 경찰 고위 간부가 김준엽 총장의 요구에 어쩔 수 없이 동의했고, 농성 중인 학생들은 안전하게 집으로 돌아갈 수 있었다. 이렇게 대학 총장이 나서서 농성 학생들을 보호해준 일은 당시 어디에서도 볼 수 없는 사례였다. 이러한 일화는 일일이 헤아려보기 어려울 정도로 많았다.

하지만 김준엽 총장의 이러한 행동이 전두환 권력의 입장에서는 달갑지 않았다. 그러던 1984년 11월. 그의 행보를 더 이상 방치할 수 없다며 불만이 깊어지던 그때, 민정당사 점거 농성 사건이 터졌다. 42개 대학 소속 2000여 명의 학생이 연세대학교에 운집한 가운데 11월 3일 '학생의 날 기념 및 군부독재퇴진 궐기대회'가 개최된다. 그 후 같은 달 14일 오후 4시 30분경, 264명의 대학생들은 당시 집권 여당이었던 민주정의당(약칭 '민정당', 지금의 새누리당 전신) 중앙당사를 급습하여 점거 농성에 돌입한다.

이후 농성 학생들은 '광주학살 주범 처단, 총학생회 인정, 문교부 장관 문책, 노동자 권익 옹호' 등의 14개 항을 내걸고 민정당 대표와의 토론을 요구했다. 하지만 당시 전두환 권력이 대학생들의 요구를 수용할 리 없었다. 농성 12시간이 조금 넘어가던 다음 날 새벽 5시경, 경찰은 문과 벽을 부수고 진입하여 농성 학생 전원을 연행한다. 허무한 결말이었다. 이후 정권은 연행자 중 19명을 구속하고 180명을 구류 등 즉결 심판한다.

하지만 처벌은 여기서 끝나지 않았다. 이번엔 문교부가 각 대학 총장에게 공문을 보냈다. 민정당사 점거 농성에 가담한 학생들을 학교에서 제적시키라는 압력이었다. 하지만 다른 대학과 달리 김준엽이 총장으로 있던 고려대학교는 문교부의 공문 지시에 따르지 않았다. 아직 재판도 시작되지 않았는데 서둘러 처벌할 수 없으며, 따라서 재판 결과가 나온 뒤 그에 따라 처리하겠다는 원론적 답변만 되풀이했다.

그러자 화가 난 당시 권이혁 문교부 장관은 서울 지역 각 대학 총장을 비롯하여 김준엽 총장에게 서울 시내 모 호텔로 모이라는 지시를 내린다. 부르니 갈 수밖에 없었던 처지이지만 그 자리에서도 김준엽 총장의 태도는 변함이 없었다. 구체적인 일시까지 정해주며 학생들을 제적하라는 문교부 장관의 윽박에 김준엽 총장 역시 격분했다. "나는 학생들을 제적시킬 수 없다"며 같이 소리를 질렀다.

이때 한 가지 에피소드가 더 있었다. 시위 학생의 제적을 강요하는 문교부 장관과 이를 거부하는 김준엽 총장 사이에 격앙된 분위기가 이어지자, 동석한 모 대학 총장이 중재를 한답시고 끼어들었다. 당시 호텔에서 식사를 겸한 회의를 하고 있었으니 김준엽 총장에게 식사나 하시면서 말씀을 나누라고 권한 것이다. 그러자 화가 잔뜩 난 김준엽은 이렇게 고함을 질렀다고 한다. "학생들에게 제적은 사형과 같은 겁니다. 그런데 지금 그 아이들이 사형될 마당에 밥이 먹힙니까?" 그날 김준엽 총장은 끝내 수저를 들지 않았고 학생들의 제적도 막아냈다.

그러자 약이 오른 문교부는 사학 재단인 고려대학교에 외압을 가하기 시작했다. 강도 높은 대학 감사에 돌입한 것이다. 이는 명백한 보복행위였다. 김준엽을 총장 직위에서 내쫓지 않으면 학교를 가만두지 않겠다는 겁박이었다. 하지만 문교부의 강도 높은 감사에서도 드러난 비리가 별달리 없자 그들이 새로 잡아낸 빌미는 엉뚱하게도 대학 내 교직원 자녀들에게 준 특례입학 문제였다. 당시 고려대학교에서는 교직원 자녀에게 특례입학이라는 특혜를 줬는데 이는 당시 모든 대학에서 시행하던 관행적 배려였다. 그런데 고려대학교에 대해서만 이를 문제로 삼아 교직원 자녀의 입학을 취소하라고 요구한 것이다.

김준엽은 다시 고민에 빠졌다. 자기 때문에 죄 없는 교직원의 자녀들이 다치는 것을 두고 볼 수 없었다. 그들도 역시 자신이 보호해줘야 할 또 다른 제자였던 것이다. 결국 김준엽은 문교부에 협상을 제안한다. 자신이 총장직에서 물러날 테니 특례입학 학생들을 문제 삼지 말아 달라는 협상이었다.

1985년 2월 25일, 김준엽은 고려대학교 총장 재임 2년 8개월 만에 자진 사퇴 형식으로 물러나게 된다. 그날은 고려대학교 졸업식 날이었다. 김준엽 총장은 그날 졸업사를 낭독하는 것으로 자신의 퇴임식을 대신한다. 공식적인 퇴임식조차 없었다. 하지만 자신들을 보호해주고자 노력한 총장의 사퇴에 학생들은 분노했다. 전두환 권력의 외압으로 정의롭고 양심적인 총장이 물러나자 고려대학교 학생들은 일주일간 치열한 항의 시위에 나선다. 고려대학교 학생과 교직원, 심지어 수위실에서 키우던 강아지까지도 이 시위에 따라다녔다 해서 전설로 남아 있다. 훗날 김준엽은 학생들의 시위에 대해 고마워하며 자랑스럽게 여겼다고 한다. 당시 각 대학에서 어용 총장 퇴진을 요구하는 시위가 연일 계속되었는데, 자기처럼 총장 복귀를 요구하는 시위는 처음이 아니냐며 주변 사람들에게 농담 삼아 자랑을 했다는 것이다.

김준엽 총장의 미담은 여기서 그치지 않는다. 그의 또 다른 별칭은 '고사 총리'였다. 이승만 정권부터 노태우 정권에 이르기까지 근 40여 년 동안 김준엽은 두 번의 총리직을 포함하여 장관 등 열두 번의 입각 제의를 받았으나 모두 거절한 것으로 유명하다. 이 때문에 얻은 별칭이 '고사 총리'였다. 김준엽이 입각 제의를 모두 고사한 것은 이를 제안한 대상이 민주적인 권력이 아니라는 판단 때문만은 아니었다. 그는 1987년 6월 항쟁 후 치러진 대통령 선거 당시 김영삼, 김대중 두 후보가 각각 자기 선거대책위원회에 들어와 도와준다면 당선 후 국무총리를 시켜주겠다는 제의를 했으나 이 역시 모두 거절했다. 민주화를 위해서는 그 나름의 역할을 하겠지만 정치나 행정부에 들어가서 일하는 것은 사양하겠다는 것이 김준엽의 답변이었다고 한다. 그러면서 그를 찾아온 양측 진영의 관계자에게 "지금이라도 야당 후보 단일화에 힘을 쏟으라"는 당부를 거듭했다고 한다. 어떻게 해서든 국무총리와 장관 자리를 차지하기 위해 물불 가리지 않고 달려드는 인사들과는 너무도 다른 사람이었다.

김준엽이 거절한 열두 번의 입각 제의 중 가장 눈에 띄는 사례는 1987년 대통령 선거 직후 노태우 당선자의 제안을 거부한 일이다. 노태우 당선자는 집권 정당성이 취약한 자신의 권력을 보완하기 위해 국민적 명망이 높은 김준엽을 국무총리에 앉히고 싶어 했다. 그래서 노태우는 예우를 갖춰 김준엽을 초대한 후 국무총리직을 제안했다. 그러나 김준엽은 그 자리에서 제안을 거부했다. 다음은 훗날 김준엽이 쓴 회고록《장정》등에서 밝힌 총리직 제안 거부 이유다.

> 노태우 당선자에게 내가 국무총리를 사양하는 이유를 설명했다. 새 헌법에 따라 전두환 씨가 국정자문회의 의장을 맡는다는데 총칼로 정권을 장악하고 많은 사람을 괴롭힌 그에게 내 머리가 100개 있어도 숙일 수 없고, 지난 대선에서 야당 후보자에게 투표한 내가 총리가 되면 야당을 지지한 66퍼센트의 국민들, 특히 젊은 층이 실망할 것이다. 게다가 민주주의를 외치다 투옥된 많은 학생들이 아직도 감옥에 있는데 그 스승이라는 자가 (노태우의) 총리가 될 수 없으며, 지식인들이 벼슬이라면 굽실거리는 풍토를 고치기 위해 나 하나만이라도 그렇지 않다는 증명을 보여야 한다.

김준엽은 2011년 6월 7일 숨을 거뒀다. 1920년생이니 당시 우리 나이로 90세. 폐암으로 아까운 별이 떨어졌다. 영원한 대한민국의 총장 '김준엽'은 대전 국립현충원의 애국지사 묘역에 안장되었다. 광복군으로, 학자로, 따뜻한 스승으로, 정의로운 인간으로 김준엽 총장은 많은 사람들의 가슴에 깊이 남았다.

임정을 향한 6000리 대장정과 《등불》

장준하는 탈출 후 중국 유격대에서 잠시 안정을 취했으나 이는 오래가지 못했다. 장준하 등 탈출한 조선인 학도병 5명이 중국 유격대에 있다는 사실을 알게 된 일본군 측에서 움직이기 시작한 것이다. 일본군 측은 자신들이 포로로 잡고 있는 중국 유격대 30명과 조선인 학도병을 맞교환하자는 제안을 하고 나섰다. 다행히 중국 유격대 대장이 일본군 측 제안을 거부했으나 언제까지 그리할지는 알 수 없는 노릇이었다. 확실한 위기였다. 고민 끝에 장준하 등은 중국군 유격대 간부를 찾아가 "임시정부가 있는 충칭으로 떠날 수 있게 해달라"며 간청한다. 그리고 거듭된 간청 끝에 간부의 승낙을 얻게 된다. 조국을 위해 싸우다가 죽고 싶다는 젊은 청년들에게 감동한 것이다. 그러면서 앞으로 조선인 학도병들이 가야 할 충칭까지의 험한 6000리 여정을 걱정해주기까지 했다.

여기서 한 가지 정리를 해보자. 6000리는 과연 얼마나 되는 먼 길일까. 10리는 4킬로미터이다. 그렇다면 100리는 40킬로미터, 가장 긴 육상 종목인 마라톤의 총거리가 42.195킬로미터이다. 그러니 6000리는 총 2400킬로미터가 된다. 서울 시청에서 부산 시청까지 경부고속도로를 이용할 경우 393.48킬로미터이니 2400킬로미터를 걷는다면 서울과 부산을 여섯 번 왕복하는 거리다.

이런 거리를 온전히 걸어서 가야 할 조선의 청년들을 바라보는 유격대 간부의 마음은 안쓰럽기 그지없었다. 그때 당시 고작 20대 초반이었던 청년들이었기에 더욱 그러했을 것이다. 하지만 장준하 등 5명의 청년은 유격대 간부의 걱정과 달리 감격으로 목이 멨다. 마침내 그토록 꿈에 그리던 대한민국 임시정부를 찾아갈 수 있다는 감격으로. 그래서 조국의 독립운동에 함께할 수 있게 되었다는 사실에 가슴은 두방망이질 치고 성난 핏줄은 불끈 치솟았다.

다음 날인 1944년 7월 28일, 약속대로 중국군 유격대 간부는 장준하 등 5인의 충칭 출발을 허락한다. 감격적인 새로운 출발이 시작된 것이다. 하지만 모든 여행이 그렇듯 출발하는 순간이 가장 행복했다. 더구나 그저 단순한 여행이 아니라 언제 어디서 어떤 적을 만나 죽을지 알 수 없는 험한 길이었다. 여정 가운데 겪은 고통은 험한 길 때문만이 아니었다. 한여름인 7월 말과 8월의 뜨거운 폭염과 흙먼지 속에서 이들은 물 한 모금 제대로 마실 수 없었다. 그런데 이러한 고통보다 더 위험한 요소는 따로 있었다. 가는 길 곳곳에 포진해 있는 일본군과 마적 등 공비들의 습격이었다. 다행히도 고난 끝에 만나게 된 새로운 중국군 사령관의 도움을 받아 장준하는 1차 목적지인 중국 안후이 성의 린촨에 무사히 도착하게 된다. 이때가 1944년 8월의 일이다.

그곳에서 장준하는 그토록 염원하던 대한민국 임시정부 인사들을 만난다. 목숨을 걸고 일본군 부대를 탈출한 후 우여곡절 끝에 이뤄낸 꿈같은 현실이었다. 이후 장준하는 중국 중앙군관학교 린촨분교 내 한국광복군 훈련반에 입소한다. 이 훈련반은 임시정부와 광복군 총사령부가 탈출한 조선인 학병들을 광복군으로 육성하고자 준비한 군사학교였다. 임시정부에서 파견한 김학규가 주임을 맡고 이평산, 진경성 두 교관이 교육을 담당하고 있었다. 훈련반에는 탈출 학병 5명 외에도 조선의 청년들이 참여하여 약 80여 명의 교육생이 함께하고 있었다. 장준하는 1944년 11월까지 약 3개월간 이곳에서 군사훈련을 받았다. 그러면서 그는 훈련 시간 외의 여가 활동을 이용하여 매우 특별한 계획을 모색한다. 바로 《등불》이라는 잡지를 만드는 일이었다. 장준하는 일평생 부단히 자신을 갈고 닦으려 했다. 이때도 역시 마찬가지였다.

장준하는 훈련이 끝나고 남는 시간을 헛되이 낭비하지 말고 공부를 하자며 다른 훈련생에게 제안했다. 그래서 동의하는 훈련생들과 매일 다양한 주제를 가지고 토론식 공부를 하게 된다. 신학, 사학, 철학, 법학, 문학 등 다양한 분야를 각자가 돌아가면서 담당하는 강의식 수업이었다. 장준하는 강의에 참석한 이들에게 학습용 자료를 만들어 배포했는데, 한 번 배우고 버리기에는 너무 아까우니 이것을 묶어 잡지로 만들자는 의견이 나왔다. 그렇게 해서 만들게 된 잡지가 《등불》이며, 훈련이 끝나던 그해 11월까지 2호를 발간했다. 《등불》은 훗날 장준하가 만들게 된 《사상계》의 효시라고 할 수 있다. 이에 대해 장준하는 《돌베개》에 이렇게 썼다.

이것이 나와 잡지와의 최초의 인연이 되었다. 말하자면 효시인 것이다. 세상이 말하는 출판업자나 잡지 발행인으로서의 그 출발이 이때부터 시작된다. 그러나 적어도 나는 그 이상의 긍지를 가지고 있다. 그 이상의 것이다.

또다시 못난 조상이 되지 않기 위하여 나는 붓글씨 한 자 한 획을 그을 때마다 손에 힘을 넣었고 그 힘은 나의 신념에서 솟아 흘렀다.

이렇게 늘 어디에서든 깨어 있고자 했던 장준하가 마침내 한국광복군 훈련반을 수료한 때는 1944년 11월이었다. 원래는 4개월간 교육을 이수해야 하지만 3개월 만에 수료하게 된 장준하는 이날 졸업식에서 중국군 육군 준위에 임명된다. '준위'는 사병이지만 장교로서의 예우를 받는 계급이었다고 한다. 장준하는 내심으로 중국군의 정규 군인이 되는 것을 못마땅하게 여겼다. 자랑스러운 대한민국 임시정부의 군인이 되지 못하고 중국군 계급을 단다는 것이 불만이었다. 그래도 이제 졸업을 했으니 충칭 임시정부로 옮겨 가 그곳에서 진정한 광복군으로서의 임무를 수행할 수 있으리라 기대했다. 하지만 그때 장준하에게 생각지 못한 변수가 생긴다.

사실 장준하는 훈련반에 입소한 후 큰 실망을 하고 있었다. 그래서 하루라도 빨리 훈련반을 벗어나고자 졸업만을 학수고대했다고 한다. 이유는 하나였다. 린촨에서의 훈련반 생활이 너무나 한가하고 지루한 일상이었기 때문이다. 자신이 목숨을 걸고 일본군을 탈출한 이유는 조국의 광복을 위해 싸우려는 일념뿐이었다. 그런데 이도 저도 아닌 훈련반에서의 생활은 애초 탈출한 목적조차 희미하게 만들 지경이었다. 안타깝게도 당시 훈련반에는 열악한 재정과 기반으로 인해 제대로 된 교육 프로그램마저 준비되어 있지 않았다. 고작 두어 시간 정도의 형식적인 강의가 전부였고 나머지는 개별 활동 시간이었다. 그러니 조국 광복에 피가 끓는 청년으로서 헛된 시간만 보내고 있다는 자괴감이 가득했다. 하루빨리 이곳을 졸업한 후 애국심으로 충만한 충칭의 임시정부를 찾아가 자신의 청춘과 목숨을 바쳐 조국의 광복을 위해 일하고 싶다는 것이 장준하의 일관된 염원이었다.

그런데 그 염원을 품고 졸업식만 기다리던 그들에게 훈련반 주임 김학규가 "충칭에 가지 말고 이곳 린촨에 남아 같이 일하자"며 개별적으로 훈련생들을 설득하는 것이 아닌가. 이를 알게 된 장준하는 졸업생들을 규합하여 김학규 주임의 린촨 잔류 제안을 거부하게 된다. 다음은 이 일에 대해 장준하가 《돌베개》에 남긴 일성이다.

> 우리는 충칭에의 집념 앞에, 거의 절대적인 충칭행에의 소망을 갖고 있었다. 비록 그렇지 않더라도 조국의 독립을 위해 싸우는 이 민족의 최고영도자의 지도를 직접 받아 그곳에서 몸 바칠 곳을 찾아보려는 그 욕망이, 거의 하나의 신앙처럼 우리를 이끌었다.

장준하의 주도로 졸업생들이 충칭행을 고수하자 결국 김학규 주임은 자신의 뜻을 접게 된다. 편한 길을 거부하고 조국을 위해 고난을 선택한다는데 무슨 명분으로 이를 거부할 수 있겠는가. 1944년 11월 30일, 장준하는 자신의 뜻을 따르는 동지들과 함께 충칭으로 향한다. 그리고 꼭 두 달여 만인 1945년 1월 31일, 장준하는 마침내 김준엽, 윤재현 등 50여 명과 함께 충칭의 대한민국 임시정부에 도착하게 된다. 살을 에는 추위 속에서 저 험준한 파촉령 고개를 넘어 삶과 죽음의 경계 지점을 헤쳐 온 애국의 발걸음 끝에 장준하는 태극기가 나부끼는 임시정부 앞에 선 것이다. 이 영광된 순간을 장준하는 《돌베개》에 이렇게 썼다.

> 몇 번이나 감격적인 순간을 초조한 실망으로 돌리고 나서 비로소 도착한 곳엔 높은 5층의 층계 건물이 우리를 맞고 있었다. 무엇인가 이 건물에는 살아 움직이고 있는 것이 있었다. 이상하게도 나의 예감은 적중하는 때가 많다. "혹시 저것이……" 하는 반문 끝에 내 눈에 들어와 움직이는 것은 휘날리는 기라는 것을 알게 되었다. 피가 뛰었다. 혈관이 좁아졌다. 우리는 걸음을 재촉해서 다가갔다. 그러나 그것은 5층 건물이 아니고 층암 위에 차례로 지어 올라간 단층 건물이 겉모양으로는 웅장한 5층 건물로 보인 것뿐이었다.
>
> 그렇다. 그것은 태극기였다. 나의 온몸은 마비되는 듯이 굳어졌는데, 몇몇 동지들은 태극기를 향해서 엄숙히 거수경례를 하고 있었다. 그러나 나는 끝까지 움직일 수가 없었던 것이 사실이다.
>
> 이 임정 건물 위에 휘날리는 태극기가 나에게는 점점 확대되어

보였다. 휘날리는 기폭마다 나의 뜨거운 숨결이 휩싸여 안겼다. 그리고 태극기의 기폭은 임정 청사가 아닌 조국의 강토를 뒤덮고 있었다.

일본군 부대를 탈출하고 나서 무려 5개월 24일 만인 1945년 1월 31일. 마침내 장준하는 임시정부 앞마당에서 동지들과 도열했다. 그러나 장준하는 충칭에서 오래 머물지 못했다. 뜨거운 피를 안고 임시정부에 왔건만 기대와 달리 당시 내부 사정은 매우 복잡했다. 너무 많은 정파가 각각의 이해관계에 따라 복잡하게 얽혀 있어 장준하의 실망은 극에 달하게 된다. 저마다 자기 정파의 세를 키우기 위해 서로를 헐뜯고 비방하는 모습에 장준하는 왜 자신이 목숨을 걸고 충칭을 찾아왔는지 후회할 지경이었다.

이런 분노로 장준하는 충칭에 도착한 지 불과 10여 일 만에 큰 사고를 치고 만다. 임시정부 내무부 주관으로 소집된 주간회의 장소에서였다. 이날 주간회의에 참석하여 조국의 최근 실상을 보고하라는 지시가 그에게 내려진 것이다. 임정 요인 중 대부분이 오래전에 조국을 떠나왔기에 그들로서는 그즈음 조국의 실상이 어떤지 매우 궁금했기 때문이다. 장준하는 1년 전까지만 해도 조국에 있다가 충칭으로 왔으니, 그나마 그가 가장 최근의 조국에 대해 알고 있다 여겨졌던 모양이었다.

이날 주간회의 자리에는 백범 김구 주석을 비롯한 전 국무위원과 100여 명에 이르는 동포들이 모였다고 한다. 멀게는 30여

년 전 조국을 떠나온 이들도 있었으니 그들은 자신이 다시 갈 수 없는 고국 소식에 목이 말랐을 것이다. 그런데 이날 장준하는 그들이 원하는 고국 소식만 전한 것이 아니라 자신이 본 지난 10여 일간의 충칭 임시정부에 대한 소회도 같이 전했다. 처음엔 징병, 징용으로 끌려 나간 고국의 청년들과 정신대로 강제 징용되는 처녀들, 그리고 군수시설 작업장에 동원되는 나이 어린 학생들의 사연에 눈물짓던 국무위원과 동포들이 숨도 크게 못 쉴 정도로 놀란 것은 누구도 예상치 못한 장준하 특유의 폭탄 발언 때문이었다. 역시 장준하의 《돌베개》에 담긴 그날의 기록을 옮겨본다.

"……우리는 여러 선배에게 조금이라도 힘이 되고자 해서, 아니 그 여념의 손과 발이 되고자 해서 몇 번의 사경을 넘고 수천 리를 걸어 기어이 이곳을 찾아온 것입니다. 때문에 일군에서 중국 땅에 배치된 것을 얼마나 다행으로 여겼는지 몰랐습니다. 그것은 처음부터 일군에 끌려오면서 계획한 탈출이었습니다.

그런데 우리는 요즈음 이곳을 하루빨리 떠나자고 말하고 있습니다. 나도 솔직히 말해 이곳을 떠나고 싶어졌습니다. 오히려 오지 않고 여러분을 계속 존경할 수 있었다면 더 행복했을지도 모를 일이었습니다."

"임정 청사에 폭탄을 던지고 싶다"

잘나가던 청년 장준하의 말이 묘하게 바뀌자 듣고 있던 국무위원들의 시선도 달라지기 시작했다. 도대체 무슨 말을 하는 것인지 사람들이 의아해하던 그때였다. 장준하는 내처 자신이 꼭 하고 싶었던 말을 옹골지게 이어가기 시작했다. 이는 그야말로 거대한 폭탄 발언이 아닐 수 없었다.

"……가능하다면 이곳을 떠나 다시 일군에 들어가고 싶습니다. 이번에 일군에 들어간다면 꼭 일군 항공대에 지원하고 싶습니다. 일군 항공대에 들어간다면 충칭 폭격을 자원, 이 임정 청사에 폭탄을 던지고 싶습니다.

왜냐구요? 선생님들은 왜놈들에게서 받은 서러움을 다 잊으셨단 말씀입니까? 그 설욕의 뜻이 아직 불타고 있다면 어떻게 임정이 이렇게 네 당, 내 당 하고 겨누고 있을 수가 있는 것입니까?

……분명히 우리가 이곳을 찾아온 것은 조국을 위한 죽음의 길을 선택하러 온 것이지, 결코 여러분의 이용물이 되고자 해서 이를 악물고 헤매어 온 것은 아닌 것을 말합니다. 이것으로 저의 말을 맺습니다. 안녕히 계십시오."

상상해보라. 20대 초반의 젊은 청년 장준하가 이런 어마어마한 발언을 감히 내뱉은 다음 그대로 단상을 내려와버렸으니, 이후 말 폭탄을 맞은 임정 국무위원들은 어떠했을까. 결국 이날의 폭탄 발언으로 임시정부는 긴급 국무회의까지 열게 된다. 그리고 장준하는 다시 그 자리에 불려나가 자신이 방금 전 한 발언을 해명하는 사태로까지 이어진다. 사실 누구도 상상하기 어려운 발언이었다. 아무리 화가 난다 해도 일본군에 다시 들어가 임시정부를 폭격하겠다는 표현은 지금 봐도 지나쳐 보인다.

다행히 장준하는 이 발언으로 별다른 처벌은 받지 않았다. 당시 주석이었던 백범 김구 덕분이었다. 장준하의 진심을 백범은 나쁘게 읽어내지 않았다. 백범은 장준하의 폭탄 발언을 애국심에 기초한 또 다른 형태의 충언으로 이해하며 그저 허허 웃었다고 한다. 그러면서 장준하의 발언에 격분하며 처벌을 주장하는 일부 임정 요인을 다독였고, 이후 이날 행사를 준비한 임시정부 내무부장인 해공 신익희가 사과를 하는 것으로 사태는 무마되었다. 하지만 실망스럽게도 이처럼 극단적인 방법으로 문제 제기를 한 장준하의 뜻과는 달리, 난립한 정파에 의한 임시정부의 혼란은 그치지 않았다. 장준하는 이러한 임시정부의 실정에 대해 크게 개탄한다.

그런데 그런 실망감이 다시금 묘한 계기로 이어지게 되었으니, 인생은 참으로 알 수 없다. 장준하가 "한국광복군 졸업생을 각 정파의 세 확장 용도로 이용하지 말라"며 강력히 항의했음에도 불구하고 임정 내무부장이었던 신익희가 이를 무시한 채 계속해서 개별적인 접촉을 시도했다는 것이다. 결국 신익희의 태도에 분노한 장준하는 동지 20여 명과 함께 몽둥이를 든 채 임시정부 청사로 달려갔다고 한다. 신익희에게 직접 항의하겠다는 뜻이었다. 그때 이 사실을 안 신익희가 청사를 빠져나가 큰 불상사는 일어나지 않았는데, 그 덕분에 장준하는 임정 청사에서 한 남자와 운명적인 조우를 하게 된다. 그가 바로 철기 이범석 장군이었다. 당시 그는 광복군 총사령관이었던 지청천 장군 아래에서 광복군 참모장 겸 제2지대장으로 활동하고 있었다. 평소 이름으로만 듣고 존경해오던 이범석 장군을 만난 장준하는 매우 기뻤다. 이범석 장군 역시 임정 청사로 달려오면서 "젊은이는 전선에 나가 죽게 하라"는 구호를 외치는 청년들을 보며 매우 기뻐했다고 한다. 정파적 관계에 따라 자신들을 이용하려는 기존의 썩은 판을 거부하는 청년들의 기상이 믿음직스러웠던 것이다.

이 묘한 상황 속에서 만난 장준하와 그 일행에게 이범석 장군은 뜻밖의 제안을 한다. 자신과 함께 이곳 충칭을 떠나 중국 시안으로 가자는 것이었다. 이범석 장군은 자신이 이끄는 광복군 제2지대가 중국 시안에서 미국과 합작으로 국내 진공 작전을 준비하고 있다며 여기에 뜻을 같이할 의사가 있냐고 물어왔다. 그 순간 장준하는 벌떡 일어났다. 마침내 자신이 원하던 꿈을 이루게 되었다는 벅찬 감정으로 장준하는 주먹을 움켜쥔 채 이범석 장군을 응시했다. 그러자 이범석 장군의 말이 이어졌다. "여러분, 여러분을 나의 동지로 맞고 싶소. 같이 가주지 않겠소? 단 한 가지 조건이 있소. 그건 죽음을 두려워하지 않는 젊은이라야만 하오."

장준하는 그 즉시 동지들과 백범 김구 주석을 찾아간다. 그리고 이범석 장군의 조금 전 제안을 전하며 자신들이 중국 시안으로 가도 될지 여쭸다고 한다. 잠시 후 백범의 허락이 떨어졌다. "만일 여러분이 진정으로 원한다면, 그곳에서 진실한 위국의 길이 열릴 것이다."

한반도 잠입 위해 OSS 요원이 되다

1945년 4월 29일. 장준하와 50여 명의 일행이 목숨을 걸고 충칭의 임시정부를 찾아온 지 약 석 달여가 흐른 그날, 장준하는 다시 임시정부 청사 앞에 섰다. 그때는 임시정부를 힘들게 찾아온 감격에 겨워 그 자리에 섰다면, 이번엔 충칭을 떠나기 위해 그 자리에 선 것이다. 그리고 잠시 후 백범이 나와 그들 앞에 섰다. 백범은 주변을 둘러봤다. 그의 눈에 죽음을 각오한 청년들이 보였다. 그때 백범의 첫마디는 이랬다.

"……여러분의 젊음이 부럽소, 젊음이. 반드시 훈련이 끝나기 전에 한번 시안에 가볼 생각이오……"

그때 백범은 울었다고 한다. 지금 이들이 가는 길 끝에 무엇이 있는지 누구보다 잘 알기 때문이었다. 만약 이들이 꿈꾸는 것이 성공한다면 그것은 결국 죽음이었다. 특히 장준하가 중국 시안으로 떠난 그날은 백범에게 더욱 특별한 날이었다. 장준하 등 청년 일행이 시안으로 떠나던 4월 29일은 바로 1932년 상하이 홍커우 공원에서 윤봉길 의사가 폭탄을 던진 날이었다.

그러니까 만 12년 전 그때, 윤봉길 의사를 사지로 보냈던 기억 때문에 백범은 눈물을 흘린 것이다. 이러한 백범의 눈물을 보며 장준하는 "무엇인가 자꾸 목구멍으로 넘쳐 넘어가는 슬픔이 미처 다 빠지지 못하고 입으로 새어 나왔다"고 표현했다. 그렇게 백범의 극진한 환송 속에서 장준하는 이범석 장군과 함께 중국 시안으로 떠났다.

그렇게 해서 시작된 시안에서의 혹독한 OSS(미국의 전략첩보대) 훈련은 장준하를 당당한 광복군으로 성장하게 했다. 비록 석 달간의 짧은 훈련이었으나 장준하는 조국에 잠입하여 목숨을 바치는 그날을 위해 누구보다 더 열심히 임했다. 그런데 훈련이 끝나가던 1945년 8월이 되자 생각지 못한 변수가 발생한다. 매우 급박하게 정세가 변해가면서 일제의 패망이 점점 가시적인 현실로 다가오고 있었기 때문이다.

그러자 임시정부 역시 점점 다급해졌다. 광복군의 독자적인 한반도 진공 작전을 준비해왔는데 자칫 잘못하면 아무런 시도도 하지 못한 채 일제의 패망만 지켜볼지도 모른다는 위기감이었다. 만일 그렇게 된다면 최악의 상황이 될 것이라고 백범은 예견했다. 비록 규모가 작은 형태의 교전이라 할지라도 광복군이 한반도에 진격하여 일제와 맞서 싸운 전사가 있다면, 이를 근거로 향후 대한민국 건국 과정에서 최소한의 외교적 발언권을 확보할 수 있게 된다. 그런데 이런 작은 공적마저 없다면 대한민국의 앞날은 불을 보듯 뻔했다. 광복을 위한 우리의 노력 없이 외세가 가져다주는 해방은 결코 우리의 성과물이 될 수 없었다. 이런 이유로 임시정부는 광복군의 국내 진공 작전을 서둘러달라고 재촉했다.

하지만 상황은 여의치 않았다. 당시 중국 집권 세력인 국민당 장제스 정부가 광복군의 독자적인 작전에 반대하고 나선 것이다. 장제스 정부는 중국 땅에서 활동하는 군사 집단에 대한 관할, 감독, 지도권은 자신들에게 있다며 허락 없이 움직이지 말라고 거듭 경고했다. 장제스 정부의 반대에 고심하던 임시정부는 고민 끝에 결국 결단을 내린다. 반대를 무릅쓰고 본국에 광복군을 침투시키기로 한 뒤 1945년 8월 11일 이범석 장군을 총지휘관으로 하는 정진대(挺進隊)을 편성한 것이다.

정진대의 역할은 비정규전을 수행하는 특공대와 같았다. 먼저 본국에 침투한 후 대기하고 있다가 뒤이어 미군이 진공하면 후방을 교란하는 게릴라식 전투를 담당하는 것이었다. 이를 통해 미군의 진공 전에 항일 세력을 구축하고 또 정보 수집과 유사시 시설물 파괴 등으로 후방을 교란하는 것이 정진대의 주요 임무였다. 철기 이범석 장군이 총지휘를 맡은 정진대는 모두 6개 조로 짜여 각각 4명에서 7명이 한 조의 구성원이 되었다. 경인 지역의 책임자는 장준하, 강원도 지역의 책임자는 훗날 고려대학교 총장을 지낸 김준엽이었다. 또 함경도 지역은 김용주, 평안도 지역은 강정선, 황해도 지역은 송면수, 전라도 지역은 박훈, 경상도 지역은 허영일, 충청도 지역은 정일명이 조장을 맡았다.

하지만 이러한 국내 진공 작전은 끝내 낙하산도 펴보지 못한 채 허망하게 끝난다. 8월 20일, 정진대가 비행기를 이용하여 본국의 상공으로 진입한 후 낙하산을 펴서 침투하려 했지만 이를 닷새 앞둔 8월 15일, 라디오 특별방송에서 일왕의 항복 선언이 흘러나온 것이다. 그날 백범은 해방 소식에도 기뻐하지 못했다고 한다. 대신 깊은 우려 속에 조국의 앞날을 걱정했다. 우리의 힘으로 나라를 독립시키지 못한 것이 이후 대한민국 건국 과정에서 어떠한 결과로 이어질지 백범은 예감했기 때문이다.

이러한 백범의 우려는 훗날 현실로 드러났다. 일제로부터 해방된 나라는 이후 남쪽은 미국이, 북쪽은 소련이 신탁통치하면서 분단국가로 쪼개졌다. 비극이었다. 그리고 이 분단의 비극은 그로부터 5년이 지난 1950년 6월 25일 동족간의 이념 전쟁으로 이어졌고 오늘까지도 휴전 상태의 극단적 대치로 남았다. 만약 그때 광복군이 준비했던 침투 계획이 제대로 성사되었다면 어떠했을까. 그랬다면 정말 우리나라의 외교적 발언권이 보장되고 외세에 의한 분단은 없었을까? 장준하는 《돌베개》에서 광복군이 "떳떳한 승리의 군대로 조국에 개선해서 발언권을 가지고 국내 치안을 주도해보려던 꿈이 잠들고 말았다"며 애석해했다. 그 애석함이 절절하게 다가온다.

일제가 패망한 후 장준하가 조국으로 돌아온 때는 그로부터 또 석 달여가 지난 1945년 11월 23일 낮 4시경이었다. 이날 장준하는 백범을 모시고 귀국하는 비행기로 임정 요인들과 함께 김포 비행장에 착륙했다. 그러나 백범을 비롯한 임정 요인들이 돌아온 그날, 김포 비행장에는 조국의 영웅을 맞이하는 환영객이 단 한 명도 보이지 않았다. 장준하가 쓴 《돌베개》에는 이날의 쓸쓸하고 아픈 기억이 고스란히 기록되어 있다.

수송기의 고도가 떨어졌다. 인천이 발 아래로 깔리고 우리는 김포의 활주로를 돌고 있었다. 정각 4시. 우리는 김포 비행장이라는 벌판 위에서 한 줄기 활주로를 놓고 선회를 마친 뒤, 아랫배가 허전해오는 착륙을 기도했다. 이윽고 비행기가 활주로에 들어섰다. 알 수 없는 심회가 꼿꼿이 굳어졌다. 이제 조국에 돌아왔다. 곧 땅을 밟고 그리운 동포의 그 표정을 보리라. 아, 그리운 사람들아, 내 동포여.

두서너 번의 충격으로 굳어졌던 긴장이 다시 풀리고 우리는 무사히 착륙을 마쳤다. 벨트를 풀었다. 모두들 일어섰다. 빠근한 허벅지의 긴장이 뻣뻣한 채였다. 김구 주석이 앞서고 그 뒤를 따라 엉거주춤하게 서 있었다. 미 공군 하사관이 기체의 문을 열어제꼈다. 화악 하고 고운 바람이 조국의 냄새를 불어넣어주었다. 나는 심호흡을 들이켰다. 기어간 산등성이가 멀리 부우옇게 보였다. 시야에 들어온 것은 벌판뿐이었다. 일행이 한 사람씩 내렸을 때 우리를 맞이하는 것은 미군 GI들뿐이었다. 우리의 예상은 완전히 깨어지고 동포의 반가운 모습은 허공에 모두 사라져버렸다. 조국의 11월 바람은 퍽 쌀쌀하였고 하늘도 청명하지가 않았다. 너무나 허탈한 상태에서 나는 몇 번이나 활주로의 땅을 힘주어 밟아보았다.

일제로부터 해방된 조국으로 돌아오기를 얼마나 바랐던가.

장준하조차도 이럴진대 당시 백범의 심정은 어떠했을까. 하지만 단 한 명의 동포도 환영을 나오지 않은 임시정부의 귀국은 이후 임정 요인들의 비극적인 미래를 예언하는 것이 아닐 수 없었다. 장준하는 "나부끼는 태극기, 환성의 환영, 그 목 아프게 불러줄 만세소리는 환상으로 저만치 물러나 있고 거무푸레한 김포의 하오가 우리를 외면하고 있었다"며 거듭 그날의 씁쓸하고 참담한 심경을 적었다.

도대체 어떻게 된 일일까. 후에 밝혀진 사실에 의하면 이는 미군정의 농간이었다. 미군정은 '임시정부 환국 환영 준비위원회'에 임정 요인들이 김포 비행장에 도착한다는 사실을 알리지 않았다. 그저 가까운 시일 내에 임정 요인들이 귀국할 것이라는 정보만 알려줘 그 어떤 환영 행사도 준비하지 못하게 방해한 것이다. 그러니 오후 4시 김포 비행장에 도착한 임정 요인 일행이 숙소인 서울 종로구의 경교장으로 들어서자 당시 준비위원회가 그들을 멍하니 바라보기만 하는 웃지 못할 일이 벌어졌다고 한다. 준비위원회 입장에서는 아무것도 모르다가 말로만 듣던 백범이 들어서니 얼마나 황망했을까.

왜 이런 일이 벌어졌는지는 그날 저녁 6시경 미군정청 공보과가 발표한 조선 주둔 미군 최고사령관 하지(John R. Hodge) 중장의 성명에서 알 수 있다. 그날 하지의 공식 발표 전문에는 "오늘 김구 선생 일행 15명이 서울에 도착하였다. 오랫동안 망명하였던 애국자 김구 선생은 개인의 자격으로 서울에 돌아온 것이다"라고 그 의미를 깎아내렸다.

그랬다. 미군정청은 대한민국 임시정부를 망명 정부로 인정하지 않으려 했다. 그래서 그들이 영웅처럼 국민에게 환대받으며 돌아오지 못하게 하고자 이들의 귀국 소식을 일절 밝히지 않고 비밀에 부친 것이다. 하지만 하지의 짧은 귀국 소식 발표 후 미군정청이 막으려 했던 환영 열기는 불처럼 일어났다. 30년 만에 고국으로 돌아온 백범과 임정 요인들을 환영하기 위해 거리거리에 속보가 붙었고 이 벽보를 보고 경교장으로 달려온 환영 인파가 넘쳐나기 시작했다. 경교장이 위치한 종로를 중심으로 서대문과 광화문 일대까지 사람들로 인산인해를 이루었다고 한다. 결국 미군정청은 백범 등 임정 요인들을 향한 백성의 민심을 막을 수 없었다. 비행장에서 단 한 명의 환영객도 만날 수 없어 크게 실망했던 임정 요인들은 자신들을 환영하기 위해 몰려오는 동포들을 확인하며 다시 힘을 얻었다.

그날 밤, 고국에서의 첫날을 맞은 임정 요인들은 흥분과 기쁨에 들떠 새벽 4시가 되어서야 겨우 잠을 청할 수 있었다고 장준하는 《돌베개》에 썼다. 이어서 지난 2년여의 고난에 대해 그는 또 이렇게 적고 있다.

> 임정을 찾아가던 그 6000리, 발길 발자국마다에 뿌리고 온 원한과 심고 온 신념, 그리고 모질던 스스로의 인간적인 투쟁이 지금 이 밤을 조용히 짓씹고 서 있는 나의 눈시울을 새삼스럽게 뜨겁게 하였다.
>
> 학병 출전, 일군 탈출, 국내 잠입을 위한 특수훈련, 그리고 오늘

이 조국에의 환국까지 기적의 역정이었던 만 2년 동안이 무량한 감개로 새벽안개 속에 젖고 있었다.

백범의 죽음과 한국전쟁

이후 장준하는 백범의 비서로 일한다. 하지만 그 기간은 길지 않았다. 1946년 5월, 장준하는 백범을 떠나 철기 이범석 장군이 주도하는 조선민족청년단(이하 '족청') 교무처장으로 일하게 된다. 이러한 인연으로 중정은 장준하에 대한 인물 카드를 작성하면서 그의 정치적 성향을 '족청계'로 분류하여 기록한다. 이는 이범석 장군이 주도한 조선민 '족청'년단의 가운데 두 글자를 딴 약자이다. 하지만 이는 정확한 분류라고 할 수 없다.

장준하는 이범석과 오래 일하지 않았다. 처음에는 중국 시안에서의 인연으로 함께했으나 나중에 장준하가 이범석 장군에게 실망하여 떠나면서 오랫동안 소원한 관계가 되었다. 이범석이 자신의 세력 확장을 위해 좌와 우를 가리지 않고 접촉하는 모습을 봤기 때문이었다. 장준하는 이범석의 행동이 과거 임시정부에서 자신이 실망했던 임정 요인들의 모습과 별반 다르지 않다고 여겼고, 이에 아무 말 없이 족청을 떠나버렸다.

그 후 장준하는 일본군 입대로 중단할 수밖에 없었던 신학 공부를 계속하기 위해 1949년 2월 한국신학대학(지금의 '한신대')에 편입한다. 통일운동가로 널리 알려진 고 문익환 목사의 친동생이면서 국회의원을 지낸 문동환 교수가 도와준 덕분이었다. 1949년 6월, 장준하는 한신대를 졸업한다. 일본에서 학교를 다니다가 편입했기에 4개월 만의 졸업이었다. 이때의 인연으로 장준하는 한신대에서 영광스러운 상을 받는다. 1993년에 한신대 졸업생 중 모교를 빛낸 인물에게 수여하는 '한신상'을 제정했는데, 제1회 수상자가 장준하였다. 그가 사망한 지 18년 후의 일이었다.

하지만 학업을 마치고 새로운 출발을 준비하던 장준하에게 큰 시련이 찾아왔다. 가장 먼저 다가온 시련은 네 발의 총성과 함께였다. 1949년 6월 26일 낮 12시 34분경. 서울 종로구 평동 소재 경교장 2층(현재 강북삼성병원 내)에서 느닷없는 네 발의 총성이 울렸다. 그 비극적인 총성이 앗아간 생명은 백범 김구였다. 우리나라 사람들이 가장 존경하는 인물 가운데 다섯 손가락 안에서 빠진 적이 없는 백범 김구 선생. 대한민국 독립운동사에 전설과 신화로 남은 그분이었다.

> 네 소원이 무엇이냐 하고 하나님이 물으시면 나는 서슴지 않고, "내 소원은 대한 독립이오" 하고 대답할 것이다. 그다음 소원은 무엇이냐 하면 나는 또, "우리나라의 독립이오" 할 것이요, 또 그다음 소원이 무엇이냐 하는 세 번째 물음에도 나는 더욱 소리를 높여서, "나의 소원은 우리나라 대한의 완전한 자주 독립이오" 하고 대답할 것이다.
>
> 동포 여러분! 나 김구의 소원은 이것 하나밖에는 없다. 내 과거의

> 70 평생을 이 소원을 위하여 살아왔고, 현재에도 이 소원 때문에 살고 있고, 미래에도 나는 이 소원을 달하려고 살 것이다.
>
> —백범 김구, 〈나의 소원〉 중

그런 백범이 다른 곳도 아닌, 다른 시대도 아닌, 자신이 그토록 염원하던 독립된 대한민국 땅에서 목숨을 잃었다. 1947년 11월 백범이 발표한 〈나의 소원〉처럼 그는 조국의 독립을 위해 살아온 '대표적인 독립운동가'였으며 자신의 모든 것을 내던져 조국을 사랑한 위인이었다. 그런데 그런 그가 일제로부터 독립한 제 나라에서 육군 소위 계급장을 달고 있던 안두희의 총격을 받아 서거한 것이다. 이 충격적인 소식을 접한 국민들은 10일에 걸친 백범의 장례 기간 내내 경교장 앞으로 몰려와 연일 통곡했다.

장준하가 받은 충격 역시 너무도 컸다. 백범은 그가 아버지처럼 의지했던 분이었다. 장준하는 귀국 후 이듬해인 1946년이 되어서야 헤어졌던 아내를 다시 만났는데, 이 소식을 들은 백범이 특별히 장준하에게 아내를 데리고 경교장으로 오라고 명한다. 그가 아내와 함께 인사를 드리러 가자 백범은 당시 19살이었던 김희숙의 큰절이 끝난 후 자신이 끼고 있던 금반지를 빼 직접 그녀의 손가락에 끼워주었다고 한다. 김희숙 여사는 그때의 그 자애롭고 다정한, 마치 시아버지처럼 자신을 반겨주던 백범을 잊을 수 없다고 추억했다. 그런 백범을 이렇게 허망하게 잃었으니 그때 장준하가 느꼈을 심경은 달리 설명할 길이 없다.

그 고통이 채 아물지도 않은 1년 뒤인 1950년 6월 25일, 백범의 1주기 추모 행사를 하루 앞둔 그날, 민족 최대의 비극인 6·25 한국전쟁이 발발했다. 한국전쟁은 장준하의 가정사에도 큰 상처와 고통을 남겼다. 제일 먼저 장준하의 모친이 돌아가셨다. 전쟁 당시 아버지 장석인 목사는 서울 원효로4가에 위치한 교회에서 목사로 시무 중이었는데, 고갯길을 넘어오는 북한 인민군 탱크를 본 충격으로 어머니가 쓰러져 그길로 절명했다. 참으로 어처구니없는 비극이었다. 하지만 인민군 치하에서 제대로 예우를 갖춰 어머니의 장례식을 치를 수가 없었다. 장준하는 할 수 없이 아버지가 시무하던 교회 마당에 어머니를 가매장했다.

그 후 장준하 역시 피난길에 나섰는데 서울이 수복된 그해 9월 28일까지 그가 머물렀던 1차 피난지는 충남 청양군이었다고 한다. 1962년 6월 15일 '서정'(서울시 경찰정보국의 약칭) 명의로 작성된 장준하 동향 보고서에는 "6·25 사변을 맞이하여 동년 6월 27일 충남 청양군 번지 불상지인 김복숙 가에서 피난, 9·28 수복 시까지 거주타가……"라고 기재되어 있다.

장준하가 다시 두 번째로 피난길에 나선 것은 1951년 1·4 후퇴 때였다. 서울이 수복되어 올라왔으나 중공군 개입으로 인민군이 남하하자 다시 피난길에 오른 것이다. 이때 장준하는 첫 번째 피난과 달리 부산까지 갔다고 한다. 이러한 두 번의 피난길에서 장준하는 많은 가족을 잃는다. 어린 시절 자신에게 큰 영향을 미쳤던 할아버지 장윤희가 노환으로 별세했다. 그뿐만이 아니었다. 부산에서 피난 생활을 할 때는 갓 두 살을 넘긴 첫째 딸을 잃었고, 유엔군 통역관으로 일하던 동생 장익하가 실종되는 일도 있었다. 전투 중 실종된 동생의 생사는 끝내 알 수 없었다고 한다.

한국전쟁으로 너무도 많은 이들이 고통을 받았다. 죽고 죽이는 살육이 만 3년 넘게 계속되었다. 군인보다 비무장 상태인 민간인이 더 많이 죽은 전쟁이었다. 게다가 그렇게 죽은 피해자 중 절대다수가 어린아이와 나약한 여성이었다. 전쟁은 그저 매일같이 누군가를 죽이고 파괴하며 학살하는 행위의 반복이었다. 그리고 그러한 야만을 각각의 진영 논리에 따라 합법적이고 정당한 행위로 미화하는 비열한 공작의 연속이었다. 그런 과정에서 너무도 많은 이들이 왜 죽어야 하는지 알지도, 또 물어보지도 못한 채 죽어갔다. 더 한심한 일은 그런 전쟁을 또 하자며 오늘도 여전히 대한민국은 군사적인 대치를 계속하고 있다는 사실이다. 전쟁은 인간이 할 수 있는 '가장 미련한 선택'이다.

1953년 《사상계》를 창간하다

장준하는 전쟁의 소용돌이 속에서도 자신이 할 일을 찾았다. 1952년 9월, 피난지였던 부산에서 월간지 《사상》을 창간한 것이다. 비록 그해 12월호까지 모두 네 번 발행하고 접은 잡지였지만, 이는 더 큰 꽃으로 활짝 피어나게 하는 교두보 역할을 했다. 그것이 바로 1953년 4월 정식 발행된 《사상계(思想界)》였다. 장준하의 개인사에서 절대 빼놓을 수 없는 연관어 《사상계》가 마침내 창간된 것이다. 《사상계》는 그 당시 지식인들의 최고 필독서로 꼽힌다.

《사상계》의 영향력이 얼마나 컸는지는 의문사위에서 장준하 사건을 조사하면서 자세히 알게 되었다. 재야인사 장준하는 몰라도 '《사상계》를 발행했던 사람'이라고 말하면 60대 이상의 분들은 대번에 알아들었다. 《사상계》의 영향력이 얼마나 대단했는지 알 수 있는 사례였다. 비록 학교는 다니지 못했지만 남들 앞에서 무식하다는 말을 듣지 않기 위해 매월 《사상계》를 구독했다는 분도 상당수 만났다. 지금이야 읽을거리도 많고 볼거리도 많지만 1950년대와 1960년대에는 그렇지 못했기 때문에 더욱 목말랐는지도 모르겠다.

하지만 장준하가 《사상계》를 만들어내기까지의 과정은 참으로 눈물겨웠다. 한국전쟁이 끝나지도 않은 그때, 더구나 피난지였던 임시 수도 부산에서 아무것도 가진 게 없는 만 35살의 젊은이가 월간지를 만든다는 것은 누가 봐도 참 무모한 도전이었다. 가진 것이라곤 해야 하겠다는 옹골찬 의지 딱 하나뿐이었다. 그래서 장준하의 고생은 시작부터 녹녹지 않았으나 다행히 1953년 4월 《사상계》 창간호가 속된 표현으로 대박을 쳤다. 초판 3000부를 찍었는데 매진을 기록했고, 추가로 여기저기서 주문이 쇄도한 것이다. 장준하는 환호했다. 우여곡절 끝에 발행한 잡지가 성공한 듯싶어 기뻐한 것이다. 장준하는 이 여세를 몰아 《사상계》 5월호를 내기 위해 서둘렀다. 이번엔 발행 부수를 더 늘렸다. 5000부였다. 창간호 3000부가 금방 소진되었으니 부수를 늘리는 것은 누가 봐도 당연했다.

그러나 이는 착각이었다. 세 번째로 《사상계》 6월호가 발행된 후 그 전달에 팔리지 않은 5월호가 반품된 것이다. 돌아온 《사상계》 5월호는 발행 부수의 절반을 넘는 수준이었다. 통상 월간지는 다음 달 호가 나오면 그때까지 팔리지 않은 책이 반품되는데, 창간호의 매진에 자신감을 얻어 한꺼번에 늘린 2000부가 고스란히 돌아온 것이다. 원인이 무엇일까. 몇 가지가 있는데 그중 가장 큰 문제는 발행 시기가 너무 짧았다는 점이다. 5월호가 발행되고 너무 빨리 6월호가 나와 5월호를 판매할 수 있는 시간이 짧았던 것이다.

시작도 어려웠는데 대량 반품 사태까지 이어져 장준하의 사정은 더 나빠질 수밖에 없었다. 이때 《사상계》 운영이 얼마나 어려웠는지 장준하가 고백한 인터뷰가 있다. 사단법인 장준하기념사업회가 공개한 장준하 육성 전문이다.

> "제가 잡지를 시작할 때는 무슨 돈이 있어서 시작한 것이 아니고 사무실도 없고, 직원도 저 혼자고, 간혹가다 제 집에 아내가 교정 보는 것을 좀 도와주는 정도였고요. 모든 것은 다 빈손 가지고 시작하니까 참 한심했었죠. 한 가방 속에다가 원고 보따리 전부 넣고 다니고, 교정 보따리도 넣고 다니면서 내가 그 가방을 열어보면 그게 사무실이었죠."

이처럼 열악하기 그지없던 《사상계》가 마침내 대한민국 최고의 잡지 반열에 오르게 된 것은 1955년 6월이 되어서였다. 《사상계》가 창간된 후 약 2년 3개월이 지나던 때였다. 장준하의 고백처럼 초창기에 혼자서 《사상계》를 편집하던 체제를 벗어나 제대로 된 운영 체제를 마련하기 시작했다. 1955년 1월, 편집주간도 새로 두고 여러 저명한 인사들을 《사상계》 편집위원으로 앉혀 편집위원회 체제를 만들었다. 탄탄한 편집 체제가 구축되면서 《사상계》의 품질은 날이 갈수록 독자들의 주목을 받게 된다. 이때 장준하는 과감히 발행 부수를 6000부로 늘린다. 1953년 4월 매진을 기록한 창간호에 힘입어 급하게 2000부를 더 늘렸다가 그 물량만큼 반품된 경험을 겪었던 장준하는 그간 발행 부수를 3000부로 유지해왔다. 그러다가 정식 편집 체제를 갖춘 후 자신감을 다시 얻게 되자 1955년 6월호부터 과감하게 6000부로 늘린 것이다.

반응이 어땠을까. 놀랍게도 완전 매진이었다. 발행 후 불과 1주일 만의 기록이었다. 그 당시 상황에서 보면 이는 대단히 놀라운 결과였다. 《사상계》 이전에 사람들이 가장 많이 보던 잡지가 《자유세계》였는데 이 잡지도 발행 부수 6000부를 넘지 못했다. 그런데 《사상계》는 6000부를 다 팔고도 추가 주문이 쇄도하여 2000부를 더 찍었다. 결국 8000부를 발행한 셈인데 이 역시 매진되었으니 《사상계》의 인기가 어느 정도였는지 짐작할 만하다. 《사상계》가 대한민국 최고의 잡지로 거듭나는 순간이었다.

《사상계》의 인기는 날로 더해갔다. 4·19 민주혁명이 일어난 1960년에는 최대 부수인 9만 7000부가 발행되었다. 먹고살기도 힘들었던 그때, 사람들이 쌀 대신 책을 샀다는 사실이 믿어지지 않는다. 더구나 그 당시 〈조선일보〉의 발행 부수가 8만 부였는데, 월간지인 《사상계》가 그보다 더 많은 발행 부수를 기록했으니 그야말로 대단한 일이 아닐 수 없다. 《사상계》는 그런 위대한 잡지였다.

한국인 최초로 받은 막사이사이상

《사상계》에 대한 높은 평가는 우리나라에서만 국한된 것이 아니었다. 《사상계》의 명성은 외국에서도 드높았다. 1962년 8월, 장준하에게 기쁜 소식이 들려왔다. 그가 '아시아의 노벨상'이라 불리는 필리핀의 막사이사이상 언론문화 부문의 수상자로 선정되었다는 낭보였다. 이 상은 필리핀 대통령을 지낸 라몬 막사이사이(Ramon Magsaysay)를 기리기 위해 제정된 권위 있는 상이다. 미국의 석유 재벌인 존 록펠러가 설립한 록펠러 재단으로부터 50만 달러를 지원받아 이 상을 만든 막사이사이 재단은 1957년 4월 이후 매년 6개 부문에서 수상자를 선정하여 시상을 해왔다. 정부봉사, 공공봉사, 국제협조증진, 지역사회지도, 언론문화 부문 등에서 각 한 명씩 수상자를 선정하여 1만 달러의 상금과 메달을 수여한다.

우리나라에서는 지금까지 장기려 박사(1979), 제정구 전 국회의원(1986), 법륜 스님(2002), 박원순 서울시장(2006) 등이 이 상을 수상했는데, 한국인으로서 첫 수상자가 장준하(1962)였다. 특별한 점은 장준하가 이 상을 받을 당시 막사이사이상 봉사 부문을 수상한 이가 인도의 마더 테레사 수녀였다는 것이다. 이후 테레사 수녀는 1979년 노벨 평화상을 받았으며, 2003년에는 성인으로 추앙된 첫 번째 수녀가 된다.

장준하는 수상 소식에 크게 기뻐했다. 이는 쿠데타로 권력을 찬탈한 박정희 권력하에서 핍박받고 있던 자신의 처지 때문에 더욱 그러했다. 장준하는 그 당시 어처구니없게도 부패 언론인으로 매도되었다. 박정희가 쿠데타 후 부패 사범을 척결하겠다며 '부정축재 처리위원회'를 만들었는데 여기에 장준하를 포함시킨 것이다.

억울한 경위는 이랬다. 4·19 민주혁명 후 장면 정부는 국토건설본부를 발족시킨다. 훗날 박정희가 추진한 경제개발계획의 기초를 마련한 곳이 바로 여기다. 그런데 국무총리 장면이 본부장을 맡은 이 기구에서 가장 핵심 역할인 기획부장으로 지목한 사람이 장준하였다. 하지만 장준하는 처음에 이 제안을 거절한다. 《사상계》 운영 문제로 여력이 없다는 이유에서였다. 그러자 장면 정부에서 재무부장관으로 있던 김영선이 찾아와, 장준하의 집을 담보로 1000만 환을 대출해줄 테니 제발 국토건설본부의 기획부장을 맡아달라며 간청한다. 결국 장준하는 김영선 장관의 집요한 청에 못 이겨 이 제안을 수용하게 된다.

그런데 이 일이 화근이었다. 쿠데타 후 국민들에게 보여줄 성과물에 집착하던 군정이 그 당시 장준하가 대출 받은 경위를 문제 삼아 그를 부정 축재자로 몰아간 것이다. 그 경위도 그렇지만, 담보물까지 맡긴 정상적인 대출을 가지고 문제를 삼는 것은 납득하기 어려운 일이었다. 누군가에게 부당한 돈을 받아 챙긴 부정행위와 이것이 어찌 같은 일인가. 결국 담보물로 맡겼던 집이 처분되고 그 돈으로 대출금이 청산되었다. 장준하는 치욕스러움을 느꼈고 말로 다 할 수 없이 억울했다. 그러던 차에 외국에서 들려온 막사이사이상 수상 소식은 장준하에게 큰 기쁨이 아닐 수 없었다.

이러한 장준하의 심경을 기록한 문서가 하나 있다. 장준하를 늘 감시하고 이를 동향 보고하던 경찰의 '감시 보고서'였다. 보고서에는 "비율빈[필리핀의 한자어]의 '막사이사이상'을 받게 된 본명은 인사차 사무실을 방문한 친지들에게 상금의 변용[사용] 계획, 잡지사 운영 계획을 피력하였는바, 본명은 '한국에서 정치 범죄자 취급을 받고 있는 자신이 외국에서 표창을 받는다는 것이 아이러니컬한 현상'이라고 발설"했다고 기록했다. 그러면서 친지가 물어본 막사이사이상 상금 1만 달러 사용 계획에 대해서는 "부상 1만 달러를 언론의 자유 수호를 위한 기자상 제도의 설치 기금으로 변용하는 한편, 중국에서 항일 투쟁을 한 광복군의 투쟁사를 이 기회에 발간하겠다"고 하면서 "막사이사이상 수상 시 동남아 제국을 방문하여 각국 언론 기관과 정치사회 현황을 시찰하겠다고 하는 소견 피력"으로 끝을 맺었다.

막사이사이상 수상과 관련한 장준하의 발언은 이뿐만이 아니었다. 추가적인 동향 보고가 이례적으로 이어졌다. 작성 일자가 확인되지 않는 이 보고서는 '사상계 사장 장준하의 동향'이라는 제목 아래 앞의 기록보다 더 구체적인 내용을 담고 있었다.

사상계 사장 장준하의 동향

1. 막사이사이상 수상자로 결정된 잡지 사상계 사장 장준하는 동계 친지에게 이번 수상을 계기로 하여 간행물을 통한 적극적인 정치 활동을 전개할 의도를 피력하였는바,
2. 장준하는 막사이사이상 수상으로 인하여 자신에게 집중된 국민적 관심을 이용하여 광복군 투쟁사는 물론 해방 후 군사혁명까지의 정치 변화사, 이범석의 청산리 전투를 중심으로 한 항일 투쟁들을 종합한 책자를 발간하겠다는 계획을 밝혔다 함.

장준하와 5·16 군사쿠데타

《사상계》와 장준하의 영향력이 커질수록 이를 불편하게 생각하는 세력이 있었다. 바로 4·19 민주혁명을 무너뜨리고 5·16 군사쿠데타로 권력을 찬탈한 박정희 독재자와 그 지지자들이다. 여기서 한 가지 짚고 넘어가야 할 것이 있다. 장준하가 5·16 군사쿠데타를 지지했다는 박정희 추종자들의 주장이다.

과연 그것은 사실일까? 장준하가 초기 5·16 군사쿠데타를 인정한 것은 사실로 봐야 한다. 이는 부인할 수 없다. 다만 더 살펴봐야 할 진실이 있다. 장준하가 1961년 6월호 《사상계》에 쓴 권두언을 살펴보면 이를 명확히 확인할 수 있다. 장준하가 5·16 군사쿠데타를 지지했다는 주장은 '숲을 가리켰는데 나무 한 그루만 보는' 것과 다르지 않다. 정작 중요한 진실을 왜곡하기 때문이다.

먼저 장준하가 인식한 5·16 군사쿠데타의 정의부터 살펴봐야 한다. 그는 5·16 군사쿠데타 초기에 이를 주도한 군인이 누구인지 알지 못했다. 그들이 권력에 욕심이 있는 정치군인이라고는 생각지 못한 것이다. 그래서 대한민국의 양심적인 군인들이 이 나라를 더 이상 두고 볼 수 없어 기강을 바로 세우고자 의분으로 일으킨 군사혁명이라고 믿었다. 이는 장준하가 쓴 그 달의 《사상계》 권두언에도 잘 나타나 있다. 매우 중요한 사안이기에 온전한 이해를 돕기 위해 장준하가 쓴 권두언 전문을 인용한다.

> 일 년 전, 우리나라의 젊은 학도들은 그 꿈 많은 청춘을 바쳐 부패와 탐욕과 수탈과 부정에 도취한 이승만 독재정권을 타도하고 민주주의를 사경에서 회생시켰다. 그러나 정치 생리와 정치적 행장과 사고방식에 있어서 자유당과 본질적으로 다를 것이 없는 민주당은 혁명 직후의 정치적 공백기를 기화로 지나치게 비대해진 나머지 스스로 오만과 독선에 사로잡혀 정권을 마치 전리품처럼 착각하고,

혁명 과업의 수행은커녕 추잡하고 비열한 파쟁과 이권운동에 몰두하여 그 바쁘고 귀중한 시간을 부질없이 낭비해왔음은 우리들이 바로 며칠 전까지 목적해온 바이다.

그러는 동안 국민경제는 황폐화하고 대중의 물질생활은 더 한층 악화되고 사회적 부는 소수자의 수중으로만 집중하였다. 그 결과로 절망, 사치, 퇴폐, 패배주의의 풍조가 이 강산을 풍미하고 있었으며 이를 틈타서 북한의 공산도당들은 내부적 혼란의 조성과 붕괴를 백방으로 획책하여왔다. 절정에 달한 국정의 문란, 고질화한 부패, 마비 상태에 빠진 사회적 기강 등 누란의 위기에서 민족적 활로를 타개하기 위하여 최후 수단으로 일어난 것이 다름 아닌 5·16 군사혁명이다.

4·19 혁명이 입헌 정치와 자유를 쟁취하기 위한 민주주의 혁명이었다면, 5·16 혁명은 부패와 무능과 무질서와 공산주의의 책동을 타파하고 국가의 진로를 바로잡으려는 민족주의적 군사혁명이다. 따라서 5·16 혁명은 우리들이 육성하고 개화시켜야 할 민주주의의 이념에 비추어볼 때는 불행한 일이요, 안타까운 일이 아닐 수 없으나 위급한 민족적 현실에서 볼 때는 불가피한 일이다.

그러나 이번의 군사혁명은, 단지 정치권력이 국민의 한 집단에서 다른 집단으로 넘어갔다는 데서 그친다면 그것은 무의미한 것이다. 혁명 공약이 암암리에 천명하고 있듯이, 무능하고 고식적인 집권당과 정부가 수행하지 못한 4·19 혁명의 과업을 새로운 혁명 세력이 수행한다는 점에서 우리는 5·16 혁명의 적극적 의의를 구하지 않으면 안 된다. 따라서 이러한 의미에서는 5·16 혁명은 4·19

혁명의 부정이 아니라 그의 계승, 연장이 되어야 하는 것이다.

냉철히 생각할 때, 4·19 일 년 만에 다시 정변을 보지 않으면 안 된 이 땅의 비상하고 절박한 사태에 대한 책임을 우리는 어느 한 정당이나 개인에다만 전적으로 뒤집어씌움으로써 만족해서는 안 된다. 그 배후에서 또는 주변에서 사회적 혼란을 선동한 방종무쌍했던 언론, 타락한 망국적 금력 선거, 이미 도박장으로 화한 국회, 시세에 끌려 당쟁에만 눈이 어두웠던 소위 정객들에게도 책임이 적지 않으며, 보다 넓은 의미에서는 국민 각자에도 다소를 막론하고 간접적 책임이 있음을 우리들은 준열하게 자아 반성하지 않을 수 없다.

5·16 군사혁명으로 우리들이, 과거의 방종, 무질서, 타성, 편의주의의 낡은 껍질에서 자기 탈피하여 일체의 구악의 뿌리를 뽑고 새로운 민족적 활로를 개척할 계기는 마련된 것이다. 혁명 정권은 지금 법질서의 존중, 강건한 생활 기풍의 확립, 불량도당의 소탕, 부정 축재자의 처리, 농어촌의 고리채 정리, 국토건설사업 등에서 괄목할 만한 출발을 보여주고 있다. 그러나 누백 년의 사회악과 퇴폐한 습성, 원시적 빈곤이 엉클어져 있는 이 어려운 조건 밑에서 정치혁명, 사회혁명, 도덕혁명을 동시에 수행한다는 것이 얼마나 어려운 일인가는 이해하기 어려운 일이 아니다.

여기서 우리는 혁명 정권이 치밀한 과학적 계획과 불타는 실천력을 가지고 모든 과제를 해결해나갈 것을 간곡히 기대하는 동시에 동포들의 자각 있는 지지를 다시금 요청해 마지않는 바이다. 불리한 지정학적 위치와 막다른 정치적 한계 상황에서, 국제공산제국주의와 대결하면서 자유와 복지와 문화의 방향으로 국가를 재건하여야 할 우리들의 민족적 과업은 크고도 어렵다.

이제 모든 정치권력은 혁명 정권에 집중되었고, 혁명 정권은 민족 백 년의 운명을 그 쌍견에 짊어지고 있다. 무엇보다도 혁명 정부는 우리 사회를 첩첩히 얽매고 있는 악순환의 사슬을 대담하게 끊어야 한다. 그렇게 할 때 비로소 민정 아닌 군정의 의미가 있는 것이요, 혁명의 가치가 평가될 수 있는 것이다.

한편, 일체의 권력이 혁명 정권에 집중되었기 때문에 권력이 남용되지 않도록 국가재건최고회의는 이에 만전의 대비책을 세워야 할 것이다. 본래 권력은 부패하기 쉽고 더욱이 절대 권력은 절대적으로 부패하는 경향이 있다 함은 하나의 정치학적 법칙이다. 이러한 권력의 자기 부식 작용에 걸리지 않고 오늘의 청신한 자세를 끝까지 유지하기 위해서는, 국가재건최고회의는 시급히 혁명과업을 완수하고, 최단 시일 내에 참신하고 양심적인 정치인들에게 정권을 이양한 후 쾌히 그 본연의 임무로 돌아간다는 엄숙한 혁명 공약을 깨끗이, 군인답게 실천하는 길 이외의 방법은 없는 것이다.

그렇게 될 때, 국군의 위대한 공적은 우리나라 민주주의 사상에 영원히 빛날 것임은 물론이거니와 한국의 군사혁명은 압정과 부패와 빈곤에 시달리는 많은 후진국 국민들의 길잡이요, 모범으로 될 것이다.

장준하는 권두언에서 당시의 시대 상황을 안타깝게 여기고 있었다. 젊은 학도들이 청춘과 목숨을 바쳐 부패와 탐욕으로 얼룩진 이승만 독재정권을 타도했으나, 그 타도한 자유당과 본질적인 차이가 없었던 민주당 정치세력의 행태를 보면서 실망했다. 국민의 피로 이승만 독재를 무너뜨리고 새로운 희망을 찾고자 민주당에 권력을 줬으나 사람만 바뀌었을 뿐 그 행태는 바뀌지 않았던 것이다. 자유당이 해먹던 부패를 민주당이 이어받아 추잡하고 비열한 파쟁과 이권에만 몰두한다고 본 것이다.

그런 이유로 장준하는 4·19 민주혁명을 계승하는 5·16 군사혁명을 기대한다고 썼다. 이는 5·16 군사쿠데타 세력이 내세운 이른바 여섯 가지 '혁명 공약'을 장준하가 정말로 믿었기 때문이다. 그것이 무엇일까. 쿠데타 세력이 국민 앞에 내건 여섯 가지 공약이다.

5·16 혁명 공약

1. 반공을 국시의 제1조로 삼고 지금까지 형식적이고 구호에만 그친 반공태세를 재정비 강화한다.
2. 유엔 헌장을 준수하고 국제협약을 충실히 이행할 것이며 미국을 위시한 자유우방과의 유대를 더욱 공고히 한다.
3. 이 나라 사회의 모든 부패와 구악을 일소하고 퇴폐한 국민 도의와 민족정기를 바로잡기 위해 청신한 기풍을 진작시킨다.
4. 절망과 기아선상에서 허덕이는 민생고를 시급히 해결하고 국가 자주경제 재건에 총력을 경주한다.
5. 민족의 숙원인 국토통일을 위해 공산주의와 대결할 수 있는 실력 배양에 전력을 집중한다.

6. 이와 같은 우리의 과업이 성취되면 참신하고 양심적인 정치인들에게 언제든지 정권을 이양하고 우리들은 본연의 임무에 복귀할 준비를 갖춘다.

장준하는 이 혁명 공약을 믿었다. 그래서 양심적인 군인에 의해 국정의 문란과 부패가 척결되는 계기가 되기를 기대했던 것 같다. 하지만 이러한 장준하의 초기 5·16 쿠데타 지지 입장은 명백한 역사적 오점으로 남았다. 쿠데타는 용납할 수 없는 헌정 질서 유린의 범죄일 뿐이다. 특히 5·16 군사쿠데타는 국민의 피로 이룩한 4·19 민주혁명을 유린한 역사적 범죄다. 그 이상도, 이하도 평가될 가치가 없다. 그런 면에서 그 당시 장준하의 판단은 매우 안타까운 일이었다.

하지만 장준하는 이후 자신의 잘못된 판단을 명백하게 수정한다. 5·16을 더 이상 혁명이라고 말하지 않았으며, "총칼로 국민의 권력을 찬탈한 행위"라고 수없이 비판했다. 사기꾼에게 잠깐 속아 그를 믿었다고 해서 영원한 지지자라고 단정 지어 말할 수는 없다. 자신이 속았다는 것을 알고 입장을 바꿨다면, 그의 최종 입장이 본질인 것이다. 그러므로 장준하는 5·16을 지지하지 않았다.

여기서 더 자세히 살펴봐야 할 것이 있다. 장준하는 왜 초기에 군인들의 쿠데타를 지지했을까. 이는 장준하가 가진 군에 대한 깊은 신뢰감 때문이었다. 장준하는 누구보다 군인을 믿었다. 자신이 광복군 출신이기에 더욱 그러했다. 군인에 대한 장준하의 애정과 신뢰, 그리고 믿음이 얼마나 컸는지 알 수 있는 사례는 많다.

먼저, 그가 1967년 국회의원에 당선된 후 선택한 국회 상임위원회만 봐도 그렇다. 장준하는 당시 국방위원회 위원으로 일했다. 지금도 그렇고 그때도 마찬가지였지만 국회 국방위원회는 국회의원 사이에서 '상임위원회 무덤'으로 불리는 곳이다. 지역구 관리를 위한 예산을 가져올 수도 없고 관장하는 공기업도 거의 없어 예우나 정치 후원금을 받는 데 어려움이 많기 때문이다. 그래서 나이 많은 고참 선배 의원들이 후배 의원을 배려하기 위해 대신 가는 곳이 국방위원회라고 흔히 알려져 있다.

그런데 장준하는 그런 국방위원회를 스스로 선택해서 갔다. 군에 대한 신뢰와 사랑이 각별했기 때문이다. 특히 양심적인 군인들이 이 나라를 지탱하는 힘이라고 믿었는데, 그중 장준하와 특별한 교분을 나눴던 사람이 두 명 있었다. 한 사람은 월남전 한국군 총사령관이었던 채명신 장군이었고, 또 한 사람은 1979년 독재자 박정희에게 총을 쏴 유신독재의 막을 내리게 한 중앙정보부장 김재규 장군이었다.

채명신 장군과 장준하의 관계는 유명하다. 채명신 장군이 세상을 떠나기 전인 2004년 KBS 〈인물 현대사—장준하 편〉 촬영을 하면서 당시 방송되지 못한 인터뷰 녹취를 보면, 장준하를 향한 그의 마음이 얼마나 각별했는지 알 수 있다.

"만약에 장준하 선생이 대통령을 입후보했다고 하면 나는 정치를 모르고, 정치는 하지도 않았고, 정치라는 건 나와 완전히 담 쌓고 있지만…… 그런 분이 대통령에 출마했다고 하면 정말 맨발로 뛰어다니면서라도 운동하고 싶은 그런 입장이었을 거예요."

"장준하 선생이 대통령에 출마했다면"

5·16 군사쿠데타 당시 채명신은 박정희의 쿠데타 진영에 참여한 이른바 쿠데타 동지였다. 누구보다 박정희와 가까웠던 그가 박정희와 가장 불편한 관계였던 장준하를 어떻게 이처럼 긍정적으로 평가할 수 있을까. 장준하는 국회 국방위원 중 처음으로 군인의 복지에 대해 말한 국회의원이었다. 사병의 의식주를 바꿔야 하며, 이를 위해 국방 예산을 더 늘려야 한다고 주장했다. 이는 1968년 8월 9일, 중정 대전 분실장이 중정부장에게 발신 보고한 '장준하 의원 동향' 기록에서도 확인된다.

이날 장준하는 서울역에서 출발하는 태극호 열차를 타고 육군 논산훈련소를 방문한다. 1박 2일 일정으로 논산 제2훈련소를 방문한 장준하는 첫날 교육 상황을 시찰하고 다음 날인 10일 서울로 상경하는 매우 빡빡한 일정을 소화한다. 그야말로 제2육군훈련소 전체를 이틀에 걸쳐 샅샅이 확인한 것이다. 사병들이 잠자는 연대 신축 막사와 침투 사격장, 그리고 수류탄 교육장 시찰을 비롯하여 사병 목욕탕에서 직접 목욕을 하기도

했다. 또한 병영 내에서 하룻밤 자고 난 다음 날에는 군 병원에 들러 운영 실태를 파악하고 신병 입소식까지 참관하는 완벽한 일정이었다. 이러한 장준하의 일정을 중정은 시간대별로 체크했으며 그 말미에 장준하의 질문에 대해서도 썼다.

다. 착안 및 질문 사항
장준하 의원은 시찰 과정에서 사병 급식 문제와 휴가 제도에 대하여 수시로 사병들에게 질문하였음. 건의 사항이 있으면 나중에 서면으로 제출하라고 말하였음.

그 당시 어느 국회의원도 시도하지 않은 행적이었다. 장준하는 국회 국방위원으로 있는 동안 거의 모든 군부대를 시찰했는데 이러한 태도는 한결같았다. 군인들의 의식주를 먼저 챙기는 '참 특이한' 국회의원이었다. 이는 1968년 10월 28일 국회 국방위원회 속기록에서도 확인된다. 이날 장준하는 제67회 국회 국방위원회에서 장성들의 호화 생활과 달리 참담한 여건 속에서 복무하는 사병들의 실태에 대해 질타한다. 관련 속기록이다.

……나는 정말로 여러 군에 계신 분이라든가 정부에 계신 분들은 내 뺨을 갈기고 싶도록 미워할 말씀일지 모릅니다마는 우리나라 군 장성들의 생활은 국민소득 3000불 이상의 고소득을 가진 미국 장성들의 생활과 거의 흡사한 그런 호화스러운 생활을 하고 있고, (반면) 또한 일반 사병들은 지나친 얘기인지는 모르겠습니다마는 제2차 세계대전

당시 장제스 총통이 거느리던 군대의 졸병과 같은 생활을 하고 있지 않은가, 이런 것을 느낀 적도 한두 번이 아닙니다. 이것은 내 기우에 그치기를 바라고 있는 것이고 이렇지 않기를 바라고 있는 것입니다.

장준하가 사병들을 위하는 이런 진심 어린 태도에 당시 군인들의 반응은 어떠했을까. 채명신의 2004년 KBS 〈인물 현대사-장준하 편〉 비공개 인터뷰 증언이다.

"야당 의원이니까 국방부의 여러 가지 예산, 이런 건 삭감한다…… 그게 야당의 보편적인 거 아닙니까. 그런데 그분은 정반대였다구요. 물론 불필요한 건 깎지만…… 사병들 급식을 향상시켜 준다, 생활환경을 좀 더 낫게 해준다…… 이러한 것은, 여당 의원들도 제안하지 않는 그것을 자기가 제안을 해서 국방 예산을 늘리라고 말야. 그래서 군 관계에 있던 고위 지휘관뿐만 아니라 사병들까지 그걸 알게 되니까 장준하 국방위원은 아주 참 이상한 사람이다. 야당에 있으면서 우리 군의 봉급을 올려줘라, 뭘 해줘라…… 국방비를 오히려 증액시키는 것에 관심을 가지고 있다 하는 점에서 우리 장병들의 장준하 선생에 대한 인식은, 저분은 모든 것을 국가적인 차원에서 생각을 하고 군 전반적인, 군의 전투력 향상과 장병들의 복지 문제에 대해서는 그 어느 여당이나 정부보다도 항상 앞서서 생각하는 분이다. 그렇게 인식이 되어 있었다고요.

내가 솔직히 얘기하는데…… 장준하 선생이 그때 돌아가시지 않고 정치인으로서 그대로 일했다면 내가 알기에도 장준하 선생에 대한 평가 또는 인식은 우리 군의 대령급이나 사병들에 이르기까지 군인들의 인식도 좋았지만 일반 대학생들이나 젊은 층에 아주 광범위한…… 마음속에서 우러나오는 지지를 받고 있고, 존경을 받고 있었습니다. 그렇기 때문에 그분이 정치 생활을 그대로 했었다면 아마 김대중 대통령이 청와대에 들어가기 전에 장준하 선생 같은 분이 청와대를 차지하지 않았겠나. 내가 그런 생각을 해요. 그건 아주 틀림없다고 생각합니다."

채명신은 2013년 11월 15일 세상을 떠났다. 그때 채명신의 유언은 많은 이들에게 큰 감동을 주었다. 그는 자신을 국립묘지 장군 묘역이 아니라 월남 파병 장병이 묻힌 사병 묘역에 안장해달라는 마지막 유언을 남겼다. 장군 묘역은 26.4제곱미터(8평)로 3.3제곱미터(1평)인 사병 묘역보다 8배나 큰데도 그는 장군 예우를 사양했다. 대신 자신과 함께 싸우다 숨진 월남 전우 옆에 나란히 묻어달라고 했다. 장준하가 말한 진정한 군인, 그가 바로 채명신 장군이었다.

'혁명 공약' 깬 박정희의 거짓말

장준하가 속은 것은 또 있었다. 쿠데타 주도 세력이 내세운 이른바 '혁명 공약'의 마지막 여섯 번째였다.

6. 이와 같은 우리의 과업이 성취되면 참신하고 양심적인 정치인들에게 언제든지 정권을 이양하고 우리들은 본연의 임무에 복귀할 준비를 갖춘다.

1961년 6월호 《사상계》 권두언에서 장준하는 특히 이 대목을 강조했다. 부정부패와 사회적 악의 척결을 위해 군이 적극적 역할을 해주도록 요구하면서 동시에 이 6번 항목에 대해서 분명하게 말했다.

> "사회 부패를 일소하는 일들을 완수하고 최단 시일 내에 참신하고 양심적인 정치인들에게 정권을 이양한 후 쾌히 그 본연의 임무로 돌아간다는, 스스로 약속한 이른바 '혁명 공약'을 군인답게 실천하라."

즉, 군사혁명을 일으킨 명분을 빠르게 이행한 후 본연의 임무인 군으로 돌아가겠다는 약속을 '군인답게 실천하라'며 분명히 못을 박았다. 하지만 박정희 쿠데타 세력은 장준하의 기대와 달리 스스로 약속했던 '혁명 공약'을 지키지 않았다. 민정 이양은커녕 이후 대한민국 헌법을 누더기로 만들어가며 장기 군사독재를 이어갔다.

더 나아가 1972년에 박정희는 자신의 영구 집권을 위한 사실상의 두 번째 쿠데타를 자행했다. '10월 유신'으로 훗날 불리게 되는 특별 선언을 한 뒤 그는 종신 대통령을 보장하는 유신헌법을 공포한다. 이로 인해 대한민국의 민주주의는 완전히 실종되었고 국민 개개인의 인권은 땅바닥에 내팽개쳐졌다. 그 악독한 인권 유린은 말로 다 설명할 수조차 없다.

장준하는 박정희 세력에게 속은 것을 안 순간부터 《사상계》를 통해 누구도 하지 못할 매서운 비판을 퍼붓기 시작한다. 칼처럼 박정희를 비판했다. 그 시작이 1961년 7월호에 실린 《사상계》 권두언이다. 만약 장준하가 정말로 박정희의 5 · 16 군사쿠데타를 지지했다면 절대로 지면에 실릴 수 없는 글이었다. 《사상계》 편집위원이었던 함석헌 선생이 발행인 장준하의 청탁을 받아 쓴 글 〈5 · 16을 어떻게 볼까〉였다.

함석헌은 "한마디 하자"는 말로 5 · 16 군사쿠데타에 대한 비판과 저항의 경고를 시작한다. 그는 "소리 없는 혁명은 혁명이 아니라 병혁(病革)이다. 병(病)이 혁(革)하면 그다음은 죽는다. 그런데 나 보기에 걱정은 이 혁명에 아무 말이 없는 것이다. 언론인 다 죽었나? 죽였나?"라고 비판했다. 또한 "그때4·19 민주혁명는 민중이 감격했지만 이번은 민중의 감격이 없고 무표정이다. 묵인이다. 그때는 대낮에 내놓고 행진을 했지만 이번은 밤중에 몰래 갑자기 됐다. 그만큼 정신적으로는 낮다"며 "아무래도 이 사람들이 총칼 보고 겁을 집어먹었지"라고 직격탄을 날리는 데 주저하지 않았다. 그러면서 함석헌은 감히 누구도 말하지 못한 그 말 한마디를 잊지 않았다. 그 대목을 끊어 읽으면 이렇다.

> 이것이 마지막이다. 한번 큰 각오하고 일어난 군인에 대하여 말하기가 미안하기 때문에 입을 닫고 있지만, 민중 자기네끼리 모이면 여간 불안을 느끼는 것 아니다. 솔직히 말하면 "이러다 잘못되면 어쩌나?" 하는 불안 속에 싸여 있는 것이 현상이다. 이러다가 잘못되면 공산당이 돼버리고 말 것이라는 판단과 공포심은 어떻게 무식한 사람 입에서도 다 나오고 있다. "이러다가……"라는 것이 무엇일까? 까 내놓고 말하면 "만일 군사독재가 됐다가는" 하는 말이다.

함석헌은 결국 이 글 말미에 자신이 말하려 했던 본질을 속 시원하게 썼다. 에둘러 비판과 우려를 담았으나 결말은 시원했다. 과연 군인이 혁명한다는 것이 가능하냐는 비판이었다.

"혁명은 민중의 것이다. 민중만이 혁명을 할 수 있다. 군인은 혁명 못한다. 아무 혁명도 민중의 전적 찬성, 전적 참가를 받지 않고는 혁명이 아니다. 그러므로 독재가 있을 수 없다. 민중의 의사를 듣지 않고 꾸미는 혁명은 아무리 성의로 했다 하여도 참이 아니다"라고 비판하면서, "인간을 개조해야 한다"는 쿠데타 주도 세력의 주장에 대해 "피스톨[권총] 하나로 민족 개조를 해 보자는 열심당이 어찌 그리 많은가? 그 성의를 아깝게 여긴다"며 코웃음 치기도 했다. 함석헌의 신랄하고 통렬한 5·16 군사 쿠데타 비판은 과연 무사했을까. 쿠데타를 성공시킨 후 서슬이 퍼렇던 그 시절, 글을 쓴 함석헌도 이를 우려했다. 그는 권두언 맨 마지막에다 이를 예언한다.

지금 민중이 군사혁명 당하고도 어리둥절하고 말도 못하는 것은 총소리에 마취당한 것이다. 불안한 맘엔 자꾸 생각나는 옛말이 있다. '뿔을 바로잡다 소 죽인다.' '아이는 죽었어도 학질 떨어지니 시원하다.' 써놓고 보면 속과는 딴판 같아 찢어버리고 싶은 넋두리를 하는 동안에 6·25의 밤이 다 새었구나. 3년 전 이 밤엔 잠 못 자고 한 생각 말했더니 "나라 없는 백성이라" 했다고 이 나라가 나를 스무날 참선을 시켰지. 이번엔 또 무슨 선물 받을까?

함석헌이 말한 '3년 전 스무날 참선'은 몰락한 이승만 독재정권 아래에서 빚어진 1958년 필화사건을 뜻하는 것이다. 함석헌은 1958년 《사상계》 8월호 칼럼에서 민족의 비극이었던 6·25를 겪고도 아무런 교훈을 얻지 못한 채 비틀대던 이승만 정권을 비판하는 글 〈생각하는 백성이라야 산다〉를 쓴다. 그런데 이 글이 결국 필화사건으로 발전한다. 이승만 정권이 함석헌을 국가보안법 위반 혐의로 잡아가 구속시킨 것이다. 〈5·16을 어떻게 볼까〉를 쓰며 함석헌은 자신이 필화사건에 또다시 연루될 것임을 예감한다. 결국 그 예감은 절반만 들어맞았다. 이 글이 필화사건으로 번지기는 했으나 잡혀간 사람은 글을 쓴 함석헌이 아니라 《사상계》 사장이자 편집인인 장준하였다. 장준하의 동의와 승인 없이는 이 글이 게재될 수 없음을 쿠데타 주도 세력도 알고 있었던 것이다.

실제로 장준하는 중앙정보부에 끌려가 조사를 받으면서 이 글을 함석헌에게 쓰도록 청탁한 사람이 자신이라고 밝힌다. 만약 장준하가 박정희의 5·16 군사쿠데타를 지지한 것이 맞다면 어떻게 이런 일화가 있을 수 있겠는가. 이렇게 시작된 장준하와 박정희 사이의 대립과 충돌은 이후 숙명적인 결과로 이어진다. 출발점부터 둘은 너무도 달랐다.

장준하와 박정희, 숙명적인 충돌

1917년 11월 14일, 박정희는 경상북도 선산에서 아버지 박성빈과 어머니 백남의 사이의 5남 2녀 중 막내로 태어났다. 그는 1918년 8월 27일생인 장준하보다 한 살 더 많았다. 박정희는 매우 가난한 집에서 태어났다. 당시는 유복한 집보다 가난한 집이 더 많았으니 흔한 일이었다. 박정희의 출생 과정은 인간적으로 불우했다. 어머니 백남의 여사가 6남매를 낳고 막내인 박정희를 가졌을 때 하필이면 시집간 큰딸도 첫아이를 가졌다고 한다. 집안 형편도 빈궁한 데다 시집간 큰딸과 같은 시기에 아기를 가졌으니 백남의 여사 입장에서는 참으로 민망한 일이 아닐 수 없었다.

결국 백남의 여사는 배 속의 아기를 낙태시키기로 결심한다. 이를 위해 별의별 노력을 다 했다고 한다. 높은 곳에서 뛰어내리거나 언덕 위에서 몸을 굴리기도 했고 누군가의 조언으로 간장을 한 사발 마시기도 했단다. 간장을 먹으면 아기가 떨어진다는 말을 듣고 그 진한 조선간장을 마셨지만 모두 실패하고 만다. 우여곡절 끝에 달이 차 아기가 태어났다. 어머니 백남의 여사는 이것도 다 운명이라며 태어난 아기에게 더 미안한 마음을 갖게 되었다는데 그가 바로 박정희였다. 그렇게 태어나 성장한 박정희는 남달리 머리가 좋았다고 한다. 살림은 어려웠으나 공부를 잘했고 리더십도 있었다고 한다. 그런 박정희가 훗날 민족을 배반하는 친일 군인이 되고자 만주군관학교를 입학한 계기 또한 남달랐다.

박정희는 1926년 구미공립보통학교에 입학하여 1932년 졸업한다. 이어 그해 4월에 그 당시 쉽게 들어갈 수 없었던 대구사범학교에 입학한다. 엄청난 수재가 아니고서는 어려운 일이었다. 그 후 1937년 대구사범학교를 졸업한 박정희는 경상북도 문경의 문경공립보통학교에서 교사로서 첫 직장을 갖는다. 그는 이곳에서 만 3년간 교사로 근무했다고 한다. 장준하 역시 1938년부터 3년간 신안소학교에서 교사로 일했는데 비슷한 시기에 박정희도 교사로 근무했다는 점이 이채롭다. 하지만 박정희와 장준하가 비슷한 길을 걸은 것은 딱 여기까지였다. 이후 두 사람이 걸어간 길은 전혀 달랐다. 박정희는 문경공립보통학교에서 근무하던 중 1940년 2월에 제6군관구 사령부 초급장교 양성학교인 만주군관학교에 입학한다. 왜 박정희는 잘 다니던 공립보통학교 교사직을 그만두고 갑자기 만주군관학교에 간 것일까.

박정희의 만주군관학교 입교 경위 중 가장 널리 알려진 이야기는 일본인 교장에게 구타를 당한 뒤 복수심 때문이었다는 것이다. 1937년 4월부터 문경공립보통학교에서 훈도(訓導, 지금의 교사)로 근무하던 박정희는 일본인 교장과 사이가 좋지 않았다고 알려져 있다. 1939년 어느 날 결정적인 충돌이 일어난다. 당시 학교에 시학관(지금의 장학사)이 학교 시찰을 나왔는데, 다른 교사들과 달리 박정희만 행사에 불참한 채 학교 뒷산에서 학생 몇 명과 함께 트럼펫을 불며 수업을 하고 있었다. 그러자 교장은 학교에서 잡일을 하는 소사를 시켜 당장 내려와 행사에 참석하라는 지시를 박정희에게 전했다. 하지만 박정희는 교장의 지시에 불응했고 화가 난 일본인 교장이 그의 버릇을 고치겠다며 다른 일본인 교사 등과 합세하여 집단 구타를 가했다고 알려져 있다.

박정희는 이날의 치욕과 모욕에 격분했고 그 복수를 위해 교장보다 더 힘이 센 사람이 되기로 결심한다. 그래서 찾은 복수의 방법은 '긴 칼을 옆에 차는 것', 즉 일본군 장교가 되는 길이었다고 한다. 여기까지가 박정희가 한때 교편을 잡았던 문경보통학교의 제자 이순희의 주장이다. 실제로 박정희는 만주군관학교 입학 면접을 볼 당시 "왜 군인이 되려고 하느냐?"는 면접관들의 질문에 "긴 칼을 옆에 차고 싶어서"라고 답한 것으로 알려져 있다. 하지만 이렇게 알려진 박정희의 만주행이 '미화된 조작'이라는 설도 있다. 친일 군인이 되고자 박정희가 만주군관학교에 간 이유를 신격화하기 위해 추종자들이 사실과 다르게 꾸몄을 것이라는 주장이다.

박정희가 만주로 향한 '진짜 이유'라며 떠도는 이야기는 정말 많다. 또 직접 보았다거나 들었다는 식으로 나름의 근거가 하나같이 비슷하다. 그중 몇 가지를 언급해보자.

가장 잘 알려진 이야기는 박정희가 일본인 교장에게 구타당한 후 만주를 갔다는 것이지만 이와 반대되는 이야기도 있다. 박정희가 오히려 일본인과 조선인을 차별하는 일본인 교장 아리마 지카요시(有馬近芳)를 두드려 팬 후 만주로 도망갔다는 주장이다. 또한 1965년부터 1968년까지 경북 문경 면장을 지냈다는 이영수는 한나라당 홈페이지 게시판에 "박정희가 일본 경찰이었던 주재소 순사 부장을 때려눕히고 그길로 도망쳐 문경을 떠났다"며 이 사실을 알고 있는 문경보통학교 제자들을 지금이라도 찾아 그 행적을 조사해두는 것이 좋겠다는 제안을 하기도 했다.

또 어떤 책에서는 박정희가 일본인 교장에게 맞거나 혹은 때린 적이 없으며 오히려 그 교장을 위해 대신 싸운 뒤 만주로 갔다는 내용도 있다. 학교 시찰을 나온 시학관이 회식 장소에서 일본인 교장을 너무 무시하는 등 오만한 태도를 보이자 이에 격분하여 음식상을 엎어버리고 나왔다는 주장이다. 이후 박정희는 주변 사람들에게 "교장이 저렇게 무시당하는 걸 보니 교사로서 일생을 보내고 싶지 않다"며 군인이 되고 싶다고 했고, 그래서 만주로 갔다는 주장도 있다.

이러한 주장 중 눈에 띄는 것은 박정희와 함께 문경보통학교에서 교사로 있었다는 유증선의 증언이다. 그의 1998년 증언에 의하면 박정희는 교장과 일절 관련 없이 스스로 군인이 되고 싶어 했다고 한다. 1938년 5월경 당시 유증선과 박정희는 문경보통학교 숙직실에서 함께 살고 있었는데, 어느 날 박정희가 속마음을 털어놓으며 고민을 상담했다고 한다. 다음은 그때 박정희가 한 말이다.

> "저는 아무래도 군인이 되어야겠습니다. 제 성격이 군인 기질인데 문제는 일본 육사에 가려니 나이가 많다는 점입니다. 만주군관학교는 덜 엄격하다고 하지만 역시 나이가 걸립니다."

박정희가 고민한 것은 다름 아닌 나이였다. 만주군관학교의 지원 자격은 만 16세부터 19세였으니 당시 23세였던 박정희는 지원 자체가 불가능했다. 이때 박정희는 호적을 고쳐 나이를 줄이는 방법까지 생각했다고 한다. 그러다 최종적으로 찾은 결론은 만주군관학교 사람들을 감동시키는 방법, 즉 유증선이 제안한 '혈서'였다. 박정희는 '좋은 생각'이라며 그 즉시 바로 옆에 있던 학생 시험용지를 펴더니 면도칼로 새끼손가락을 찔렀고, 떨어지는 피로 '盡忠報國 滅私奉公(진충보국 멸사봉공)' 여덟 자를 써서 이것을 우편으로 만주군관학교에 보냈다는 것이다.

이처럼 박정희가 만주군관학교를 가게 된 이유가 교장 때문인지, 시학관 때문인지, 아니면 이도 저도 아닌 개인의 출세 때문인지 알 수가 없다. 그래서인지 지금까지와는 완전히 다른 주장도 떠돌고 있다. 미국에 거주하는 홍 모 씨의 글도 그중 하나다. 그는 박정희가 문경보통학교에서 교편을 잡고 있던 시기에 문경에서 학교를 다녔기 때문에 박정희의 만주행 경위를 잘 알고 있다고 주장했다. 그는 박정희의 만주행은 지금까지 알려진 것과 전혀 다른 "지극히 사적인 이유"라고 했다.

한편 홍 씨가 이러한 주장을 하게 된 배경이 독특하다. 그는 1939년 박정희가 만주의 간도특설대라는 부대에서 활동했는지 여부를 두고 네티즌 사이에서 논쟁이 벌어지자, 자신의 경험과 기억으로 정리를 해보겠다며 글을 시작한다. 문제가 된 간도특설대는 일제가 우리나라 독립군을 토벌하기 위해 1938년 조선인 중심으로 조직한 대대급 특수부대였다. 과거 6·25 전쟁 영웅으로 알려진 백선엽이 이 부대 출신이었기에 늘 논란을 빚는데, 백선엽과 박정희는 같은 만주군관학교 출신으로 매우 절친한 사이였다.

박정희가 간도특설대에 있었다는 주장을 처음 한 사람은 중국 조선족 소설가이자 역사학자로 알려진 류연산(柳燃山, 2011년 1월 22일 사망)이었다. 그는 2004년 《일송정 푸른 솔에 선구자는 없었다》란 책에서 재만주 조선인의 과거 친일 행적을 고발했다. 이 책 내용 중에 '박정희 간도특설대 근무설'이 포함되어 있다. 작가 류연산은 간도특설대에 근무했던 주재덕의 증언이라며, 박정희가 나이 초과에도 불구하고 만주군관학교의 입학 시험을 볼 수 있었던 비밀스러운 특혜 이유를 밝혔다. 주재덕의 진술에 의하면, 박정희가 1939년 간도특설대에 참가하여 일본에 저항하는 세력을 토벌한 공 덕분에 군관학교에 추천된 것이라고 주장했다. 과연 이는 사실일까. 이러한 경위를 알고 있다는 홍 씨는 다음과 같이 썼다.

박정희 간도특설대 관계에 대하여 설이 분분한데 류연산 씨는 간도특설대에서 (박정희가) 근무하며 독립군 토벌 공로로 만주군관학교에 입학하였다고 하고, 반론을 제기하는 사람들은 1. 간도특설대 장교 명단에 박정희가 없고, 2. 1937년 3월부터 1940년 3월까지 문경보통학교에서 근무하였으므로 간도특설대 근무설은 허위라며, 3. 문경군 (보통학교) 학적부에 1940년 3월(까지 근무하다가) 사직한 기록을 거론합니다. 제가 이 논쟁을 해결하겠습니다. 저는 당시 문경학교 출신으로 상황을 잘 압니다.

1. 박정희는 1939년 8월 하순 문경학교에서 의무(복무) 연한 3년을 채우지 않고 행방불명되어 문경경찰서에서 수색하는 소동이 있었습니다.
2. 이 행방불명/도망 소동은 아직 거론한 사람이 없으나, 사실입니다.
3. 도망한 이유는 당시 박정희가 정 아무개라는 여학생과 추문으로 소문이 나자 박(정희)이 청혼을 하였는데,
4. 이에 여학생 집에서 결혼을 서둘러 박정희 고향 선산에 사람을 보내 알아보자, 자식 있는 기혼자라는 것이 탄로되어 소동이 났습니다.
5. 그러자 박정희가 문경에 있을 수 없게 되어 도망한 곳이 만주였습니다. 도망 후 형 박상희가 문경에 와서 사과하는 일이 있었습니다.

정말 박정희가 만주로 간 이유가 여제자와의 추문 때문이었을까? 진실이 무엇인지는 정확히 확인할 수 없다. 다만 박정희가 문경보통학교 교사로 근무할 당시 총각 행세를 했던 것은 사실로 보인다. 정씨 성을 가진 한 처녀와 1939년 혼담 이야기가 오갔다는 주장이 그것이다. 박정희가 5·16 군사쿠데타를 일으킨 이듬해인 1962년, 당시 최고회의 의장이었던 박정희의 비서 이낙선이 쓴 《비망록》 중 일부를 보자. 이낙선은 훗날 박정희 정권하에서 상공부 장관을 지낸 인물이다.

> 박정희는 정순옥의 아버지 정한수와 친했다. 당시 마흔 살을 갓 넘었던 정한수는 문경보통학교 교사를 지낸 적도 있었다. 두 사람이 술자리에서 농담하는 것을 정순옥은 엿들은 적이 있다. 정한수는 박정희에게 "내 사위 하라"면서 "앞으로는 나를 아버지라 불러라"고 했다. 박정희는 자신이 결혼했다는 사실을 누구한테도 알리지 않고 있었다. 혼자 하숙하고 있는 박정희를 모두들 총각이라 생각하고 있었다. 그래서 정한수는 서울에 가서 살고 있던 정순옥의 언니에게 장가들라면서 그런 농담을 했다. 박정희는 정한수가 자꾸 아버지라 부르라고 하자 웃으면서 "저의 형님이시지요"라고 했다. 박정희는 정순옥을 만나면 가끔 "너의 언니도 너를 닮았니?"라고 물었다. 박정희가 사실은 결혼을 하여 딸(박재옥)도 있다는 사실이 알려진 것은 박정희가 문경에 부임한 지 3년째 되는 1939년 어느 날이었다. 박정희의 셋째 형 상희가 동생을 보러 왔다가 정한수를 만났다. 이야기를 나누던 중 박상희가 동생이 결혼한 사실을 말했

던 것이다. 며칠 뒤 정한수는 정순옥에게 들으라는 듯이 "야, 그 박 선생은 결혼하셨단다"라고 말하는 것이었다. 물론 그 뒤로는 혼담이 사라졌다.

재미교포 홍 씨의 '여제자 추문설'을 뒷받침하는 근거로 삼을 수 있는 자료가 또 있다. 박정희가 만주군관학교에서 입학시험을 봤다는 날짜다. 기록에 의하면 박정희는 1939년 10월 3일 만주군관학교에서 입교 시험을 봤다. 그렇다면 박정희가 1939년 8월 하순에 문경에서 도망쳤다는 홍 씨의 주장과 거의 일치한다. 8월 하순에 사라진 박정희가 10월 3일에 치러진 입교 시험을 봤다면 시기적으로 맞기 때문이다.

이는 1997년 8월 〈중앙일보〉가 연재 보도한 '실록 박정희' 편에서도 나온다. 당시 〈중앙일보〉는 "박정희가 돌연 만주행 열차에 오른 것은 1939년 9월 하순"이라고 썼다. "10월 초순에 있을 만주군관학교 입교 시험을 보기 위해서"였다고 한다. 보도에 의하면 이때 박정희는 학교를 사직하지 않은 채 주위 사람들에게 "잠시 어디 좀 다녀오겠다"며 만주를 향했다고 썼다. 하지만 이는 잘못된 정리인 듯싶다.

당시 문경보통학교 교사라는 신분은 통상의 직업과는 다른 점이 있다. 박정희는 대구사범학교를 나왔기에 국가로부터 등록금을 면제 받았다. 그 대신 사범대학 졸업 후 3년간 교사로 복무해야 하는 것이 의무였다. 이 의무 복무 기간을 채우지 않고 이탈했다는 것은 오늘날 군 탈영과 비슷한 일인데, 무단으로 만주를 갔다면 경찰이 수사에 나설 일이다. 즉, 문경경찰서가 사라진 박정희를 수색했다는 홍 씨의 주장과 일치한다.

마지막으로 박정희의 만주행이 여제자와의 추문 때문이라는 홍 씨의 글을 뒷받침하는 근거가 하나 더 있다. 1997년 8월 4일자 〈중앙일보〉 '실록 박정희' 제8화 '만주행 동기 불분명한 군인으로의 변신'에 보도된 글이다. 1959년 5월 1일, 당시 육군 1군 참모장으로 있던 박정희가 3남매의 어머니가 된 한 여인에게 야릇한 연정을 담은 편지를 보냈다는 것이다. 그녀의 이름은 정순옥. 박정희가 가르치던 문경보통학교 6학년 제자였다. "20년 전의 추억을 더듬으면 천진난만한 순옥이의 소녀 시절 모습이 떠오르지만 3남매의 어머니가 된 순옥이를 순옥이라고 불러 어떨는지"라고 시작하는 편지였다. 1959년 박정희가 쓴 이 편지에 "20년 전 추억을 더듬으면……"이라고 되어 있는데, 그 해로부터 20년 전이라면 1939년이 된다. 그렇다면 1939년에 "정 아무개라는 여제자와 추문이 있었다"는 홍 씨의 주장과 일치하는 정황이 된다.

그렇다면 정말 박정희가 만주군관학교를 가게 된 진짜 경위는 무엇이었을까. 긴 칼을 옆에 찬 일군(日軍)이 되고 싶다던 박정희의 꿈은 이론의 여지가 없겠으나, 만주로 갈 때 어떤 일이 벌어졌는지는 정확하지 않다. 여하간 지금까지 알려진 것처럼 '일본인 교장과 다퉈 만주로 갔다'는 식의 박정희 일화는 이제 신뢰하기 어려울 듯하다. 오직 박정희만이 그 진실을 알고 있을 것이다.

박정희는 만주군관학교를 두 번 지원했다. 1938년에 처음 지원했으나 서류심사 과정에서 탈락했다고 한다. 이유는 역시 나이 때문이었다. 그러나 박정희는 포기하지 않았다. 두 번째로 만주군관학교를 지원하면서 박정희는 앞서 말한 것처럼 혈서를 동봉한다. 그리고 일본어로 "한 번 죽음으로써 충성함"이라는 글과 함께 "일본인으로서 수치스럽지 않을 만큼의 정신과 기백으로 일사봉공(一死奉公)의 굳건한 결심입니다. 확실히 하겠습니다. 목숨을 다해 충성을 다할 각오입니다. 한 명의 만주국군으로서 만주국을 위해, 나아가 조국을 위해 어떠한 일신의 영달을 바라지 않겠습니다. 멸사봉공, 견마의 충성을 다할 결심입니다"라고 써서 만주군관학교로 발송했다. 이러한 사실을 밝혀낸 곳은 《친일인명사전》을 펴낸 민족문제연구소(약칭 '민문연')였다. 민문연은 1939년 3월 31일 만주에서 발행된 〈만주신문〉에서 이러한 박정희의 혈서 보도 기사를 확인했다. 그리고 국민들의 성금으로 만든 《친일인명사전》에 이 기사의 전문을 게재했다.

만주군관학교 측은 일본에 대한 충성심으로 가득 찬 박정희의 혈서에 감격한다. 그래서 지원 자격이 안 되는 박정희에게 1939년 10월 3일 입교 시험을 볼 수 있게 해줬고, 이듬해인 1940년 1월 박정희는 만주군관학교에 합격한다. 무서운 집념과 의지로 이뤄낸 박정희의 야망이었다. 그토록 염원했던 일본군 장교. 그는 마침내 긴 칼을 옆구리에 차게 된 것이다.

만주군관학교에 입교한 박정희는 무섭게 공부한다. 그 결과

1942년 졸업 시 전교 수석을 차지했다. 덕분에 박정희는 일본 본토의 육군사관학교로 유학을 간다. 전교 3등 안에 든 학생에게만 부여된 특혜였다. 박정희는 일본 육사에서도 우수했다. 그 당시 그의 이름은 이미 박정희가 아니었다. '다카기 마사오(高木正雄)'라는 일본 이름으로 창씨개명을 함으로써 철저한 일본인이 되어 있었다. '일본을 위해 사쿠라처럼 죽겠다'던 약속처럼 박정희는 일본의 충실한 군인이 되었다.

그런데 일군으로서 성공적인 탄탄대로를 걷던 박정희에게 믿기 힘든 일이 벌어졌다. 그가 일본 군복을 입은 지 고작 1년 4개월 만의 일이었다. 세계 제일의 무적 군대라고 믿었던 일본이 패배를 선언해버린 것이다. 자신이 목숨 바쳐 충성하겠다고 맹세한 일왕이 라디오를 통해 항복을 선언하는 순간, 박정희의 일생은 그야말로 원자폭탄이 터지는 충격에 휩싸이게 된다.

하지만 박정희는 죽지 않고 살아남았다. 그 시대 친일파 세력이 그러했던 것처럼 박정희 역시 다시 살아남을 방법을 찾았다. 친일 반민족행위자들이 청산되지 않은 불행한 대한민국 역사에서 박정희도 예외가 아니었다. 친일파들을 기반으로 권력을 장악하려던 이승만이 득세하면서 두려움에 떨던 친일파들은 만세를 불렀다. 그야말로 축복이었다. 박정희 역시 '사쿠라처럼 죽겠다'는 맹세 대신 다시 '대한민국 군복'을 입으며 살아남았다.

하지만 더 어이없는 일은 만주군관학교와 일본 육사를 나온 박정희가 대한민국 육군사관학교 총동창회에서 '자랑스러운 육사인'으로 선정되어 2004년에 상을 받았다는 점이다. 그가 해방 후 일군에서 돌아와 우리나라 육사에 입교하여 2기생으로 졸업했다며, 그의 공적을 기려 '자랑스러운 육사인'으로 선정한 것이다.

박정희와 관련해서 한 가지 더 정리하고 넘어가야 할 것이 있다. 바로 박정희가 비밀 광복군이었다는 주장이다. 인터넷 사이트 '일간 베스트 저장소'(약칭 '일베') 회원들과 일부 네티즌들 사이에서 이러한 주장이 돌고 돌아 마치 사실인 것처럼 퍼져 있다. 인터넷 포털 사이트에서 '박정희 비밀 광복군'이라고 검색해보면 이러한 주장이 얼마나 많은지 알게 된다.

그들은 그 근거로 대한민국 육군본부가 발간한 《창군 전사》 265쪽에 실린 글을 언급한다. "만주에 있던 장교들은 그들대로의 지하 조직이 있었다. …… 박정희, 신현준, 이주일 등은 광복군 제3지대의 비밀 광복군으로서 거사 직전에 해방을 맞이하였다"라는 대목이다. 여기서 언급된 박정희가 바로 만주군관학교 출신의 박정희를 의미하며 그가 광복군 제3지대 소속의 비밀 광복군이었다는 것이다.

이외에도 박정희가 비밀 광복군이었다는 기록은 또 있다. 박정희 정권하에서 국회의원과 합참 의장을 지낸 장창국이 1984년에 출간한 《육사 졸업생》에서 밝힌 박정희의 '비밀 광복군' 가담 경위이다.

신태양 악극단이 1945년 2월 9일 (만주군) 7연대에 들어가 공연을 했다. 광복군은 이 악극단에 잡역부를 가장한 공작원 이용기를 투입했다. 이 씨는 부대 간부들과의 회식 자리에서 박정희 중위, 신현준 대위와 만나는 데 성공했다. 이 씨는 광복군 총사령관 이청천 지청천 장군의 또 다른 이름 장군의 직인이 찍힌 광복군 임명장을 박 중위와 신 대위에게 줬다. 이래서 그들은 광복군 비밀요원이 됐다.

도대체 어떻게 된 일일까. 정말로 박정희가 친일 군인이 아니라 비밀 광복군이었단 말인가. 어처구니없게도 이 모든 허구는 박정희에게 잘 보여서 치부(致富)하려던 한 사람의 거짓으로 시작되었다. 박정희가 쿠데타로 권력을 찬탈한 후 두 번째로 대통령 선거에 도전한 1967년의 일이다. 당시 박영만이라는 사람이 쓴 소설《광복군》이 이 모든 허황된 이야기의 진원지였다. 광복군 출신인 박영만은 소설《광복군》에서 박정희의 행적을 미화하여 왜곡한다. 그 주요 내용을 보면 이렇다.

1945년 2월 당시 만주국 중위였던 박정희가 광복군에 가담한다. 박정희는 뜻이 맞는 한국인 동료들과 비밀리에 부대 안에 조직을 만들었고, 훈련 때면 사병들에게 우회적 방식으로 독립 사상도 고취했다고 한다. 그러던 중 광복군 제3지대장인 김학규 장군으로부터 "부대를 장악하고 있다가 적당한 기회를 보아 일본군을 공격하라"는 명령을 받게 되었다는 것이다. 박정희가 그 기회를 엿보던 중 예상보다 빨리 일제가 항복하는 바람에 거사 시기를 놓쳤다는 것이 이 책에서 밝힌 '박정희 비밀 광복군' 활동의 골자이다.

이러한 박영만의 소설 속 내용은 친일 군인으로 알려진 박정희를 비밀 광복군으로 둔갑시켰다. 장준하가 1967년 대통령 선거 당시 유세에서 이 책을 언급하며 박정희를 비판했으니, 당시 이 책이 일으킨 파문은 적지 않았다. 장준하는 유세 때마다 박정희의 광복군 둔갑을 신랄하게 비판했다. "박정희 씨가 독립운동을 했다고 어느 책에 나와 있는데, 독립운동 당시에 박정희 씨는 북경 지방에 일본군 장교로 있었어요"라며 광복군 출신인 자신이 잘 안다고 통렬하게 질타했다.

그렇다면 왜 박영만은 이런 터무니없는 거짓말을 지어낸 것일까. 그 진실을 밝힌 이는 전 광복회장 김승곤이었다. 박영만과 소설의 출판 과정을 잘 알고 있던 김승곤은 2006년 〈세계일보〉와 가진 인터뷰에서 이렇게 밝힌다.

> 박영만은 청와대[박정희]에서 돈을 받을 줄 알고 책 《광복군》을 썼는데, 내용을 훑어본 박정희 대통령은 "내가 어디 광복군이냐. 누가 이 따위 책을 쓰라고 했냐"며 오히려 화를 냈고, 결국 박영만은 돈 한 푼 못 받고 거창하게 준비한 출판기념회도 치르지 못했다.

박정희조차 왜 이런 엉터리를 썼냐며 화를 냈다는 증언이다. 결국 박영만이라는 사람이 박정희의 환심을 사기 위해 왜곡된 사실을 담은 책을 내면서 발단이 된 것이다. 1971년에 출판된 장준하의 《돌베개》에도 이러한 박영만의 행태를 비판하는 의미의 글이 실렸다. 저자인 장준하가 쓴 에필로그 격인 〈돌베개에 부치는 말〉 가운데 일부이다.

> 해방 이후 오늘날까지 많은 독립유공자가 나타났고 또 많은 독립운동가가 알려졌지만 나는 숨은 독립항쟁을, 누가 어떻게 어디서 했는가를 분명히 밝혀두고자 하는 것이다. 이것은 나의 수기 가운데 조금의 주저도 없이 쓰였다. '독립운동을 했다'는 일부 저명인사들이 과연 무슨 일들을 하고 오늘날 고개를 들고 다니는지, 얼굴을 붉히지 않을 수 없는 때가 허다할 정도다. 또 광복군만 해도 그렇다. 광복군 출신이라고 떠들고 다니는 일부 인사들이 광복군의 모자 하나를 얻어 쓰고 기실 과연 어떤 일을 했는가 하는 것도 역사 앞에 밝히고자 함이다.

여기서 장준하가 언급한 일부 부끄러운 인사들에 대한 비판은 1967년 박정희의 거짓 광복군 공적을 쓴 광복군 출신 박영만에 대한 비판으로 해석해도 좋을 것이다. 이처럼 거짓으로 꾸며진 이야기를 근거로 육군본부 《창군 전사》가 잘못 쓰였고, 그로부터 4년 뒤 나온 장창국의 책 《육사 졸업생》에 다시 왜곡된 사실이 담겨진 채 수정되지 않고 오늘에 이르고 있다. '박정희가 친일 군인이 아니라 사실은 비밀 광복군이었으면' 하고 바라는 박정희 지지자들의 뜻은 가상하다. 하지만 이는 모두 왜곡된 사실이니 이제는 바로잡아야 옳다. 역사는 준엄한 것이다. 박정희가 비밀 광복군이었다는 황당한 주장은 더 이상 있어선 안 된다.

한편 박정희는 해방 이후 살아남아 1961년 5·16 군사쿠데타를 일으켰다. 1979년 10월 26일까지 그가 집권한 18년간의 군사독재는 이 땅의 민주주의와 인권을 완벽하게 말살한 '지독한 독재'였다. 1972년 10월에는 희대의 악법인 '유신헌법'을 선포했고, 이를 비판하는 일체의 저항에 긴급조치권을 발동했다. 너무나 많은 사람들이 감옥에 끌려갔고 고문당했으며 죽임을 당했다. 한 사람의 집권욕을 충족하기 위해 죄 없는 이들이 억울한 일을 당해야 했다. 그는 우리 현대사에 너무도 큰 상처를 남겼다. 그리고 이처럼 극과 극의 인생을 걸어온 박정희와 장준하가 '같은 시대, 다른 위치'에서 부딪치게 되었으니, 그 과정에서 빚어진 충돌 역시 많은 일화를 낳았다.

2장

중앙정보부, 장준하를 기록하다

1963~1973

중정이 기록한 장준하 유세 발언

박정희가 쿠데타를 일으킨 1961년부터 장준하가 경기도 포천 약사봉에서 의문의 죽음을 당한 1975년까지, 박정희는 14년째 권력을 장악하고 있었다. 이후 1979년 10월 26일 최측근이었던 김재규에 의해 피살될 때까지 4년을 더 권좌에 앉았으니 그는 18년간 대한민국 대통령으로 행세한다. 그리고 박정희가 권좌에 앉아 있던 그 14년 동안 장준하는 모두 세 번 구속되고 서른일곱 번 연행된다. 장준하와 박정희가 얼마나 치열하게 대립했는지 알 수 있는 대목이다.

그렇다면 장준하와 박정희가 처음 충돌한 때는 언제일까. 이전에도 소소한 대립과 갈등은 있었으나 중앙정보부가 장준하의 발언을 기록하기 시작한 것은 1963년 10월로 보인다. 장준하는 이때 박정희가 '혁명 공약' 6항 민정 이양 약속을 깨고 민주공화당을 창당하여 직접 대통령에 출마하자 이를 비판한다. 그러면서 당시 야당 후보로 출마한 윤보선의 당선을 위해 유세 연설원으로 적극 참여한다.

장준하는 전국의 유세장에서 박정희가 주장하는 5·16 군사혁명을 '군사정변'으로 규정하고 그의 과거 행적에 대해 신랄하게 공격한다. 특히 박정희가 일제 강점기 당시 일본군인이었음에도 마치 '광복군'인 것처럼 행세하고 있다며 비판했다. 그런데 중정은 장준하의 1963년 유세를 특이하게도 1964년에 뒤늦게 기록하고 있다. 이 사실로 유추해볼 때 1963년 이전에는 중정이 장준하를 따로 미행하거나 도청 등을 통해 감시하지 않은 것으로 볼 수 있다.

그렇다고 해서 그전에 장준하에 대한 감시가 아예 없었던 것은 아니다. 박정희가 5·16 군사쿠데타를 일으킨 1961년부터 장준하를 상대로 한 감시와 동향 기록이 발견된다. 다만 그 당시 감시 주체는 중정이 아닌 내무부 산하 치안부서, 즉 경찰이었던 것으로 추측된다. 이러한 동향 기록은 1961년 장준하가 미 대사관 정치담당 참사관과 회동한 사실을 기록한 활동 동향 내사서에서 처음 확인된다. 그 전문을 소개한다.

1. 본명은 8. 12. 박(정희) 의장 성명 후 이범석의 지령으로 미 대사관을 비밀리에 방문한 바 있으며 미 대사관 정치담당 참사관 레이나드 및 홀리와 회동하고 언동하기를 "박 의장 성명은 이해할 수 있으나 정권 이양 시기가 늦어 불만이 있고, 또한 민주주의 정치 원칙은 대의 정치인데 대의 정치 없이 모든 국가 운영은 할 수가 없다. 장기 군정 집권은 독재를 초래할 우려가 있으므로 조속히 민정으로 이양해주기를 바란다"고 함.
2. 이상은 이범석과 동일한 사고방식이라는 등의 내용으로 말한 바 있고 동석한 '레이나드', '홀리'는 미 대사관에게 전달하겠다고 약속을 한 바 있다 함.

활동 동향 내사서에서 언급된 '8. 12. 박(정희) 의장 성명'은 당시 최고회의 의장이었던 박정희가 5·16 쿠데타 후 처음으로 기자회견을 열어 향후 정치 일정을 밝힌 일을 말한다. 그가 성명을 통해 앞으로의 정권 이양 시기, 정부 형태, 국회 구성 문제 등에 대해 언급하자 철기 이범석 장군이 장준하에게 미국 대사관 소속 참사관 등을 만나도록 지시한 것이다. 군사정부가 민정 이양을 조속히 이행할 수 있도록 미국이 압력을 행사해줄 것을 요청한 것으로 보인다. 이것이 장준하와 관련된 정보기관의 첫 번째 활동 동향 문서였다.

한편 장준하를 상대로 한 경찰의 동향 감시는 점점 섬세해졌다. 뒤를 밟고 쫓아다니면서 지켜보지 않고서는 도저히 알 수 없는 구체적인 시간과 장소를 비롯해 장준하의 퇴근 시간조차도 기록되어 있었다. 그중 일부를 인용하면 이렇다.

> 08:40 서자 2254호[자동차 번호판]로 사상계사에 출근, 집무 중 14:20 귀가함 (내무부 내치안 61058)
> 08:40 사상계사에 출근하여 집무 중 11:40~12:05 한일은행 창신지점에 들른 후 귀사하고 19:40 서자 2254호로 퇴근 귀가함 (내부무 내치안 61058)
> 본명은 매일 사상계사에 출근하여 사무를 보고 있을 뿐 그 외 특이 사항 무함 (서지특 950 1962. 3. 9.)
> 본명은 매일같이 사상계사를 출근하여 집무하고 있으며, 접촉 인물 및 특이 방문객 없으며 계속 동향 내사 중임 (서지특 950 1962. 4. 10.)

경찰은 이런 방식으로 계속해서 장준하의 동향을 감시하고 정기적으로 상부에 보고한다. 그러다가 경찰이 아닌 중정이 장준하와 관련된 감시 기록을 처음으로 남긴 때가 1964년 3월 5일이다. 특이한 것은 기록을 남긴 시점에 있었던 발언이 아니라 그 전해인 1963년 10월 대통령 선거 당시 야당 후보인 윤보선을 지지하고자 행한 유세 내용이라는 점이다. 무려 5개월여가 지난 후에야 중정이 기록한 것이다.

1964년 3월 5일

대통령 선거 시 전국 유세 중 서울, 대전, 광주, 거창 등지에서 본명이 발설한 내용

- 정권 유지를 위해 문전옥답을 팔아먹으려 하고 있다.
- 나는 정보기관에 의해 탄압을 받고 있다.
- 평화선을 팔아먹은 돈을 정치자금에 쓰고 있다.
- 김종필은 37만 명의 정보부원을 두고 있다.
- 새나라 자동차의 부품은 전부 노후된 것을 사들였다.
- 3억 불로 한일회담을 한다지만 돈을 벌써 다 썼다.
- 언론 자유 운운하나 본인은 감시당하고 있다.
- 5·16 군사혁명은 정변이다. 군정에서 민정까지 또한 현재까지 정부에서는 민정이 된 양 얘기하고 있다.
- 군사정부는 무력 독재인데 국민운동이란 간판을 걸고 도둑질하자는 정부이며 국민이고 구 정치인이고 간에 현 정부는 믿을 수 없게 되었다.

- 현 정부는 군사정부 연장이고 정권은 우리가 준 것이 아니라 박정희 씨가 뺏어갔다.
- 박정희가 광복군에 종사했다는 것은 거짓이다.
- 박정희 씨는 여수, 순천 반란사건 때 가담한 자이며 사상과 철학이 없는 자이다.
- 박정희 씨는 일본군 청년 장교로 일본 천황에게 충성을 다하였으며 해방 후 공산당 조직책으로 일한 사람이다.
- 일본과 국교를 수립한다면 한국은 공산화될 것이다.

여러 가지로 살펴보면 장준하에 대한 중정의 동향 기록은 이때부터 본격화된다. 왜 그랬을까. 중정이 장준하의 동향을 기록하기 시작한 1964년 3월은 전 국민이 분노로 일렁이던 때였다. 박정희의 굴욕적인 한일기본조약(이하 '한일조약') 협상이 국민 모르게 추진되어왔음이 세상에 알려진 것이다. 장준하 역시 가만있지 않았다. 야당이 주최한 규탄 집회에 연사로 참여하여 박정희 정권의 굴욕적인 한일조약 체결에 대해 규탄하기 시작했다. 그러자 중정은 그동안 경찰에게 맡겨뒀던 장준하의 감시 활동을 직접 담당하기로 판단한 듯하다.

그 방법은 다양했다. 미행과 사찰, 전화 도청은 기본이며, 때에 따라서는 장준하의 주변 인사들을 정보원으로 활용하여 정보를 수집하기도 하고, 언론에 보도되거나 기고한 글들을 수집, 분석하기도 했다. 중정은 인력이 미치지 못할 경우 경찰과 지방자치단체까지도 활용했다. 예를 들어 장준하의 지방 유세

시에는 각 지역 경찰과 시·도 자치단체 관계자에게 주요 연설 내용을 정리하여 매일 보고하도록 했다.

중정은 이렇게 취합한 정보를 다시 정리하여 '중요 상황 보고' 또는 '동향 기록' 등으로 분류한 후 상부에 보고한 것으로 보인다. 하지만 중정이 직접 실행한 동향 보고는 경찰처럼 매일매일 장준하의 언동을 기록하는 방식이 아니었다. 일상적인 출퇴근 같은 기록은 제외하고 어떤 특이한 사건이 발생한 경우에만 동향 기록을 남기는 형식이었다. 그렇다면 중정이 기록한 장준하의 언행은 무엇이었나.

박정희의 굴욕적 한일조약

1964년 3월 22일, 이날 장준하는 '대일 굴욕외교 반대 범국민투쟁위원회'가 주최한 서울 유세에 연사로 나섰다. 이날 장준하는 박정희가 비밀리에 추진해온 한일조약 체결에 대해 "나라를 팔아먹으려는 매국 행위"라며 강도 높게 비판했다. 이와 관련한 중정의 기록이다.

> 김종필 씨와 매국 음모를 같이하는 몇몇 도당을 제외하고는 공화당 국회의원들도 대부분 한일회담을 반대하는 줄 안다. 도대체 일본이 우리에게 경제 원조를 할 자격이 없다. 일본엔 돈이 없다. 외화라야 겨우 3억 불 정도 남고 기계공업의 60퍼센트가 미국 자본, 10퍼센트는 서구

자본이고 나머지가 일본 자본이다. 무엇 가지고 원조한단 말이냐. 일본은 지난 해 무역에서 8억 불의 적자를 냈다.

새나라 차의 숫자는 김종필 씨밖에 모른다. 상공부도, 세관도 모른다. 김종필-대평[일본 외상 '오히라'의 한자식 이름] 메모는 왜 안 밝히는지 모르겠다. 이것이 우리의 생사 문제다. 문전옥답을 팔려는 매국 흥정을 두고만 볼 것인가. 올해의 3·1운동은 일본 사람이 무서워 중앙청 뒤뜰에서 숨어서 했는가? 우리 사회는 불신 사회다. 박 정권은 집권을 위해 많은 정보원을 두고 있다.

장준하가 유세를 통해 신랄하게 비판한 '대일 굴욕외교'는 무엇이 문제였을까. 박정희가 국민 몰래 추진해온 한일국교정상화는 사실 이승만이 대통령으로 있었던 1951년부터 시작되었으나 그 후 10년이 넘도록 타결되지 못한 채 중단된 상태였다. 이것이 해결되지 못한 가장 큰 이유는 일본의 태도 때문이었다. 지금도 그렇지만 일본은 그때도 과거사에 대한 진정한 반성 의식이 없었다. 반성이 없으니 그에 걸맞은 책임도 있을 리 없었다. 그렇게 양국 간에 외교적 줄다리기만 이어지던 상황에서 쿠데타로 권력을 찬탈한 박정희에 의해 상황이 반전되었다.

그는 이전 정부와 달라도 너무 달랐기에 일본이 원하는 대로 전부 다 해줬다. 박정희는 쿠데타로 권력을 찬탈한 후 일본으로 직접 건너가 일본의 고위 정치인들 앞에서 대한민국의 국격을 훼손하는 일도 주저하지 않았다. 비록 쿠데타로 찬탈한 권력이지만 대한민국 국가수반의 자격으로 1961년 11월 11일 일본을 방문한 박정희는 한일국교정상화와 관련된 협상을 직접 주도한다. 그때의 박정희의 언행은 지금 되돌아봐도 수치스럽고 충격적이다.

1961년 11월 12일 오전 10시. 이날은 한일 양국의 입장에서 역사적인 날로 기록되어 있다. 1945년 일제에 의한 식민 지배가 끝난 뒤, 처음으로 한일정상회담이 열린 날이기 때문이다. 하지만 그날 박정희의 언행은 대한민국 외교 역사로 볼 때 치욕의 연속이었다. 일제 강점기에 마지막 총독으로 이름을 떨친 기시 노부스케(岸信介)와 만난 자리에서 박정희는 유창한 일본어로 일본의 메이지 유신을 찬양했다. 박정희는 2차 세계대전의 A급 전범인 기시 노부스케에게 "내가 존경하는 인물이 당신의 고향 출신인 요시다 쇼인(吉田松陰)"이니 자신을 도와달라고 호소한다.

박정희가 존경한다고 말한 요시다 쇼인은 누구인가? 그는 메이지 유신의 정신적 지주이면서 정한론(征韓論) 이론을 주장한 원조자였다. 정한론의 정(征)은 '손에 넣어 자기 것으로 만든다', 그리고 한(韓)은 당연히 '대한민국'을 의미한다. 즉, 박정희는 한국을 쳐서 일본의 것으로 만들어야 한다는 이론을 내세워 우리나라를 일제 식민지로 만드는 데 주요한 역할을 한 요시다 쇼인을 존경한다고 말한 것이다. 또한 그가 키워낸 제자가 누구인지 살펴보면 박정희의 말이 너무도 참담하지 않을 수 없다. 그 대표적인 인물이 제1대 조선통감부 통감을 지내다

안중근 의사에 의해 하얼빈 역에서 사살된 이토 히로부미(伊藤博文)와 초대 조선 총독을 지낸 데라우치 마사타케(寺內正毅) 등이다.

이러한 박정희의 발언에 일본 고위 정치인들은 환호했다. 박수를 쳤고 격찬이 이어졌다. 박정희에 대해 "겸손하고 성실하며 교활함을 모르는 것 같다"는 호평이 쏟아졌다. 박정희는 일본 고위 정치인들의 열광에 스스로 감격했다. 박정희 개인에게는 영광된 일일지 모르겠으나 대한민국이 일본에 의해 철저히 우롱당하는 참담한 자리였다.

박정희는 이들의 반응에 도취되어 그날 밤 만찬을 열고 자신을 일군으로 만들어준 만주군관학교 교장 등 은사와 군 동기생들을 초청한다. 그때 참석한 이가 만주군관학교 시절 교장이었던 나구모 신이치로(南雲親一郎)였다. 박정희는 그 자리에서 재차 일본 정치인들을 감동시키는 말과 행동을 거듭한다. "선생님의 지도와 추천 덕분에 일본 육사를 나와 여기까지 올 수 있었습니다. 한국 대표로서 뵙게 된 것에 감사드립니다"라고 인사한 후 교장이었던 신이치로에게 술을 올렸다.

이 광경을 지켜본 일본 고위 정치인들은 다시 열광적인 박수를 쳤다. 그들 눈에는 일군 교육을 받은 후배가 다시 한국을 자신들에게 갖다 바칠 영웅으로 보이지 않았을까. 실제로 이날 자리한 일본의 이케다 하야토(池田勇人) 총리는 "동양의 예의사상으로써 은사를 섬기고 선배를 존중하는 훌륭한 모범을 보여주었다"며 박정희를 극찬했다고 한다.

이렇게 시작된 박정희의 한일국교정상화는 대한민국에서 건전한 상식을 가진 사람이라면 누구도 납득할 수 없는 '굴욕 외교의 결정판'이었다. 박정희 역시 이를 알고 있었던 듯하다. 한일국교정상화 회담은 1961년에 시작됐으나 사실상 1962년에 타결되었다. 게다가 박정희 정권은 이 사실을 2년이 넘도록 국민에게 일체 비밀로 하다가 1964년 3월에야 공개한다. 그동안 한일기본조약을 추진해왔다면서 3월 한일회담 타결, 4월 조인, 5월 국회 비준 일정을 발표한 것이다. 이 충격적인 사실에 전 국민이 술렁거렸다. 그때나 지금이나 일본에 대한 국민감정이 좋지 않은 데다가 국민 모르게 한일기본조약을 추진해왔다는 사실이 알려지면서 엄청난 반발이 일어난 것이다.

그런데 더 어처구니없는 일은 일사천리로 한일조약을 체결하겠다는 일정을 폭탄같이 발표해놓고, 정작 일본과 합의한 구체적인 내용에 대해서는 공개를 하지 않았다는 사실이다. 장준하가 유세에서 비판한 '김종필-오히라(大平) 메모 미공개' 언급이 바로 이것이었다. 그만큼 굴욕적인 협상이었기 때문에 박정희는 이 합의안을 구체적으로 밝히는 데 주저했다.

결국 그로부터 30년이 흘러 1992년이 되어서야 문제의 메모 전문이 세상에 공개되었다. 당시 김종필과 일본 외상 오히라 마사요시(大平正芳)가 작성한 메모 내용을 한마디로 정리하면 '일본이 원하는 대로'가 정확하다. 박정희를 지지하는 이들은 "10년이 넘도록 타결되지 못한 채 표류하던 한일국교정상화를 박정희가 해결했는데 무슨 발목 잡기냐"라며 반박하지만, 참으로 어처구니없는 주장이 아닐 수 없다.

이승만 정부가 일본과 국교정상화 문제를 타결하지 못한 가장 큰 이유는 하나였다. 당시 이승만 정부는 일본과의 국교정상화를 전제로 30억 달러를 청구했다. 식민 지배에 대한 사과로 일본이 배상해야 하는 대일 청구액인 것이다. 그러나 박정희는 이 대일 청구액을 단 3억 달러로 일본과 협상을 끝냈다. 이는 일본에 의해 4년간 강점 피해를 입었던 필리핀과 비교해 봐도 터무니없는 액수였다. 일본이 필리핀에게 준 4년간의 배상액은 5억 5000만 달러였다. 그런데 무려 36년간 일제 식민 치하에서 고통받았던 우리나라가 필리핀의 대일 청구액에도 훨씬 미치지 못하게 협상한 것이다.

굴욕은 청구액뿐만이 아니었다. 일본은 협상 과정에서 '대일 청구액'이라는 단어 자체를 쓰지 말라며 내내 고압적인 자세로 일관했다. 정당하게 달라는 한국의 태도를 용인할 수 없다는 자세였다. 그러면서 대일 청구권 대신 '한국을 도와주기 위한 일본의 경제 원조'라는 명칭을 쓰자는 제안을 내놓기도 했다. 하지만 박정희 정권이 난색을 표하자 또다시 내놓은 명칭이 '독립 축하금'이었다. 식민 지배를 했던 나라가 그 피해 국가에게 독립을 축하한다는 뜻에서 돈을 주겠다는 표현이었다. 참으로 표리부동의 극치가 아닐 수 없었다.

박정희가 일본에게 내준 것은 이뿐만이 아니었다. 그중 대표적인 몇 가지만 들어봐도 그 심각성을 알 수 있다. 첫 번째, 박정희 정권은 일제 강점기에 피해를 입은 국민의 개별적인 대일 청구권도 당사자 동의 없이 포기했다. 게다가 이러한 사실을 국민에게 알리지도 않았다. 이 내용이 '재산 및 청구권에 관한 문제의 해결 및 경제협력에 관한 협정'이다. 이에 따라 일본은 조선에 투자한 자본과 일본인의 개별 재산을 포기한 후 3억 달러의 무상 자금과 2억 달러의 차관을 지원하는 대신, 한국은 이후 개별적인 피해자의 대일 청구권을 포기한다는 조약을 조인한다. 일본이 오늘날 위안부 피해자와 강제 징용, 정신대 피해자에 대한 배상 책임을 인정하지 않는 주장의 근거가 바로 이때의 일 때문이다.

두 번째는 '한일어업협정'을 통한 평화선 포기이다. 한국과 일본은 해방 후 어업 활동이 가능한 범위를 두고 갈등을 빚어 왔다. 일본 어선이 우리 측 바다를 침범해서 조업을 하는 등 큰 피해를 줬기 때문이다. 이에 이승만 정부는 1952년 1월 18일 대한민국의 어로 구획을 발표하고 이를 '평화선'이라 명명한다. 그리고 이 평화선을 침범하는 외국 어선은 전부 나포하라고 지시한다. 그러나 일본은 이에 반발하며 자기들 방식으로 또 다른 'ABC 라인'을 설정한다. 한국의 평화선을 인정하지 않고 일본 입장의 어로 구획을 발표한 것이다. 그러면서 자국의 어선 보호를 명분으로 일본 해상보안청 감시선을 출동시키는 등 한국과 내내 마찰을 빚었다.

이런 한일 간의 갈등이 정리된 것은 유엔군 사령관 마크 클라크(Mark Clark)가 설정한 이른바 '클라크 라인' 덕분이었다. 1952년 11월, 북한의 침투를 막고 전쟁 중 밀수품의 유통을 막기 위한 차원에서 클라크 사령관이 해상 방위 수역을 선포했는데, 이 '클라크 라인'이 이승만이 명명했던 평화선과 거의 비슷한 수역선이었던 것이다. 그러자 일본은 평화선에 대한 시비를 더 이상 걸지 못하게 된다. 한데 이 평화선을 포기한 것이 바로 박정희 정권이었다. 1965년 6월 22일 박정희 정권은 한일조약을 조인하면서 '한일어업협정'도 같이 처리했는데, 이 어업협정으로 인해 이승만이 지켰던 평화선 역시 사실상 철폐된다. 크나큰 실책이었다.

마지막으로 '대한민국과 일본국 간의 문화재 및 문화협력에 관한 협정'도 문제였다. 이 역시 한일조약이 조인되는 날 함께 체결되었는데, 일제가 강점기에 불법으로 반출해 간 대한민국 문화재를 사실상 포기한다는 협정에 다름 아니었다. 애초 목적은 일본으로 빠져나간 우리 문화재를 반환받기 위해서였으나 조약에서는 '반환'이 아닌 '인도'라는 표현을 사용했다. 사실상 일제의 문화재 반출을 용인하는 꼴이 된 것이다. 불법으로 반출했으니 반환해야 마땅한데도, 마치 가져간 행위는 정당하지만 우리에게 너그러이 인도해달라는 의미가 된 것이다.

당연히 일본은 이 협정에 만족한다. 일본은 문화재의 '반환' 대신 '인도'라는 표현을 선택한 것을 큰 성과로 평가하면서 "일본에게 둘도 없이 소중한 것은 인도 품목에 포함하지 않았다"는 말로 대한민국을 우롱했다. 결국 우리는 안견(安堅)의 〈몽유도원도〉가 오늘날 일본 텐리대(天理大)에 소장된 채 일본의 국보로 지정되어 있는 사실 등을 가슴 아프게 바라보고만 있다.

우리에게는 굴욕이었지만, 일본에게 한일조약의 결과는 만족할 만한 성공이었다. 조약 체결을 통해 국가 차원의 대일 청구권 문제와 과거사 문제를 아주 싸게, 그리고 그들이 원하는 방식으로 해결할 수 있었기 때문이다. 반면 우리에게 남겨진 것은 강제 징용 피해자와 위안부 할머니 등 개별적인 피해자에게 더해진 한(恨)뿐이었다. 이러한 모든 비극의 출발점은 바로 박정희 정권이 비밀리에 추진하고 조인한 굴욕적인 한일기본조약이었다.

6·3 사태와 계엄령 선포

박정희 정권의 한일기본조약 조인 계획은 전 국민의 대대적인 반발에 부딪혔다. 하지만 박정희 역시 만만치 않았다. 1964년 3월, 각계의 반대에도 불구하고 4월 가조인에 이어 5월 최종 조인하겠다는 입장을 밝히자 야당은 '대일 굴욕외교 반대 범국민투쟁위원회'를 조직하며 반대운동에 돌입한다. 이어 전국을 순회하며 국민을 상대로 반대운동에 동참할 것을 호소했다. 이때 장준하는 초청 연사로서 전국을 순회하며 강도 높게 박정희 정권을 비판한다. 더불어 각 대학에서도 대학생들의 극렬한 반대 시위가 이어졌다.

시위가 절정에 달한 날은 1964년 6월 3일이었다. 훗날 '6·3 사태'로 불리게 된 이날, 광화문에는 1만여 명의 시위대가 운집했다. 파출소가 불타고 박정희 정권 퇴진을 요구하는 함성이 메아리쳤다. 그러자 박정희는 시위대 제압을 위해 비상계엄령을 선포하고 서울 시내에 4개 육군 사단을 배치하여 무력으로 반대 목소리에 재갈을 채운다. 비상계엄령은 그 후 7월 29일까지 유지되는데 이 기간에는 일체의 시위가 금지되었다.

결국 국민의 반대에도 불구하고 이듬해인 1965년 6월 22일 박정희 정권은 한일기본조약을 정식 조인한다. 그리고 같은 해 8월 14일 공화당만의 단독 국회를 열어 비준까지 처리했다. 일사천리로 조약이 체결된 것이다. 이렇듯 공화당 단독으로 한일기본조약을 비준하는데도 반대의 목소리는 그다지 크지 않았다. 그토록 많은 이들이 격렬한 시위를 했던 것에 비춰 보면 의외의 일이 아닐 수 없다. 왜 그랬을까. 권력이 위기 때마다 써먹던 수법이 다시 큰 힘을 발휘했기 때문이었다.

1964년 6·3 사태가 벌어지고 난 후인 8월 14일, 중앙정보부장 김형욱이 텔레비전에 등장한다. 이어서 그는 공안사건 조직 체계도를 배경 삼아 긴급 기자회견문을 읽어나가기 시작했다. 이것이 이른바 1차 '인민혁명당 사건'이었다. 북괴 지령을 받아 조직된 대규모 간첩단 41명을 검거했다는 중정부장 김형욱은 이 반국가단체의 명칭을 '인민혁명당'이라고 했다. 김형욱은 "대한민국을 전복하라는 북괴의 노선에 따라 움직이는 반국가단체로 각계각층의 인사들을 포섭, 당 조직을 확장하려다가 중정에 발각된 것"이라고 수사 결과를 발표했다. 그러면서 그동안의 한일조약 반대 시위 역시 "반국가단체인 인민혁명당이 학생들을 배후 조종한 것"으로 규정했다. 이런 상황에서 한일조약 비준을 비판하며 누군가 다시 시위에 나선다면 그는 바로 '북괴 지령을 받은 빨갱이'가 되는 순간이었다.

이렇게 재갈을 물려놓은 1965년 12월 18일 오전 10시 30분. 박정희는 서울 중앙청 제1회의실에서 한일국교정상화를 최종 매듭짓는 한일기본조약 및 협정비준서를 일본과 교환한다. 그러나 일말의 양심이랄까, 아니면 박정희 스스로도 굴욕적인 협정에 분노한 국민에게 미안한 마음이 들어서일까. 박정희는 한일기본조약을 이끌었던 김종필에게 그 책임을 물어 그를 일체의 공직에서 사임케 한다. 굴욕적인 한일조약의 끝을 장식하는 '지극히 정치적인' 박정희식 해결이었다.

이때 장준하는 《사상계》에 특집 기사를 연이어 실어가며 박정희가 추진한 한일조약을 강력히 비판했다. 이러한 장준하가 박정희와 그의 권력을 지탱해주는 중정에게 눈엣가시처럼 보이기 시작했다. 장준하에 대한 중정의 감시가 1964년부터 본격적으로 이루어진 이유가 이 때문이 아니었을까.

'국가원수 모독죄'로 구속되다

장준하는 박정희 권력하에서 모두 세 번 구속된다. 그중 첫 번째 구속은 1966년 10월 15일 '특정 재벌 밀수 진상 폭로 및 규탄 국민대회'에서 행한 연설 때문이었다. 1966년 9월 15일

〈경향신문〉이 특종 기사를 보도한다. 이른바 '삼성 사카린 밀수 사건'의 출발이었다. 당시 〈경향신문〉이 보도한 사건은 1966년 5월 24일에 일어났다. 삼성그룹 창업주인 이병철 회장이 경남 울산에 '한국 비료' 공장을 지으면서 밀수를 한 것이다. 정부로부터 건축 자재를 수입한다면서 허가받은 물품과 함께 몰래 반입한 것이 바로 사카린 2259포대(약 55톤)였다. 사카린은 설탕보다 100배 정도 단맛이 나는 인공 감미료이다. 그러니 설탕이 귀하던 그 시절에 싼값으로 단맛을 낼 수 있는 사카린은 상당한 이익을 얻을 수 있는 물건이었다. 그런데 삼성이 이를 들여와 팔려고 몰래 반입하려다 세관에 적발된 것이다. 삼성의 이러한 밀수 행위를 인지한 세관은 1966년 6월 사카린 1059포대를 압수하고 삼성 측에 벌금 2000만 원을 부과한다.

하지만 조용히 무마하려던 이 사건이 〈경향신문〉 특종으로 세상에 알려지면서 이른바 '게이트'로 비화된다. 한 기업의 비리가 아니라 국가권력의 범죄로 비화된 것이다. '삼성과 박정희 정권이 결합된 권력형 범죄'라며 야당은 공격을 개시했다. 이러한 의혹에 국민이 동조하면서 사태는 크게 확산된다.

먼저 1966년 10월 15일 야당인 민중당이 포문을 열었다. 민중당이 대구에서 개최한 '특정 재벌 밀수 진상 폭로 및 규탄 국민대회'에 초청 연사로 등단한 이는 장준하였다. 그는 박정희를 정조준하여 포문을 연다. 박정희를 향해 입 한 번 벙긋하기도 어려운 그때, 인파가 가득한 집회장 연단에서 장준하는 거침없는 명연설을 남긴다. 바로 '박정희 밀수 왕초' 발언이었다.

장준하는 에둘러 가지 않았다. '돌직구'를 날렸다. 중정은 이날의 장준하 연설을 이렇게 기록하고 있다.

1966년 10월 15일 장준하 동향

대구 수성천변에서 '특정 재벌 밀수 규탄 대회' 민중당 연사로 참석하여 삼성 및 재벌의 밀수 행위 성토

1. 밀수 왕초는 박정희 씨다. 조무래기 소매치기를 잡아야 헛일인 것과 마찬가지로 밀수를 근절하려면 바로 왕초를 잡아야 한다.
2. 공화당 의장 김종필은 단물을 못 얻어먹어 반발하였다.
3. 현 정권은 강도적 수단으로 집권한 후 협잡, 밀수, 총칼 테러로 정권을 유지하려 하고 있다.
4. 강도적 밀수를 하여 정보 및 정치 자금을 마련하고 있다.
5. 공산주의가 하고 있는 정보 정치를 하고 있다.
6. 정부가 건설을 한다지만 정부가 밀수 강도 및 절도를 하고 있고, 국민만 많은 빚을 지고 있다.
7. 존슨 대통령의 방한 목적은 한국의 젊은 청년의 피가 필요하기 때문에 오는 것이다.
8. 우리의 희망은 정권 교체뿐이다.
9. 파월 장병 월급에서도 세금을 부여하고 있다.

박정희를 향한 장준하의 일격은 지금까지도 대단한 일화로 남아 있다. 그 당시 박정희를 향해 '밀수 왕초'라고 외친 장준하의 발언은 대한민국 근현대사에 길이 남을 명연설이다. 하지만

이날의 연설로 장준하는 혹독한 정치적 보복을 당하게 된다. 연설이 끝난 직후 경북경찰청은 장준하를 대통령 명예훼손 혐의로 불구속 입건했다. 그리고 다시 10일 후인 1966년 10월 25일, 서울시경은 경북경찰청으로부터 이 사건을 이첩해 조사를 한 후 다음 날인 26일 사전구속영장을 발부받아 장준하를 구속시킨다. 권력의 의중이 담기지 않고서는 불가능할 정도로 빠른 조치였다. 이때 장준하의 죄명은 '국가원수 모독죄'였다. 지금은 사라진 반민주 악법이다.

한편 이날 장준하의 연설은 나중에 모두 사실로 드러났다. 장준하가 이 발언으로 구속되고 27년이 흐른 1993년의 일이다. 삼성그룹 창업주 이병철 회장의 아들이자 사카린 밀수사건의 주범으로 구속되었던 이맹희가 이 사건의 전모를 책에 담아 세상에 내놓았다. '사카린 밀수사건'은 당시 대통령이었던 박정희와 아버지 이병철이 공모하여 벌어진 조직적 밀수였다는 고백이었다. 결국 장준하가 '진실을 말한 죄'로 구속되었음이 밝혀진 것이다. 《묻어둔 이야기—이맹희 회상록》 가운데 관련 내용이다.

> 1965년 말에 시작된 한국비료 건설 과정에서 일본 미쓰이는 공장 건설에 필요한 차관 4200만 달러를 기계류로 대신 공급하며 삼성에 리베이트로 100만 달러를 줬다. 아버지(이병철 회장)는 이 사실을 박 대통령에게 알렸고 박 대통령은 "여러 가지를 만족시키는 방향으로 그 돈을 쓰자"고 했다. 현찰 100만 달러를 일본에서 가져

오는 게 쉽지 않았다. 삼성은 공장 건설용 장비를, 청와대는 정치자금이 필요했기 때문에 돈을 부풀리기 위해 밀수를 하자는 쪽으로 합의했다. 밀수 현장은 내(이맹희)가 지휘했으며 박 정권은 은밀히 도와주기로 했다. 밀수를 하기로 결정하자 정부도 모르게 몇 가지 욕심을 실행에 옮기기로 했다. 이참에 평소 들여오기 힘든 공작 기계나 건설용 기계를 갖고 오자는 것이다. 밀수한 주요 품목은 변기, 냉장고, 에어컨, 전화기, 스테인리스 판과 사카린 원료 등이었다.

"단 한 사람, 박정희만은 안 된다"

다행히 장준하의 첫 번째 구속은 길지 않았다. 구속되고 두 달이 지나가던 그해 12월 30일 보석 결정을 받아 석방된다. 그리고 이듬해인 1967년 장준하는 이 사건으로 징역 6월에 집행유예형을 선고받는다. 하지만 장준하는 위축되지 않았다. 보통은 싸움을 그만두고 본업인 언론인으로 돌아갈 텐데 장준하는 달랐다. 차제에 박정희 체제를 끝내야 한다고 결심한 것이다. 그 때문에 1967년 5월로 다가온 차기 대통령 선거에서 자신이 할 수 있는 역할에 대해 고민한다. 박정희를 그대로 둔다면 그 재앙이 나라와 국민에게 몰아칠 것을 걱정한 것이다. 그 고민의 결과물로 나타난 것이 우리나라 야당 역사상 최초의 단일 대통령 후보 합의였다. 이른바 1967년 '4자회담'으로 불리는 이 결과물을 만들어내는 데 큰 역할을 한 사람이 바로 장준하였다. 장준하 사후 15주기인 1990년을 맞아 〈한겨레〉가 보도한 장준하 특집 기사에서 이를 증언하는 재야인사 백기완의 말을 들어보자.

> "66년 말께 함석헌, 장준하, 나 세 사람이 저녁을 먹는 자리에서 함 선생이 제안했다. 다가올 대통령 선거에 대비해 분열된 야당을 통합하기 위해서 윤보선, 유진오, 이범석, 백낙준, 장준하 5명이 회담을 열어 대통령 후보와 통합 야당의 당수를 결정하는 게 어떠냐는 것이었다. 즉석에서 이 제안을 수락한 장 선생은 각각의 인물들을 극비리에 만나 자기를 제외한 4자회담을 성공시켰다. 이 회담의 결과로 67년 초에 신한당과 민중당이 '신민당'으로 통합됐고 대통령 후보에 윤보선, 당수에 유진오 체제로 대통령 선거를 맞게 됐다. 선생의 헌신성과 도덕적 순결성이 4명 모두를 감복케 해 성공을 이끌어낸 것이었다."

백기완의 증언처럼 장준하는 기민하게 움직였다. 그렇게 해서 1967년 1월, 야당 지도자였던 유진오, 윤보선, 이범석, 백낙준을 한자리에 모이도록 한다. 훗날 '4자회담'으로 불리게 된 이 자리에서 장준하는 박정희 독재를 깨기 위해 모래알처럼 흩어진 야권을 하나로 묶어야 한다고 역설했다. 자리를 함께한 야당 지도자들 역시 장준하의 제안에 적극 동의했다. 이후 논의와 긴 타협 끝에 이들은 야당 단일 대통령 후보를 윤보선으로 하자는 데 합의한다. 장준하는 사실상 자신이 만들어낸 야당 후보의 당선을 위해 이때 처음으로 신민당에 입당한다.

이제 후보 단일화가 이뤄졌으니 반드시 선거에서 박정희를 꺾어 불의한 권력의 연장을 막아야 한다고 장준하는 결심한다. 이후 치열하게 전개되는 대통령 선거 유세의 전 과정에서 장준하는 연설원으로 적극 활약한다. 장준하는 야당 단일 후보인 윤보선을 당선시켜 박정희 독재를 합법적으로 타도하자며 국민에게 호소했다. 대중 연설에 능했던 장준하의 진가가 유감없이 발휘되던 때였다.

장준하는 대통령 재선에 도전한 공화당 후보 박정희를 거침없는 발언으로 공격했다. 1963년 대통령 선거에서는 박정희 후보의 사상관을 집요하게 비판했다면, 1967년 대통령 선거에서는 월남전 파병 문제를 주요 논쟁거리로 삼았다. 박정희 후보가 미국의 일방적 요구를 수용한 뒤 우리 군인을 월남전에 팔아먹어 억울하게 사지로 내몬다며 이를 막아야 한다고 역설했다. 가난한 농민의 자식들만 월남으로 가고 부유층과 특권층의 자식들은 전부 해외로 빼돌린다며, 이를 막을 만한 후보 윤보선을 지지해달라고 호소한 것이다.

장준하는 또한 박정희 후보가 과거 남로당 조직책으로 활동한 전력과 그의 친일 행적에 대해서도 날카롭게 비판했다. 지금이야 이러한 박정희의 과거를 웬만한 사람들은 알고 있지만 그때만 하더라도 진실을 아는 유권자가 거의 없었다. 그러니 장준하의 발언은 박정희 후보 입장에서 괴롭기 짝이 없는 일이었다. 더구나 광복군 출신으로 잘 알려진 장준하가 이런 공격을 하니 사람들에게 더욱 진실로 다가왔다. 이때의 장준하의 명연설은 지금까지 전해오며 화제가 되고 있다. 바로 '대한민국 대통령 자격'에 대한 장준하의 일침이다.

> "대한민국에서는 누구나 일정한 자격과 조건만 갖추고 있으면 대통령이 될 수 있습니다. 그러나 단 한 사람, 박정희 씨만은 안 됩니다. 박정희 씨는 일본 천황에게 충성을 맹세하고 일본군 장교가 되어 우리의 독립 광복군에 총부리를 겨누었으니 이런 인물이 우리나라 대통령으로 있는 것은 국가와 민족의 수치입니다."

장준하의 입에서 거침없는 말이 쏟아지자 민심 역시 흔들리기 시작했다. 결국 1967년 5월 7일, 박정희는 다시 장준하를 구속한다. 박정희 권력하에서 두 번째 구속이었다. 구속 혐의는 '허위사실 공표죄'와 '대통령 후보자 비방죄'였다. 첫 번째 구속 사유와 같은 '국가원수 모독죄'였다.

그런데 두 번째로 장준하를 구속한 방식은 좀 특이했다. 권력이 직접 인지하여 구속하는 방식을 취하면 정치적 탄압이라는 비난을 듣게 될까 우려한 것일까. 이번에는 외형적으로 장준하를 고발한 사람이 따로 있었다. 1967년 4월 26일 작성된 고발장에 의하면 고발인은 충남 공주군 공주읍에 살고 있는 이모 씨였다. 당시 그의 직업은 '민주공화당 충청남도 대통령 선거 연락소장'이었다. 이 씨는 장준하를 '허위사실 공표죄'와 '후보자 비방죄'로 공주경찰서에 고발한다.

매우 특이한 점이 또 하나 있었는데, 그가 고발장과 함께 제출한 증거물이있다. 이 씨는 장준하의 혐의 증거물로 녹음테이프를 제시한다. 1967년 당시에는 카세트가 흔하지 않았는데도 고발인 이 씨가 장준하의 유세를 녹음하기 위해 카세트까지 동원한 듯하다. 장준하를 잡아들이기 위해 저들이 얼마나 치밀한 준비와 노력을 했는지 유추해볼 수 있는 대목이다.

고발인 이 씨가 제출한 녹음테이프에는 1967년 4월 21일 낮 12시 30분부터 13시 25분까지 약 55분에 걸친 장준하의 연설이 고스란히 담겨 있다. 약 1000여 명이 운집한 가운데 이뤄진 이날의 장준하 발언 요지는 이후 검찰로 사건을 송치하면서 '연설 요지'라는 제목으로 공주경찰서가 첨부한다. 주요 내용을 발췌하면 다음과 같다.

1. 박정희 정권은 시멘트 200만 톤을 생산하는 공장을 건립함에 있어 400만 불이면 완공할 것을 5300만 불이나 들여서 건설하는 이유가 무엇이냐? 이것은 탕진이다.
2. 박 정권은 (기업인들에게) 공장을 짓게 해줄 테니 정치자금으로 얼마를 내놓겠느냐는 식으로 지급보증을 해준다. 예를 들어 1000만 원짜리 공장을 세우는데 5000만 원씩 빚을 얻어다가 정치자금으로 쓰고 있다.
3. 박정희 씨가 대전 연설 때 10만 명에 가까운 사람을 모았다는데 이것은 모인 것이 아니고, 끌어다 모았다는 것이다. 후문에 의하면 1억 3000만 원이라는 막대한 돈을 점심 값, 막걸리 값으로 낭비하였는

바, 이 모두가 공장을 짓겠다고 끌어모은 돈이다.

4. 박 정권은 주권자인 국민을 외국에 팔아서 그 돈으로 정권을 유지하려 하고 있다. 권력 있고 돈 있는 집 자식이 월남에 간 것 보았습니까? 모두가 돈 없고 권력 없는 불쌍한 농민의 자식만이 월남으로 가지 않았습니까? 내 말이 옳거든 박수를 쳐보시오. 박정희 씨가 독립운동을 한 것처럼 책자 발간을 하였으나 사실무근한 일이다. 정권을 총칼로 잡은 후에 행정적 민주주의를 부르짖다가 지난 번 선거 때에는 민족적 민주주의를 들고 나왔는데 이것은 흐루시초프가 공산국가 외의 신생 국가를 공산화하기 위한 주의를 만들었던 것이다. 박 씨는 사상이 없고 철학이 없는데 어찌하여 나라를 다스리겠느냐? 사상의 방랑자다. 이런 사람에게 어찌하여 모든 정권을 쥐어주겠는가?
5. 3·15 부정선거를 뺨치는 부정선거가 이루어질 것으로 보인다. 경상도 마산을 뒤이어 제2의 공주가 되기를 바랍니다.

“부정선거, 도둑 맞지 마십시오”

장준하의 이 같은 힘 있는 유세를 들은 참석자들의 반응은 어떠했을까. 공주경찰서 측은 고발인 이 씨로부터 고발장을 접수한 후 이날 유세장에 간 이들을 대거 소환하여 참고인 조사를 한다. 민주주의 국가에서 야당 후보의 유세장에 갔다는 이유로 선거운동 기간 중 유권자를 소환하여 조사하는 것은 있을 수 없는 일이다. 이는 명백한 부정선거다. 야당 후보의 유세장에 갔다는 이유만으로 소환 조사를 받는다면 어느 누가 유세장에 갈 수 있겠는가. 하지만 박정희 권력하에서 이런 민주주의의 기초는 통하지 않았다. 의아한 것은 그럼에도 불구하고 조사를 하는 사람이나 조사를 받는 사람이나 이를 너무도 자연스럽게 받아들였다는 점이다.

장준하에 대한 수사는 이 씨가 고발한 공주 유세에만 국한되지 않았다. 그의 발언 하나하나에 대한 전방위 수사가 이뤄졌다. 그중 이 책의 '서장'에서 전문을 소개한 1967년 4월 22일 서울 남산에서의 장준하 유세 역시 그 대상이 되었다. 이때는 72세의 조 모 씨가 참고인 조사를 받으러 소환되었는데, 당시 조 씨의 진술 조서를 보면 장준하의 유세가 유권자에게 어떤 반응을 얻었는지 가늠해볼 수 있다.

1967년 4월 22일 서울 중구 소재 남산 야외음악당에서는 하오 3시부터 5시 30분까지 신민당 대통령 후보인 윤보선과 장준하의 유세가 있었다. 며칠 후인 4월 28일 서울특별시 경찰국 수사과는 참고인 조 씨를 불러 다음과 같이 묻는다.

> "장준하의 연설 가운데 김종필 씨가 요정에서 850만 원의 돈을 분실하였다는 기사를 보고 놀랐다. 이 사람들 돈 어디서 났느냐. 국민인 까닭에 우리들의 세금을 받은 것이기에 나는 김종필을 고발한다는 연설을 들었나요?"

그러자 조 씨는 "네. 그 말을 들었습니다. 그 당시 관중이 박수를 쳤습니다"라고 답했다. 장준하의 연설에 대중이 공감했다는 취지의 답변이었다. 순경은 계속하여 참고인 조 씨에게 "박정희 씨가 총칼을 들고 한강을 넘어 정권을 강도질했다는 말 등을 들었나요?"라고 물었다. 그러자 조 씨는 한술 더 떠 시원하게 답을 했다. 그의 답변이다.

> "네. 그런 말을 하였습니다. 그리고 박정희 씨는 사상, 철학이 없다. 일본 천황에 충성을 하였고 군벌에서는 공산당 조직에 있었다는 소문이 자자했다는 사람이다. 박 정권을 그대로 둘 수 있는가. 5월 3일[대통령 선거일] 박 정권을 타도하고 새로운 나라를 건설하자는 등의 말을 하였습니다."

장준하는 전국을 휩쓸며 유세를 이어갔다. 달변이었던 장준하는 유세 내용을 수시로 바꿔 연설하기도 했다. 통상 전국을 돌아다니며 하루에도 몇 번씩 유세를 해야 하는 정치인은 그 주제를 크게 바꾸지 않는다. 똑같은 말을 한다 해도 듣는 사람이 달라지니 굳이 바꿀 필요가 없기 때문이다. 하지만 유세 실력이 뛰어난 장준하는 그때그때 상황에 맞게 유세를 했다.

그중 1967년 4월 23일 낮 3시 천안역 광장에서 있었던 장준하의 유세는 매우 재미있었다. 평소 웅변조 연설로 박정희를 향해 칼날 같은 공격만 하던 장준하가 이날은 마치 만담가처럼 부정선거를 염려하는 민심을 전달하며 구성진 연설을 했다. 당시 천안경찰서 정보계 순경 이 모 씨가 유세 다음 날인 1967년

4월 24일 '후보자에 대한 비방 사실 보고'라는 제목으로 기안한 보고문 선문이다. 장준하의 기존 유세와 겹치지 않는 부분만 발췌하면 이렇다.

"그[박정희]의 젊은 날은 일본 천왕에게 충성을 맹세하는 일본군 장교가 되드니 이 사람이 우리나라가 해방된 다음 우리나라 국군이 창설이 되니까, 여러분께서 아실 분도 계시겠지만 우리나라가 해방 뒤 퍽 혼란해. 국군 안에서 공산당 조직에 조직책으로 임명되어가지고 조직 활동을 한 사람이 박정희 씨야. 지난날에 전향을 했어. 이것은 세상이 다 아는 일이 아니요? 신문, 잡지에도 다 난 일이요. 민주적으로 세워진 정권을 짓밟고 두드려 부수고 정권을 쩍 잡더니 행정적 민주주의란 간판을 떡 걸어……

……박정희라는 사람은 사상이 없어. 철학이 없어. 주장이 없어. 이럴 때는 이러고 저럴 때에는 저래. 왔다 갔다 해. 번의도 많이 했어. 사상에, 번의도 그렇게 많이 했어. 캄캄한 밤중에 일엽편주를 가지고 나침반도 없이 황해에 떠 있는 배와 같이, 그 배 위에 선장으로 낯선 사람 같은 박정희 씨를 믿고 과거 6년 동안 위태위태한 것을 참고 참고 또 참으면서, 오늘날까지 정말 위태한 지경을 지내온 것입니다.

그런데 그 양반은 고만큼 해 잡수셨으면 이젠 그만두겠다고 했으면 좋겠는데 무이 그 잘났기에 건설을 하겠다는 구호 밑에서 다시 계속하겠다고 그 야단이야. 계속하려면은 이번 선거가 광주 선거 유세에 있어서, 광주, 부산, 안동, 대구 이런 등지에서 열화와 같이, 국민의 열화와 같이 그냥 봉기하고. 가만히 보니 박정희 씨에게 표 던져줄 사람은 보이지 않으니까 부정선거 할 것을 획책을 하고 있습니다. 부정선거 할 것을 나는 지방에 돌아다니면서, 지방에 노인 어른한테 두 손을 꼭 쥐고 이런 당부를 받았습니다.

우리는 이번에도, 이번에는 꼭 윤보선 선생에게 표를 던지겠습니다. 신민당에게 꼭 표를 던지겠습니다. 그러나 도둑을 맞지 마십시오. 도둑맞을 거요! 꼭 도둑맞을 것만 같습니다. 도둑질할 궁리를 하고 있습니다. 정말입니다. 정말이에요. 도둑질할 준비를 제일 크게, 도둑질할 준비를 신성한 군대 민주주의를 수호하고 국토를 수호하는 군대에다가 현재 맹호 공작이라고 하는 공작을 벌여가면서 부정선거 할 준비를 진행시키고 있습니다. 내가 어제 낮에 서울 남산 음악당에 모인 50여 만, 조금 전에 이상돈 의원은 신문만 보고 믿고서 30만 군중이라고 하였지만 따져봐도 50여 만 군중이라고 하는 것은 서울 시민 누구나 알고 있습니다."

당시 '투표에서 이기고, 개표에서 지는' 부정선거에 대한 국민의 우려를 전하는 장준하의 유세는 이후 사실이 되었다. 적어도 박정희 체제하에서 있었던 그 어떤 선거에서도 공정선거란 없었다. 당시 모든 선거가 부정선거였지만 박정희의 재선을 위해 쏟아부은 이때의 막대한 선거 비용은 지금까지도 화제가 될 지경이다. 동네 강아지도 막걸리에 취해 다녔고, 개도 네 발에 고무신을 신고 다녔다는 농담이 결코 허풍이 아니었다. 결국 박정희는 1967년 5월 3일 치러진 대통령 선거에서 재선된다. 하지만 그렇게 엄청나게, 또 공무원과 관변 조직을 다 동원하여 필사적인 부정선거를 했음에도 박정희가 거둔 승리는 초라할 지경이었다.

당시 민주공화당의 박정희가 얻은 득표수는 568만 8666표였다. 전체 투표자 수로 보면 51.44퍼센트였다. 이는 2위인 신민당 윤보선 후보가 얻은 452만 6541표에 비하면 90여 만 표가 많지만, 그렇게 지독한 부정선거를 하고도 이 정도였으니 박정희 입장에서는 패배나 다름없었다. 그래서였을까. 재선에 성공한 박정희는 자신을 그토록 괴롭힌 장준하를 구속시킨다.

서울지방검찰청 문상익 검사가 구속영장을 발부한 날은 1967년 5월 9일. 선거운동 기간에 박정희의 치부를 사정없이 폭로한 장준하를 '허위사실 공표죄'와 후보자를 비방했다는 '국가원수 모독죄'로 또다시 구속한 것이다. 이는 명백한 정치 보복이었다.

중정의 《사상계》 부도 공작

박정희 독재 권력의 탄압은 이후 장준하의 인생 행로를 크게 바꾸는 결정적 역할을 하게 된다. 과거 일본군 강제 입대라는 위기 국면에서 장준하가 목숨을 걸고 탈출하여 광복군을 찾아갔던 것처럼 이번에도 그는 일생일대의 중대한 결단을 하게 된다. 바로 본격적인 정치 입문을 하겠다는 결심이었다. 장준하가 이런 결단을 내리게 된 데에는 그가 목숨처럼 여겼던 《사상계》의 위기도 한몫하였다.

이 시기에 《사상계》는 박정희 권력의 탄압으로 사실상 부도 상태였다. 《사상계》를 만들어 총판 업체에 납품을 해도 이를 판매할 서점에 배포가 되지 않았다. 중정이 총판 업체에 압력을 행사하여 빚어진 일이었다. 석 달 후 총판 업체는 팔리지 않은 과월호를 한꺼번에 반품했고, 이 과정이 몇 달 반복되면서 탄탄했던 《사상계》 역시 더 이상 버티지 못한다. 중정의 부도 공작이 성공한 것이다. 이것이 《사상계》가 망하게 된 결정적인 이유였다.

《사상계》 부도 공작의 잉태는 1963년부터였다. 사실상 박정희와 장준하가 격돌한 첫 번째 순간이었다. 그 계기는 박정희가 스스로 약속한 혁명 공약을 파기하면서부터였다. 박정희는 5·16 군사쿠데타 직후 "조속히 빠른 시일 내에 민정에 이양하고 군인으로 돌아가겠다"고 약속했고, 장준하는 이를 믿었다. 하지만 조속히 돌아간다던 박정희는 이 약속을 어기면서 햇수로 2년 넘게 군사정부를 이어갔다. 당연히 군정 지속에 대한 불만을 표하는 여론이 커져갔다.

그러자 1963년 2월 18일, 박정희는 여론을 잠재우기 위해 특별성명을 발표한다. 아홉 가지의 정국 수습 방안을 제시하면서 이것이 수용된다면 자신은 민정에 참여하지 않겠다고 선언한 것이다. 당시 박정희가 내세운 요구는 '군의 정치적 중립 견지'와 '새로 참여할 정치인들이 5·16 혁명의 정당성을 인정하고 향후 정치적 보복을 일절 하지 않는다'는 등의 조건이었다. 정치인들이 이 제안을 완전무결하게 수용한다면 자신은 민정 이양과 함께 선거에 참여하지 않겠다는 것이었다.

10일 후인 2월 27일에 박정희는 그보다 더 큰 쇼를 보여준다. 박정희가 국방부 장관과 3군 각 참모총장, 그리고 정치인까지 초청하여 '민정 불참 선서식'을 요란하게 개최한 것이다. 자신을 의심하는 이들에게 확고한 뜻을 보여주겠다는 표현이었다. 그러나 웃기는 일이 벌어졌다. 그로부터 불과 20여 일 후인 3월 16일, 박정희는 모든 약속을 뒤집는다. 오히려 약속했던 민정 이양을 취소하고 4년 더 군정을 연장하는 국민투표를 실시하겠다는 발표를 한다. 그러면서 자신의 번의를 비판하지 못하게 할 목적으로 '비상사태 수습을 위한 임시조치법'을 공포하고, 모든 정당의 활동을 정지시켰다. 또한 언론·출판·집회·결사의 자유 역시 제한했다. 이는 동네 엿장수도 하지 못할 '제 마음대로' 국정 농단이었다.

장준하는 분노했다. 자신이 박정희의 거짓된 혁명 공약을 그대로 믿었던 것도 기가 막혔고, 제멋대로 권력을 행사하는 불의한 집단을 용납하기도 어려웠다. 그는 1963년 4월호 《사상계》에 그 분노를 남김없이 담았다. 마침 그해가 《사상계》 창간 10주년이라서 4월호가 다른 때보다 더 두꺼웠는데, 장준하는 그 중 3분의 2 분량을 '군정 연장 반대'로 채웠다. 그러자 초판 5만 부를 찍은 4월호가 1주일이 채 안 되어 전부 매진되었고, 추가 주문이 쇄도했다. 반응이 뜨겁자 장준하는 다시 두 차례에 걸쳐 4만 5000부를 찍어 지방으로 내려보낸다.

그리고 이어진 5월호와 6월호 역시 마찬가지였다. 장준하는 책을 더 보내달라는 서적 총판사의 요구를 믿었고 아무런 의심 없이 추가로 책을 인쇄했다. 당시 민심이 박정희의 군정 연장을 반대하고 있었고, 종잡을 수 없는 번복을 거듭하는 박정희에 대한 비판 여론이 높았으니 그에 따른 당연한 반응이라고 여긴 것이다. 하지만 그게 아니었다. 《사상계》에 대한 관심도 높았고 박정희에 대한 비판적 분위기도 사실이었으나 문제는 그 《사상계》가 시중 서점에 깔려야 대중을 만날 수 있다는 점이었다. 그런데 중정의 압력을 받은 서적 총판사들이 《사상계》를 서점에 공급하지 않은 것이다. 앞서 이야기한 《사상계》 반품 공작의 시작이었다.

이는 과연 사실일까. 다음은 《사상계》와 오랫동안 거래해온 문정제책사 박정호 사장이 남긴 〈옆에서 본 '사상계'의 수난〉이라는 글 중 일부이다.

> 《사상계》에 대한 압력에는 외적, 내적 압력이 있었다. 외적 압력 같은 것은 사장의 결단과 정론으로 맞서 오히려 더 많은 독자를 흡수, 크게 성장시킬 수가 있었다. 내적인 압력이란 사운을 결정하는 자금의 회전을 방해하는 것이다. 단속 기관에서는 이미 그 핵심을 파악하고 서서히 조여들면서 고사 작전을 편다. 그 방법의 하나가 도산매의 유통 과정을 혼란케 하는 것이다. 서점으로 하여금 책을 주문케 하지만 팔지는 못하고 창고에 쌓아놓게 하였다가 월말에는

그 책을 전부 반품케 하는 반품 작전이다. 그 작전은 적중하였다. 반품 작전에서는 그처럼 강하던 장 사장으로서도 당해내지를 못하였다. 자금은 회전이 안 되고 부채와 고리는 늘어만 갔다. 그 양반은 남들이 잘 모르는 부채가 많았다. 4·19 민주혁명이 되는 데《사상계》의 공로가 많았는데도 그 4·19 민주혁명 후에 오히려 (《사상계》의) 부채가 많아졌다. 그 양반, 그때 살던 집을 팔고 셋집에 가 살았다. 어음들은 모두 부도가 나고 이미 규모가 크게 늘어난 제반 경비 또한 충당할 수가 없게 되었다.

중정의 압력은《사상계》를 제작하는 데 필요한 협력 업체까지 곤란하게 만들었다.《사상계》와는 되도록 거래를 하지 않으려는 기피 증세까지 나타났다고 한다. 당연한 일이었다. 기업을 운영하는 입장에서 중정의 외압은 간단한 문제가 아니었다. 국가권력이 사적으로 남용되면서 상상할 수 없는 일이 벌어지고 있었던 것이다. 문정제책사 박정호 사장의 이어지는 증언이다.

이쯤 되어 원고료는 말할 것도 없고 인쇄용지를 구하는 데서부터 모든 제작 과정이 어려워만 갔다. 또 어떤 관련 업체는 당국의 압력이 가중되어 제작을 사양하는 일까지 발생하였다. 정기 구독자와의 계약을 지킬 수 없는 상황이고 사채도 얻을 수 없게 되었다. 제작비는 1년 이상이나 밀리게 되고 받을어음은 부도가 속출, 정말 감당하기 어려울 때였다. 도산 위기였다. 어떤 때는 격월간 또는 휴간이 지속될 때도 있었다. 연 3회 이상 휴간이면 잡지가 자동으로 폐간 당하는 시기였다. 말 그대로 풍전등화였다.

박정희의 비열한 공작은 이것만이 아니었다. 세무서를 동원한 연이은 세무조사로도 압박했다. 《사상계》뿐만 아니라 잡지와 연관된 다른 거래 업체까지 세무조사가 수시로 실시됐다. 장준하가 아무리 대비해도 세무서는 막무가내로 세금을 부과했고 이의신청을 해도 이유가 없다며 그대로 반려했다. 할 수 없이 행정심판을 제기하며 따지려 하자 《사상계》와 관련된 업체 사장이 그를 찾아왔다고 한다. 제발 자기들도 살 수 있게 행정심판만은 참아달라는 간청이었다. 결국 장준하는 행정심판을 하지 않는다. 과하게 부과된 세금을 그가 낼 수밖에 없었던 이유였다. 사실이 아닌 내용으로 엄청난 세금을 추징하니 결국 경영 압박은 한계에 도달했고 《사상계》는 끝내 무너졌다.

두 번째 구속, 옥중 출마 선언하다

장준하는 박정희 독재를 깨고 민주주의를 얻기 위해 치열하게 싸웠지만 결국 더 많은 상처만 입게 되었다. 대한민국 야당 역사 최초로 단일 대통령 후보까지 세워 열심히 노력했으나 박정희 권력의 관권, 금권 부정선거 앞에서 또다시 패배한 것이다. 그리고 그 보복으로 그는 두 번째 구속을 맞았다. 거대한 국가권력을 동원한 박정희와 맞서 싸울 무기도, 방법도, 자유도 모두 빼앗긴 상태에서 장준하는 말없이 고뇌했다.

그날, 장준하가 구속된 서울 서대문구치소 창문 밖에는 많은 비가 쏟아지고 있었다. 그 늦은 5월의 봄비를 맞으며 한 남자가 장준하를 찾아왔다. 장준하의 손아래 동서이자 《사상계》에서 일하던 유경환이었다. 장준하는 면회 온 유경환에게 그동안 고심했던 자신의 결심을 말하기 시작했다. 유경환은 장준하의 말을 면회실 건너에서 펜으로 받아 적었다. 잠시 후, 면회를 마치고 유경환이 찾아간 곳은 한국일보사 편집국이었다. 그리고 다음 날 〈한국일보〉는 기사를 냈다. 1967년 6월 8일 실시되는 제7대 국회의원 선거에 장준하가 옥중 출마를 한다는 기사였다. 정치에 직접 참여하지 않은 채 그저 비판만으로는 더 이상 박정희 독재를 깰 수 없다는 결론을 내린 것이다.

이때 장준하가 출마한 지역은 서울 동대문 을구였다. 지금의 서울 중랑구 면목동 지역인데 그는 통합 야당인 신민당의 공천을 받았다. 하지만 장준하가 이 선거에서 이길 것이라 예상하는 사람은 그리 많지 않았다. 갑작스럽게 국회의원 출마 선언만 했을 뿐 도울 사람도, 선거운동을 할 자금도 없는 무모한 도전이었기 때문이다. 그 당시 장준하의 선거운동을 도왔던 이들은 후보조차 감옥에 묶인 상황이니 말만 선거 사무실을 열었을 뿐 할 수 있는 일은 아무것도 없었다고 회고했다.

그때 큰 역할을 한 이가 바로 장준하의 아내, 김희숙 여사였다. 그는 갇혀 있는 남편 장준하를 대신하여 거리에 나섰다. 그리고 쉬지 않고 발품을 팔며 남편에 대한 지지를 호소했다. 김희숙의 주머니에는 딱 두 가지가 들어 있었다고 한다. 하나는 사탕, 또 하나는 손수건이었다. 김희숙은 길가에서 아이를 만나면 손수건으로 코를 닦아준 뒤 사탕 하나를 까서 입안에 넣어주었다. 그런 모습을 아이의 부모가 보면 김희숙은 깊이 고개를 숙이며 "제가 장준하 후보 처 되는 사람입니다"라고 인사를 했다고 회상했다. 그렇게 선거운동을 하자 유권자의 마음도 움직였다. 특히 장준하의 사정을 아는 이들은 더욱 그러했다. 가난했으나 인정이 살아 있던 시대였기에 가능한 일이었다.

아내 김희숙과 더불어 장준하의 선거를 옆에서 도운 이는 《씨알의 소리》 편집인 함석헌 선생이었다. 함석헌은 장준하가 살 수 있는 방법은 이번 국회의원 선거에서 이기는 길밖에 없다고 믿었다. 만약 이번 선거에서 지게 된다면 장준하는 반드시 죽게 될 것이라고 판단했다. 함석헌은 이러한 자신의 생각을 유권자에게 간곡하게 호소했다. 흰 수염에 하얀 한복을 입은 당대의 인물 함석헌이 자신의 진심을 담아 울부짖자 선거판도 크게 흔들리기 시작했다. 유권자의 변화가 눈에 보일 정도로 거셌다. 그러자 승리를 낙관해온 상대방 후보 측도 다급해졌다. 그가 바로 집권 여당인 공화당 후보 강상욱이었다.

강상욱은 육사 9기생으로 공화당 서울시당위원장이었다. 5·16 군사쿠데타에 참여한 공화당의 핵심 중 핵심이자 청와대 비서실장을 지내기도 한 인물로, 당시 그 지역 현직 국회의원이었다. 그러니 돈도 많았다. 재선 국회의원에 도전하는 그의 집에는 수영장도 있었다고 한다. 돈과 권력이라는 힘의 기준으로 본다면 장준하가 절대로 이길 수 없는 상대였다. 하지만 장준하가 감옥에 갇힌 상태에서 강상욱 후보 측의 위기감은 더욱 고조되어갔다. 처음엔 상대 후보가 감옥에 있으니 해볼 필요도 없는 선거라고 여겼는데 그것이 착각이었음을 느끼는 데는 그리 많은 시간이 필요치 않았다. 잘못하면 선거에서 패배할지도 모른다는 위기감이 들기 시작한 것이다.

그러자 강상욱 후보 측이 선택한 카드는 극약 처방이었다. 장준하를 감옥에 두고서는 그에게 몰리는 동정표를 막을 수 없다고 판단한 것이다. 강 후보 측은 장준하를 지지하는 유권자의 마음이 동정심이라고 생각했고, 그렇다면 장준하에게 몰리는 동정표를 차단하는 방법은 그의 석방밖에 없었다. 결국 투표일을 8일 앞둔 1967년 5월 31일, 놀랍게도 장준하가 석방된다. 서울형사지법 합의부 김영준 부장판사가 보석금 10만 원을 받고 석방 결정을 내린 것이다. 참고로 1971년 당시 봉급생활자의 평균 월급은 2만 2441원이었다.

하지만 강상욱 후보의 기대는 착각이었다. 장준하가 석방되었다는 소식이 알려지면서 그를 보기 위해 더 많은 이들이 유세장으로 몰려들었다. 그야말로 인산인해를 이뤘으며, 청량리 역전에서 장준하와 함석헌이 함께 단상으로 올라가 지지를 호소하자 유권자들은 열광했다.

1967년 6월 8일. 마침내 장준하는 공화당 후보 강상욱을 이겼다. 무려 1만 8000표 차라는 압도적인 승리였다. 장준하가 대한민국 제7대 국회의원으로 선출된 것이다. 이는 정말 대단한 일이 아닐 수 없었다. 더구나 1967년 실시된 제7대 국회의원 총선거는 총체적인 부정선거였다. 국회의원 총의석인 175석 중 공화당이 129석, 제1야당인 신민당이 45석, 그리고 대중당이 1석을 차지했는데, 이때 공화당은 독자적인 개헌 가능 의석수를 확보하고자 엄청난 부정선거를 자행한다. 그동안에도 부정선거는 비일비재했으나 이때는 해도 해도 너무한 부정선거였다. 야당인 신민당은 박정희 정권에 전면 재선거를 요구하며 장기간 국회 등원을 거부했다.

신민당은 선거 기간 중 공화당이 살포한 막대한 금품과 막걸리, 그리고 고무신을 맹비난했다. 투표 당일에 벌어진 부정선거는 더욱 심했다. 정상적이라면 투표용지가 한 장씩 나와야 하는데, 여러 장을 한꺼번에 접어 투표함에 쑤셔 넣은 무더기 표가 마구 쏟아져 나왔다. 이는 명백한 부정선거의 증거였다. 또한 타인의 투표권을 공화당 조직책이 대리 투표하는 행위 역시 극심했다. 하지만 이를 막아야 할 선관위의 역할은 전무했다.

신민당은 이렇게 치러진 6·8 국회의원 총선거를 인정할 수 없다며 그해 11월 말이 되도록 국회 등원을 전면 거부했다. 그리고 당 차원의 항의 집회를 전국에서 계속 이어갔다.

1967년 6월 19일 장준하 역시 집회의 연사로 대중 앞에 선다. 그리고 그 자리에서 박정희와 공화당의 부정선거에 관한 책임을 물으며 강력한 발언을 이어간다. 이에 대한 중정의 일일 보고이다.

1967년 6월 20일

신민당에서는 6. 19. 15:55 당국의 제지에도 불구하고 당원 1000여 명이 시내 안국동 로터리에 있는 당사 내외에 운집한 가운데 6·8 부정선거 규탄 국민 궐기대회를 강행하였는데 본명은

1. 박정희 씨는 부정선거 원흉의 괴수이니 하야하라

2. 박 정권은 이승만 정권의 말로를 보라

야당의 반발과 저항이 계속되자 공화당은 대표적인 부정선거가 있었던 8개 선거구의 국회의원 당선자를 스스로 사퇴시킨다. 그중 한 명이 충남 부여에서 당선된 김종필이었다. 또한 야당이 국회 등원을 한다면 이후 부정선거에 대한 조사를 하겠다고 약속하기도 했다. 이렇듯 엄청난 부정선거가 자행된 제7대 국회의원 선거에서 장준하가 재선에 도전한 강상욱 후보를 압도적인 표차로 물리치고 당선되었으니 정말 대단한 일이 아닐 수 없다. 그야말로 '위대한 국민의 승리'였다.

"국회의원 명함 한 장 있어요?"

국회의원 당선의 기쁨도 잠시, 장준하의 삶은 달라진 것이 없었다. 그의 행보는 여전히 고난의 길이었다. 오히려 국회의원 당선 후 예기치 않은 어려움이 생겼다. 사실상 《사상계》가 부도나면서 많은 부채가 발생했는데, 이전에는 어차피 받지 못

할 돈으로 여겨 포기했던 채권자들이 당선 후 장준하의 집으로 몰려들기 시작한 것이다. 이제 그가 국회의원이 되었으니 혹여 빚을 갚을지도 모른다는 기대감 때문이었다. 그 당시 장준하가 채권자들로 인해 얼마나 큰 정신적 고통을 받았는지 짐작할 만한 기록이 중정 동향 일지에 남아 있다.

1967년 10월 25일 '장준하 동향'

1. 요지

사상계사 사장 장준하는 자금난으로 부득이 사무실을 이전할 실정에 놓여 있다 한다.

2. 내용

종로 1가에 위치하고 있는 사상계사 사장 장준하는 자금난으로 동사 운영의 곤경에 서 있는 데다 근간 건물주가 67. 10. 31. 동사 사무실의 전세비를 인상하여줄 것을 요구하자 신민당 소속 동우들에게 자금을 지원받고자 하였으나 현재까지 지원받지 못하고 부득이 이전할 실정에 놓여 있다 한다. 끝.

이 당시 중정 동향 보고에서 장준하 이름 뒤에 '의원' 호칭이 붙어 있지 않은 것은 이유가 있었다. 선거는 1967년 6월에 끝났으나 야당이 부정선거에 항의하고자 국회 등원을 거부하여 그때까지 의원 등록을 하지 않았기 때문이다. 장준하가 국회의원으로 등록된 것은 그로부터 한참 뒤인 11월 27일이었다. 따라서 위 동향 일지가 작성된 10월 25일에는 중정이 장준하를

'사상계사 사장'으로 호칭하고 있었다. 나름대로 중정이 기록에 관한 규칙을 유지하고 있었던 것이다. 이후 11월 27일 장준하가 의원 등록을 하자 중정도 동향 기록에서 그를 '의원'이라고 호칭한다. 이어지는 장준하 관련 동향 기록이다.

1967년 12월 2일 '장준하 의원 동향'

1. 요지

신민당 소속 장준하 의원은 당 간부들에게 사상계사 부채 관계로 국회 등원하는 것이 도살장에 들어간 것 같다고 표명하였다 한다.

2. 내용

신민당 소속 장준하 의원은 구당 간부들에게 사상계사 부채가 1000여만 원인데 국회에 등원하기 전에는 음성적으로 자기를 대표하여주던 인사가 국회에 등원하고 나니 채권자들이 자택을 방문하고 청산을 요구함으로써 자기는 국회 등원이 도살장에 들어간 것 같다고 언동하였다 한다. 끝.

장준하의 고단한 경제적 처지를 유추해볼 수 있는 대목이다. 하지만 형편은 국회의원 2년차가 되는 1968년에도 나아지지 않았다. 심지어 장준하가 비극적인 죽음을 맞이한 1975년까지도 그의 경제적 상황은 더 나빠지면 나빠졌지 좋아지지 않았다. 그런데 이러한 경제적 곤란으로 인해 오히려 장준하의 대중적 인기가 올라가고 있다는 특이한 중정 동향 보고가 눈에 띈다. 장준하가 국회의원을 2년째 하고 있던 1968년 6월 22일 중정의 동향 보고이다.

> 1968년 6월 22일 '장준하 의원 동향'
>
> 1. 요지
>
> 신민당 동대문 을구당 위원장 장준하 의원은 인기 전술책으로 일반 버스와 전차를 이용하고 있어 구민들의 숭배를 받고 있는 실정이라 함.
>
> 2. 내용
>
> 신민당 동대문 을구당 위원장 장준하는 사실상 경제적 타격으로 자가차를 구입하지 못하고 있는데 이는 인기 전술책으로 주로 일반 버스와 전차를 이용하고 있어 동 구민들로 하여금 숭배를 받고 있는 실정이라는바, 더욱 당사 또는 자가로 방문하는 구민들을 친절히 접대하고 있어 인기가 상승되고 있다는 것임. 끝.

그때나 지금이나 국민이 정치인에게 진정 바라는 것이 무엇인지 느끼게 해주는 일화가 아닐까 싶다. 한편 특이한 것은 중정 동향 기록 작성자의 해석이다. 장준하가 경제적 어려움으로 자가용을 구입하지 못해 어쩔 수 없이 버스와 전차를 이용하고 있는데, 이를 있는 그대로 쓰지 않고 요상하게 해석하고 있다. 동향 기록 작성자는 장준하의 대중교통 이용을 '인기 전술책'이라고 써놓았다. 장준하가 돈이 없어 차를 구입하지 못하기 때문에 대중교통을 이용한다고 써놓고는 엉뚱하게도 이를 '인기 전술책'이라고 다시 표현한 이유가 무엇일까. 장준하의 국민적 지지도가 높아지고 있다는 사실을 그대로 보고하면 윗선에서 싫어할까 봐 한번 의도적으로 비틀어 보고한 듯하다.

여하간 이처럼 어려운 경제적 상황에 처한다면 누구라도 한 번쯤 금품 앞에서 흔들리지 않을까. 더구나 그 시대의 국회의원이라면 흔히 만능 특권을 부릴 수 있다고 많은 이들이 생각한다. 이러저러한 이권을 탐하려 든다면 절대 불가능한 일도 아니었을 것이다. 그러나 장준하는 달랐다. 이를 뒷받침하는 유명한 일화가 있는데 바로 명함 사건이었다. 장준하의 부인 김희숙 여사가 직접 들려준 일화이다.

어느 날 평소 알고 지내던 이웃 사람이 장준하의 집을 찾아와 김희숙에게 묘한 제안을 했다. 남편 장준하의 국회의원 명함 뒤에 인감도장 하나만 찍어 자기에게 달라는 것이다. 그러면 그 당시 집 한 채에 해당하는 돈을 주겠다는 제안이었다. 김희숙은 순간 마음이 흔들렸다. 책임져야 할 자식은 다섯인데, 남편은 국회의원이 된 후에도 월급봉투를 가져온 적이 없었다. 채권자들이 국회의원 급여를 전부 압류해 가니 생활비를 집에 가져올 수 없었던 것이다. 이런 상황에서 큰 부정부패를 저지르는 것도 아니고, 명함 뒷면에 인감도장만 한 번 찍어서 주면 아이들과 살아갈 돈이 생긴다는데, 어느 누가 흔들리지 않겠는가. 김희숙은 그날부터 남편 몰래 국회의원 명함을 찾기 시작했다. 그런데 장준하의 국회의원 명함은 어디에도 보이지 않았다. 결국 김희숙은 남편에게 조심스럽게 말을 꺼냈다.

"저, 혹시 국회의원 명함 한 장 있어요?"

그러자 장준하가 아내의 얼굴을 물끄러미 바라봤다. 순하고

착한 아내는 그런 남편의 얼굴을 차마 마주볼 수 없어 고개를 숙였는데 그때 장준하의 입에서 놀라운 말이 나왔다.

"왜요? 누가 그 명함 뒷면에 인감도장 하나만 찍어서 달라고 하던가요? 그러면 돈을 준다고. 누가 그랬어요?"

평소 그 누구에게도 하대하지 않았던 장준하는 그날도 이렇게 조곤조곤 말을 건넸고 그 말을 들은 김희숙은 어쩔 줄 몰라 얼굴만 빨개졌다.

"난 국회의원 명함 없어요. 안 만들었으니 그런 거 생각하지 말아요. 미안합니다. 내가 돈을 못 갖다줘서……."

김희숙 여사는 그때 일이 참 부끄러웠다고 회고했다. 장준하의 청렴함과 강직함이 얼마나 확고했는지 잘 알 수 있는 일화이다. 그 당시 국회의원은 사실 청렴하기가 힘들었다. 말하지 않아도 갖다주는 사람이 넘치던 그때, 먼저 원하기만 하면 그야말로 팔자를 고칠 수 있는 시대였다고 해도 과언이 아닐 것이다. 그러나 장준하는 4년간의 국회의원 임기를 마치고도 어려운 살림에 변화가 없었다. 그가 무능해서가 아니라 청빈한 삶을 살았기 때문이다.

본격적인 미행과 사찰, 도청

장준하가 국회의원 당선 후 본격적인 정치를 시작하면서 중정의 감시 역시 본격화된다. 국회의원 당선 이전까지는 불규칙적으로 이루어졌던 중정의 감시가 국회의원이 되고부터는 시간대별 체크로 확대된 것이다. 초기의 보고는 장준하 개인과 관련된 동향이 주를 이루었다. 예를 들면《사상계》부채로 인한 경제적 곤란과 지구당 주요 간부와의 소소한 마찰에 대한 내용 등이었다.

또한 국회 등원 이전에 만난 신민당 주요 관계자와의 협의 내용도 상당히 포함되어 있는데, 이는 명백한 불법이었다. 중정은 국내 정치에 개입하면 안 된다. 누군가를 미행하거나 사찰하는 것 역시 해서는 안 될 일이다. 그런데도 그 당시 중정은 대놓고 이런 불법을 자행했다. 숨어서 한 것이 아니라 필요할 땐 언제든지 연행하여 정치인과 언론인을 때리고 고문하고 협박했다. 심지어 이렇게 취급한 정치인들을 자신들의 협조자 혹은 사설 정보원으로 다시 활용하기도 했다.

중정의 이런 불법은 누가 보장한 것일까. 두말할 것도 없이 최고 지도자 박정희였다. 이런 비극의 시대에 중정의 주요 감시자 안에 장준하가 들어왔으니 이때부터 본격적인 미행과 사찰, 도청, 그리고 정보원을 통한 정보 수집이 더욱 강화되었다. 특히 1967년 11월이 되어서야 뒤늦게 국회 등원을 한 장준하의 행보가 바빠지면서 중정 역시 바빠졌다. 1968년 1월, 장준하가 반(反)박정희 세력을 규합하기 위해 비밀리에 동분서주하자 중정이 이를 놓칠 리 없었다. 1968년 1월 4일 '장준하 의원 동향' 보고이다.

1968년 1월 4일 '장준하 의원 동향'

1. 요지

신민당 소속 장준하 의원은 향토방위법의 국회 통과만은 결사적으로 반대 투쟁할 것과 공화당 단독으로 통과시킬 시는 6·3 동지로 하여금 실력 행사를 할 계획이라 한다.

2. 내용

신민당 소속 장준하 의원 및 ○○○ 의원은 67. 12. 28.경 동당 동대문 을구당 간부들을 장준하 의원 댁으로 초대한 후 "향토방위법 국회 본회의 통과만은 동 소속 의원들이 결사적으로 반대 투쟁할 것"과 "공화당 의원만으로 통과시킬 시에는 6·3 동지회 및 동당 청년 당원과 합류, 실력 행사를 계획 중"이라는 것을 표명한 바 있다 한다. 끝.

하지만 장준하가 반대했던 향토방위법은 그해 4월 1일 공화당의 단독 국회로 날치기 통과된다. 이에 따라 군 복무를 마친 청년들은 그 후부터 지금까지 일정한 기간 동안 예비군 훈련을 받게 되었다. 1968년에 도대체 무슨 일이 있었기에 이처럼 향토방위법을 개정한 것일까.

1968년 1월 21일, 국가적 변란이 발생했다. 북한 무장특공대였던 김신조 일당이 청와대를 습격하겠다며 남파되어 서울 한복판까지 잠입한 것이다. 다행히 발각된 무장 괴한들은 사살되었지만 불행하게도 뒤를 쫓던 서울 종로경찰서장이 교전 중 사망한다. 이처럼 우리나라에서 큰 안보 파문이 일었는데, 그 이틀 후인 23일 또 다른 대형 안보사건이 터져 국민을 불안에 떨게 한다. 이번엔 미국의 정보수집함 푸에블로호가 북한 원산항 앞바다에서 북한 해군 초계정에 납치된 것이다. 전 국민은 또다시 전쟁이 터질까 봐 공포감에 휩싸였다.

박정희 정권은 이 기회를 놓치지 않았다. '안보 위기론'을 제기하며 위기를 기회로 만들었다. 지금도 그렇지만 북한의 도발은 대한민국의 민주주의와 인권 신장에 전혀 도움이 되지 않는다. 진짜로 도움이 되는 세력은 바로 이 나라에서 '친일세력을 기반으로 득세하는 독재 권력'뿐이다. 이때도 다르지 않았다. 박정희는 곧바로 안보 위기론 카드를 흔들며 국민을 압박하고 나섰다. 그러면서 1968년 2월 반공법을 강화하는 내용으로 법을 개정한 후 연이어 향토예비군을 새로 창설한다는 계획을 발표한다. 향토예비군으로 소집될 대상은 무려 250만 명에 달했다.

장준하는 이 법의 개정안을 반대했다. 당시 국회 국방위원회 소속인 장준하는 향토방위법 개정안에 반대하는 이유를 《신동아》 1968년 7월호에 기고한다. 〈향토예비군 무장의 선행 조건〉이라는 제목으로 기고한 이 글에서 장준하는 박정희가 노리는 '사회 병영화 정책'에 대해 비판했다. 다음은 기고문 중 일부다.

> 신민당이 당론으로 개정을 반대하던 '향토예비군설치법'의 개정 법률안이 드디어 집권당만으로 변칙 국회에서 통과되는 시간에 나는 본회의장이 아닌 방청석에서 그 순간을 지켜보고 있었다. 다른 신민당 의원들과 같이 퇴장을 함으로써 소수 의사가 짓밟히는 의회

정치의 새로운 비극을 면하려는 투쟁 방법…… 그러나 나는 이 법률안의 통과에 대해서만은, 똑똑히 나의 두 눈에 기록하고 싶었던 어떤 무의식적 충동에 이끌리어 방청석에 자리를 잡았던 것이다. …… 내가 국방위원회에서 제공하여준 자료로 분석 판단할 적에 가상 북괴의 남침에 대비 대처해야 할 일은 군의 정신 면의 철저한 재무장과 더 적극적인 자립 국방책과 이에 따르는 군수산업 및 국군의 장비 현대화 등 더 고차적인 문제이지 경찰에 끌려다녀야 할 예비군의 조직과 무장으로는 미흡하다고 생각되기 때문이다.

이런 여러 가지 문제점을 지적 제시하였음에도 불구하고 이 향토예비군설치법 개정 법률안이 통과되기도 전에 서두르는 예비군의 조직은 무엇을 우리에게 암시하는가. …… 금이 간 것은 이미 수백만의 국민이, 청장년이, 경찰의 지휘 감독 안에 고스란히 들어가버린 사실이다.

장준하는 박정희 정권의 향토방위법 개정을 '안보를 위한 것이 아니라' 권력 연장을 위한 수단이라고 판단했다. 박정희 정권은 250만 명에 달하는 청년들을 권력의 통제 아래 두면서 어린 학생들까지도 군사훈련을 받도록 했다.

향토방위법이 개정되고 닷새가 흐른 그해 4월 5일, 국방부와 문교부는 '학생 군사훈련 강화 방침'을 발표했는데, 이에 따라 1969년 신학기부터 고등학교 2, 3학년 남학생과 ROTC 교육을 받지 않는 남자 대학생 전부는 강제적인 군사교육을 받아야 했다. 향토예비군 창설에 이어 중·고등학생과 대학생들까지 강제

군사훈련을 실시함으로써 사상 교육이 더욱 강화되리란 것은 자명했다. 또한 이러한 사회 병영화 정책 과정에서 실시되는 각종 정훈 교육을 통해 '우리가 잘살려면 누구를 지지해야 하는지'를 주입할 게 뻔한 일이었다. 따라서 장준하는 사회 병영화 정책을 박정희가 자기 권력을 단단히 구축하려는 의도로 해석했다. 안보 위기를 가장 나쁘게 악용하는 사례로 본 것이다.

박정희 '3선 개헌' 날치기 통과

그런 점에서 1969년은 장준하와 박정희가 제대로 한판 붙은 해이다. 박정희의 영구 집권 계획의 신호탄인 이른바 '3선 개헌' 추진과 이를 저지하려는 장준하의 격돌이 있었다. 1969년 9월, 박정희는 이미 두 번이나 대통령을 하고도 다시 세 번째 대통령 도전에 나서면서, 이를 위해 헌법을 개정하겠다고 밝힌다. 이 같은 박정희의 3선 개헌은 참으로 비열한 행위였다. 박정희가 그동안 걸어온 정치적 행보만 살펴봐도 얼마나 어처구니없는 일인지 알 수 있다.

박정희는 민정 이양의 약속을 깨고 수차례의 번복을 거치면서 끝내 대통령을 차지한다. 그는 제멋대로 게임의 룰을 바꿔가면서 대한민국의 헌정 질서를 유린했다. 그렇게 1963년 선거에서 간신히 대통령이 된 박정희는 1967년 대통령 선거에서도 온갖 비열한 부정선거를 동원해 재선에 성공한다.

하지만 사람들은 이제 박정희도 끝났다고 생각했다. 현행 헌법에 의하면 연달아 세 번 대통령을 할 수 없기 때문이다. 그래서 박정희 다음으로 1971년 대통령 선거에 나올 공화당 후보가 누구냐며 내부적인 모색이 커졌다. 하지만 그건 착각이었다. 박정희는 공화당 권력의 2인자인 김종필을 차기 후계자로 옹립하려는 움직임이 일어나자, 그 세력을 전부 중정으로 연행시켜 무자비하게 고문하고 정치적인 처단을 한다. 그것이 바로 1968년 5월 '국민복지회 사건'이었다.

장준하는 이런 박정희의 행태를 보며 그가 대통령에서 물러날 뜻이 전혀 없음을 간파했다. 다시 한번 대통령을 하겠다는 강력한 의지 표명으로 해석한 것이다. 말하자면 세 번까지 대통령을 연임할 수 있도록 헌법을 개정하는 '3선 개헌'의 신호탄이었던 것이다.

장준하는 이러한 3선 개헌을 저지하기 위한 준비에 나선다. 하지만 당시 야당인 신민당의 여건을 볼 때 야당의 의지와 힘만으로는 이를 막을 수 없다고 판단한다. 이에 장준하는 재야세력과 함께 '3선 개헌 반대 범국민 투쟁위원회'를 별도로 조직하고 자신이 선전부장을 맡는다. 이 위원회는 재야인사 함석헌과 야당의 대통령 후보였던 윤보선을 비롯해 1964년 박정희의 한일조약 체결에 반대했던 6·3 동지회 출신 청년 등이 총망라된 범국민적 운동 조직이었다. 하지만 적극적인 노력과 싸움에도 개헌 과반수 의석을 차지한 공화당의 물리적인 힘 앞에서 장준하의 3선 개헌 반대는 실패한다. 1967년 국회의원 선거에서 공화당과 박정희가 왜 그토록 극심한 부정선거를 자행하면서 개헌 과반수 의석을 차지하려고 했는지 그 이유가 드러난 순간이었다. 결국 박정희의 3선 개헌안은 공화당에 의해 날치기로 통과되었다.

박정희의 욕심은 그것으로 끝이 아니었다. 1971년 4월 27일, 제7대 대통령 선거에 박정희가 출마한다. 날치기 통과된 3선 개헌에 따라 출마 자격을 또 얻은 박정희의 세 번째 대통령 선거였다. 이때 야당 후보는 김대중이었다. 1971년 4월 18일, 야당 대통령 후보인 김대중이 박정희의 무서운 야욕을 이날 국민 앞에서 공개한다. 다음은 서울 장충단공원 유세에서의 첫 포문이다.

"여러분! 이번에 정권교체를 하지 못하면 이 나라는 박정희 씨의 영구 집권 시대가 오는 것입니다. 공화당은 지난 개헌 때 이미 박정희 씨를 남북통일이 될 때까지 대통령을 시키려고 했으나 그 당시는 아직 자기 공화당 내부나 야당이나 국민이나 거기까지는 할 수 없어서 못했던 것입니다. 나는 공화당이 그런 계획을 했다는 사실과 이번에 박정희 씨가 승리하면 앞으로 선거도 없는 영구 집권의 총통 시대가 온다는 사실에 대한 확고한 증거를 가지고 있습니다."

김대중의 이러한 유세 폭로는 유권자와 언론을 술렁거리게 했다. 더구나 무리한 3선 개헌 날치기로 세 번째 출마한 박정희에 대한 지지세는 이전과 전혀 다른 양상을 보이고 있었다.

1963년 대통령 선거 때도 박정희의 당선은 민망한 일이었다. 당시 박정희는 여당 단일 후보로 출마했고, 야당 후보는 6명이었다. 이처럼 야당 후보가 난립한 상황에서 박정희는 2위를 차지한 윤보선 후보보다 고작 15만 표를 더 얻어 당선되었다. 이는 지금까지 대통령 선거 사상 최소 표차다. 그러니 사실상 패배였다. 망신은 선거가 끝난 후에도 계속 이어졌다. 박정희는 이후 4년간의 대통령 임기 내내 야당과 국민에게 '밀가루 대통령'이라는 조롱을 들었다. 왜 그랬을까.

1963년 10월 대통령 선거를 앞둔 그해 여름, 태풍 '셜리'가 호남평야를 덮쳐 수많은 이재민이 발생하고 쌀농사는 대흉작을 기록한다. 여기저기서 식량이 부족하다는 아우성이 일어났다. 군사정부를 이끌며 대통령 대행이었던 박정희 후보로서는 최대의 악재를 만난 것이다. 민심이 흉흉해지고 그 악영향은 선거판을 휩쓸었다. 그러자 박정희는 위기 국면 탈출을 위해 캐나다와 호주에서 밀가루 21만 5000톤을 수입한다. 그리고 이 밀가루를 팔아 차익을 챙겨 대통령 선거 비용으로 착복하고, 그중 일부를 대통령 권한으로 수재민과 도시 서민에게 무상으로 배포하면서 선거운동에 활용한다. 말은 수재민 구호라 했으나 누가 봐도 선거운동용 물품 살포 행위였다. 결국 그해 선거에서 박정희가 당선된다. 그러자 억울한 야당은 "박정희가 밀가루 덕분에 당선되었다"며 '밀가루 대통령'이라는 조롱을 한 것이다.

하지만 1967년에 자행된 부정선거에 비하면 1963년 대통령 선거는 애교였다. 그런데도 1967년 선거에서 박정희는 고작 90만 표 차로 당선되었다. 지금 박정희를 추앙하는 분위기로 보면 압도적인 표 차로 이겼을 것 같지만 그 당시 박정희의 인기는 별로였다. 그런 박정희가 또다시 대통령 선거에 세 번째로 출마하니 국민들 사이에서는 '지겹다'는 반응이 팽배했다. 억지로 헌법을 바꾼 3선 개헌도 결코 호의적일 수 없었다. 이 약점을 김대중 후보가 정조준하며 '박정희 영구 집권 음모'를 폭로하니 민심은 크게 흔들렸다. 이러한 민심을 박정희 후보 측도 느끼고 있었다. 곳곳에서 이전과는 다른 분위기가 감지되고 있었다. 승리를 장담할 수 없는 위기였다.

그러자 박정희 후보가 새로 꺼내 든 카드가 있었다. 김대중 후보의 박정희 총통제 음모를 반박하는 '차기 대통령 불출마 선언'이 그것이었다. 1971년 당시 청와대 비서실장을 지낸 김정렴이 쓴 《아, 박정희–김정렴 정치 회고록》에는 박정희가 이처럼 '차기 대통령 불출마 선언'을 하게 된 자세한 내막이 실려 있다. 김정렴에 의하면, 선거가 막바지에 다다를수록 박정희의 장기 집권에 대한 좋지 않은 여론이 감지되었다고 한다.

이러한 유권자들의 반발은 몇 사람의 느낌만이 아니었다. 공화당과 중정 등에서 올라오는 보고서에도 '잘못하면 패배할지 모른다'는 우려가 담겨 있었다. 이대로는 안 된다는 위기감이 선거 캠프에 확산되고 있었던 것이다. 그래서 모아진 의견은 그야말로 비상한 시국에 내려진 '비상한 결단'이었다. 바로 박정희가 유세장에서 직접 '차기 대통령 불출마 선언'을 한다는 극약 처방이었다.

결국 제7대 대통령 선거의 마지막 유세장인 서울 장충단 공원에서 박정희는 이렇게 말한다. "이것이 여러분 앞에 나와서 나에게 표를 찍어달라고 부탁하는 마지막 호소일 것입니다." 전날 부산에서 있었던 불출마 선언을 다시 한번 확인하는 순간이었다. 그리고 1971년 4월 27일, 박정희는 제7대 대한민국 대통령으로 또다시 당선된다.

하지만 세 번째로 대통령이 된 박정희는 기쁘지 않았다. 오히려 이를 치욕스러운 결과로 받아들였다. 이렇게까지 해서 대통령이 되어야 할 만큼 자신이 초라해진 것에 화가 날 지경이었다. 그래서였는지 박정희는 선거 과정에서 내건 '차기 불출마 선언'을 뒤집어엎는다. 쿠데타와 날치기로 권력을 찬탈한 박정희가 마침내 장기 독재자의 길로 나서는 본격적인 순간이었다.

두 번째 쿠데타 '10월 유신'

1972년 10월 17일, 박정희는 국민에게 특별 선언을 한다. 이날 저녁 7시를 기해 전국에 비상계엄령을 선포하고 이어 국회 해산, 정당 및 정치 활동의 중지, 그리고 헌법의 개정을 발표한다. 이것이 훗날 '10월 유신'으로 불리게 되는 '제2의 박정희 쿠데타'였다. 1971년 대통령 선거에서 어렵게 이긴 박정희는 4년 후 자신이 물러나야 한다는 위기감을 느꼈다. 불출마 선언을 한 마당에 또 법을 바꿔 대통령 후보로 출마한 뒤 '별것도 아닌 국민에게' 거지처럼 표를 달라고 구걸하는 것도 싫었다. 그래서 찾은 묘수가 제2의 쿠데타인 '10월 유신'이었다. 이를 위해 박정희는 자신이 영구적으로 대통령을 할 수 있는 헌법 개정을 준비하도록 비밀리에 지시한다. 그리고 그 준비가 끝나자 전격적인 계엄령 선포와 함께 폭력적인 수단으로 이를 관철시킨다.

박정희는 특별 선언 발표 후 열흘 뒤인 10월 27일 유신헌법을 공고하고, 11월 21일 이 유신헌법안에 대한 국민투표도 그야말로 형식적인 절차를 거쳐 해치운다. 해치운다는 표현 외에는 달리 선택할 말이 없다. 그야말로 허울뿐인 국민투표였다. 전국의 주요 거리에는 '유신헌법을 지지하는 길만이 살 길'이라는 현수막이 나부꼈고, 관변 조직을 총동원한 유신 찬성운동만 온 천지를 휩쓸었다. 계엄하에 치러진 국민투표에서는 유신헌법을 반대하는 일체의 의견도, 단 한 장의 현수막도 허용되지 않았다. 대단히 비겁한 여론 조작이었다. 그럼에도 불구하고 유신헌법 국민투표는 100퍼센트 찬성을 얻지 못했다. 91.5퍼센트가 찬성했으니 이를 반대한 8.5퍼센트의 유권자는 목숨을 건 용기가 필요했다. 비록 수는 적지만 의미 있는 반대표였다.

한편 유신헌법이 국민투표로 통과되자 박정희는 이를 근거로 통일주체국민회의를 구성한다. 국회의원 선거처럼 각 지역에서 투표로 선출된 통일주체국민회의 대의원들은 이후 서울 장충체육관에서 대통령 후보를 상대로 찬반 투표권을 행사한다. 이때 입후보한 대통령 후보는 단 한 사람, 박정희였다. 그는 1979년 측근에 의해 총을 맞고 사망하기 전까지 이런 방식으로 두 번 더 대통령을 한다. 우습게도 이러한 지도자 선출 방식은 '북한식 선거'를 그대로 모방한 것이다. 유신헌법을 기초한 이들은 유신헌법이 대만식 총통제를 모방했다고 하지만 그건 그들의 주장일 뿐 실상은 북한의 선거 체제와 전혀 다를 바 없었다. 이렇게 말하면 3대 세습 체제의 독재국가인 북한에서 무슨 선거를 하냐며 많은 이들이 놀라는데, 북한 역시 선거를 통해 지도자를 선출한다. 물론 그 후보는 단독 후보이며, 박정희처럼 유일한 한 사람이다.

실제로 박정희는 대통령 후보로 출마한 세 번의 선거 때마다 늘 불만을 토로했다고 한다. 무려 9년 3개월간 박정희의 청와대 비서실장을 지낸 김정렴의 증언은 그래서 놀랍다. 김정렴에 따르면 박정희는 "왜 4년에 한 번씩 때만 되면 내가 전국을 돌아다니며 거지처럼 '한 표 줍쇼'라고 해야 하느냐"며 개탄했다고 한다. 그러면서 자신과 똑같은 위치의 북한 김일성은 가만히 앉아 있어도 늘 지도자로 추앙받는데, 자기가 김일성보다 뭐가 부족해서 이런 수모를 당해야 하는지 모르겠다며 화를 냈다는 것이다. 1972년 10월 17일, 박정희의 10월 유신은 바로 이러한 그의 오랜 불만을 해결하는 날이었다. 이제 더 이상 전국을 돌며 한 표 달라는 선거운동을 할 필요도 없이 '스스로 지겨워질 때까지' 대한민국 대통령을 할 수 있는 길이 열린 것이다. 그것이 1972년 개정된 '유신헌법'이다. 이를 통해 박정희는 자신이 꿈꿔온 장기 독재자의 선거 방식을 그대로 답습한다.

국민이 직접 대통령을 선출하는 직선제를 폐지하고 간선제로 바꾼 후에 단독 후보로 출마한 박정희의 득표율은 한마디로 경이로웠다. 1972년 12월 23일 치러진 제8대 대통령 선거에서 박정희는 99.9퍼센트의 찬성으로 네 번째 대통령 자리에 오른다. 총 2359명의 통일주체국민회의 대의원 중 단 2표가 빠진 2357표가 찬성표였다. 우스운 것은 그 2표도 반대가 아닌 기권표였다는 사실이다. 블랙코미디가 아닐 수 없다.

그다음 6년 후 치러진 통일주체국민회의 대통령 선거 역시 마찬가지였다. 1978년 7월 제9대 대통령 선거 때도 후보는 박정희 혼자였다. 그리고 이때 얻은 박정희의 대통령 찬성 지지율은 지난번과 똑같은 99.9퍼센트였다. 찬성 이탈 표는 모두 4표였는데, 무효 1표와 기권 3표였다. 역시나 이번에도 반대표는 없었다. 결국 정리하면 '한국식 민주주의'라는 유신체제는 박정희를 반대할 수 없게 만드는 지독한 독재 체제였던 것이다. 민주주의가 압살당한 부끄러운 역사였다.

유신독재에 저항하다

박정희의 유신독재가 시작된 1972년 10월 17일 이후는 이전과 또 달랐다. 쿠데타로 권력을 찬탈했던 박정희의 압제는 이전부터 있었으나 이른바 '10월 유신'으로 불리는 이날부터 박정희는 독재자의 전형적인 특징인 1인 지배와 숭배, 우상 놀이를 공고히 했다. 특히 1974년 1월 8일 발효한 긴급조치 이후 시대는 최악 중에 최악을 맞았다. 역사는 이때부터 박정희가 총격에 의해 사망할 때까지를 '긴급조치 시대'라 부른다. 이 긴급조치 시대에 박정희는 중앙정보부라는 괴물을 내세워 자신에 반하는 일체의 세력을 무자비하게 탄압한다.

중정은 법치국가에서 법 위에 존재하는, 힘으로 대변되는 포악한 집단이었다. 누군가를 영장 없이 잡아가 허위사실을 자백할 때까지 때리고 고문했다. 그 피해자가 때로는 정치인이었고, 때로는 힘없는 국민이었다. 그들이 원하면 누구든 잡혀 와 잔혹한 고문과 학대에 시달려야 했다. 심지어 여당 소속의 공화당 국회의원도 중정에 끌려가 발가벗겨진 채 맞거나 수염이 뽑히는 등 참담한 치욕을 겪은 뒤 화병으로 죽는 일도 있었다.

중정의 모든 악행은 독재자 박정희의 의중이었다. 박정희 하나만 살고 그 나머지는 박정희를 위해 전부 희생되어야 한다는 것이 바로 '유신체제'의 본질이었다. 이러한 유신독재에 의한 고통은 대한민국의 남녀노소를 가리지 않았다. 박정희는 자신의 우상화를 위한 작업에도 착수했다. 박정희가 이 나라를 영도하고 지배할 유일한 지도자임을 강조하는 시와 노래가 각급 학교에 울려 퍼졌다. 오늘날 우리가 지켜보고 있는 북한의 우스꽝스러운 신격화와 별반 다르지 않은 꼴불견이 남과 북 사이에서 경쟁적으로 벌어지던 비극의 시대였다.

이 꼴을 지켜봐야 했던 장준하의 심정은 참담했다. 자신의 권력 연장을 위해 나라의 민주주의를 파괴하는 박정희의 폭압을 장준하는 그냥 보고만 있을 수 없었다. 1973년 11월 5일, 마침내 장준하가 박정희의 유신독재 타도를 위한 첫 번째 일성을 터뜨린다. 그것이 '민주수호국민협의회' 명의로 발표한 유신독재 반대 성명서 발표였다. 1972년 10월 유신이 선포되고 난 후 근 1년이 지나서야 유신 권력을 비판하고 나선 것이다.

오늘날 관점에서 보면 '고작 그 정도냐'며 의문을 제기할 수도 있다. 하지만 박정희 유신독재하에서 이러한 성명 발표는 죽음을 각오해야 하는 위험한 일이었다. 당시 박정희의 유신 권력은 일절 비판과 저항을 허용하지 않았다. 전부 잡아다가 고문했고 그러한 고문으로 얻어낸 허위 진술을 근거로 사형선고를 내렸으며 실제로 죽였다. 그 대표적인 예가 1974년 인민혁명당 재건위 사건이었다. 그뿐만이 아니었다. 고문과 조작으로 만들어진 허위 자백을 근거로 민간인도 군사 법정에 회부한 후 10년, 20년, 무기징역과 사형까지 마구 선고했다. 이것이 바로 유신독재의 실체였다.

유신헌법하에서 발표된 긴급조치 중 가장 악랄한 내용은 1974년 발표된 '긴급조치 4호'였다. 그야말로 귀에 걸면 귀걸이, 코에 걸면 코걸이식의 마구잡이 법 집행의 결정체였다. 긴급조치 4호에 의하면 대학생이 정당한 사유 없이 수업에 빠질 경우 최고 사형을 받도록 되어 있었다. 또한 해당 학교는 폐교도 각오해야 했다. 이런 시대에 박정희 독재정권을 비판하고 유신헌법에 대한 비난 성명서를 발표했다니 어떤 일이 벌어질지는 불 보듯 뻔했다. 더구나 그때 세상 사람들을 큰 충격에 빠뜨리는 대형 사건이 발생했다. 1973년 8월 8일, 일본 도쿄 한복판에서 벌어진 '김대중 납치사건'이었다.

김대중 납치, 정치인 암살 신호탄?

김대중은 1971년 대통령 선거에서 야당 후보로 박정희와 맞섰다. 박정희에게 대선 패배의 공포감을 느끼게 한 김대중은 그가 죽이고 싶도록 미워하는 상대였다. 박정희의 영구 집권 음모를 공개하여 끝내 굴욕적인 차기 대선 불출마 선언까지 하도록 만든 이가 김대중이었다. 그런 김대중이 1973년 8월 8일, 일본 도쿄의 한 호텔에서 납치되어 행적을 감추었으니 일본과 한국은 물론이고, 미국 등 외교 관계에 있는 모든 나라에서 난리가 났다.

그렇다면 김대중은 왜 그때 일본에 있었을까. 1972년 10월 11일, 김대중은 일본의 정계 인사를 만나기 위해 그곳을 방문한다. 그리고 일본에 체류하던 중 충격적인 뉴스를 접하게 된다. 박정희의 전격적인 10월 유신 특별 선언이었다. 뒤이어 일체의 비판을 봉쇄하는 비상계엄령 선포와 정치 활동의 중지를 선언하는 박정희를 보면서 김대중은 귀국을 포기한다. 그 상태로 귀국하면 한국에서 어떤 고난을 당할지 장담할 수 없었다.

결국 김대중은 미국으로의 정치적 망명을 선택한다.

이후 김대중은 미국과 일본 등지에서 독재자 박정희에 대한 반대운동을 시작한다. 박정희의 유신독재에 대해 미국과 일본 정부가 외교적 압력을 행사하여 이 문제를 해결해줄 것을 요구한다. 이러한 김대중의 활동은 박정희의 입장을 옹색하게 만들었고, 차차 박정희는 김대중을 더 이상 방치할 수 없다고 판단한다. 더 큰 문제는 김대중이 '대한민국 망명정부' 수립을 해외에서 선언할지도 모른다는 정보였다. 박정희로서는 최악의 상황이었다. 자신의 권력 정통성을 훼손할 김대중의 '망명정부 수립 선언'만은 기필코 막아야 했다.

1973년 7월 6일, 이날 김대중은 미국 워싱턴에서 한국 민주회복 통일촉진국민회의(이하 '한민통')라는 단체를 조직한 후 초대 의장에 취임한다. 또한 김대중은 일본에도 한민통 지부를 만들기로 결심하고 7월 10일 일본을 방문한다. 미국과 일본, 캐나다 등의 해외 교포를 중심으로 유신독재에 반대하는 투쟁 조직을 만들어 박정희에 맞서겠다는 것이 김대중의 구상이었다. 이후 그는 한민통 일본 지부 결성을 위해 부단히 바쁜 일정을 보낸다. 다행히 많은 이들의 협조로 한민통 일본 지부의 결성식이 8월 15일로 잡힌다. 외부에서 보면 순조로운 진행이었다. 하지만 김대중은 8월 15일, 한민통 일본 지부 결성식에 참석하지 못한다. 그가 일본 도쿄의 한 호텔에서 납치되었기 때문이다. 어찌 된 일일까.

1973년 8월 8일, 김대중은 도쿄 인근의 한 공원에서 개최될 박정희 독재정권 규탄 집회에 참석하기로 되어 있었다. 이날 도쿄의 날씨는 매우 덥고 습했다고 한다. 김대중은 이 집회가 열리는 공원 인근에 위치한 그랜드 팰리스 호텔에 투숙하고 있었다. 우려했던 비극은 그곳에서 일어났다. 같은 호텔에 머물고 있던 민주통일당 양일동 대표의 초청으로 오찬 회담을 마친 김대중이 일본 자민당 기무라 도시오(木村俊夫) 의원과 만나기 위해 복도로 나섰다. 그때였다. 방문을 나서는 김대중 앞에 대여섯 명의 검은 양복이 막아섰다. 김대중은 미리 예약되어 있던 바로 옆방에 감금된 뒤 마취약에 정신을 잃었고, 잠시 후 호텔 지하 주차장에 대기하고 있던 차량에 실린다.

추후 밝혀진 사실에 의하면 김대중은 도쿄에서 오사카로 옮겨진 뒤 배에 실려 바다로 나왔다고 한다. 이때 김대중은 자신이 바다에 수장되리라 예감했다. 배에서 자신을 촘촘하게 묶던 납치범들이 "이만하면 바다에 던지더라도 풀리지 않겠지?", "이불에 싸서 던지면 떠오르지 않는다는군, 솜이 물을 먹어서" 등의 말을 주고받는 걸 들었기 때문이었다. 실제로 납치범들은 김대중의 양 손목에 3, 40킬로그램에 달하는 쇳덩이를 달기도 했다. 그러나 다행히 반전이 있었다. 김대중은 도쿄에서 납치된 지 5일 후인 1973년 8월 13일, 서울 그의 집 앞에 죽지 않고 버려졌다.

김대중을 납치한 이들은 그를 죽이려 한 것이 분명하다. 이유는 간단하다. 당시 김대중이 납치된 곳이 도쿄인데, 만일 납치범들이 한국 정부와 관련된 자들이라면 이는 매우 중대한 외교 문제로 비화될 수 있다. 이러한 문제를 해결할 수 있는 가장 확실한 발뺌은 증거 인멸이 최고다. 납치한 김대중을 죽여버리면 무슨 일이 있었는지 아무도 모른다. 더구나 김대중이 죽었는지 살았는지 시신조차 찾을 수 없다면 이 납치극은 영원히 미궁에 빠질 것이다.

실제로 1979년 프랑스 파리에서 실종된 전 중앙정보부장 김형욱 사건은 여전히 '영원한 미스터리'로 남아 있지 않는가. 그러니 이때 납치된 김대중 역시 죽어야 했고 그 시신이 바닷속에 수장되었다면 역시 김형욱 사건처럼 감쪽같이 처리되었을 것이다. 그런데 김대중이 죽지 않고 살아서 자신의 집으로 돌아왔으니 어찌 된 것일까. 도대체 그 특별한 사연은 무엇일까. 김대중은 2010년 펴낸 《김대중 자서전》에서 그 경위를 이렇게 밝힌다.

> 순간 눈에 붉은빛이 번쩍 스쳐 지나갔다. 갑자기 엔진 소리가 폭음처럼 요란하더니 배가 미친 듯이 요동치며 내달렸다. 선실에 있던 사내들이 "비행기다"라고 외치며 갑판으로 뛰쳐나갔다. 폭음 같은 것이 들리고 배는 전속력으로 달렸다. 무슨 일이 긴박하게 벌어지고 있었다. 그러나 나는 알 수 없었다. …… 당시 절체절명의 순간에 나타난 비행기는 일본 국적기로 추정된다. 미국은 일본에게 납치 사실을 신속하게 통보하고 후속 조치를 요청했다. '김대중 살해 계획'이 들통 나자 다급해진 한국 정부도 일본 측에 공작선의 위치를 알려주고 해상 출동을 요청했을 것이다.

김대중을 죽이기 직전에 나타난 비행기가 아니었다면, 그는 대한민국 제15대 대통령이 되지 못한 채 억울한 죽음을 맞이했을 것이다. 대통령은 고사하고 뼈조차 바다에서 돌아오지 못하고 미스터리한 죽음으로 회자되었을 터이다. '영원히 실종된' 전 중앙정보부장 김형욱 사건은 이때로부터 6년 후인 1979년 발생한다. 박정희가 자신의 정치적 반대자에게 어떤 보복을 했는지에 대해 의문을 표하는 것조차 궁색한 증거이다.

'납치 주범은 누구인가' 이철희의 증언

김대중 도쿄 납치사건은 과연 누가 저지른 것일까. 많은 세월이 흘렀고 또 피해자였던 김대중이 그 후 대한민국 대통령으로서 임기까지 마쳤으나 여전히 이 사건의 전모는 완전히 밝혀지지 않고 있다. 당시 중정이 김대중을 납치했다는 일부 사실과 정황이 드러났으나 그 구체적 경위가 무엇인지, 또 누가 그러한 지시를 했는지, 그리고 그 과정에서 대통령 박정희가 어떤 역할을 했는지는 아직 의혹으로 남아 있다.

그런데 이러한 과정을 비교적 소상히 알고 있는 사람이 있었다. 김대중을 일본에서 납치하라는 지시를 자신이 직접 받았다는 것이었다. 그가 바로 1973년 8월 당시 중앙정보부 해외 담당 차장보였던 이철희이다. 그는 김대중 납치사건 당시 이 납치극의 실무 책임자였고, 훗날 중앙정보부 차장까지 역임한 인물이다. 또한 전두환 정권 시절인 1982년 5월, 대한민국을 떠들썩하게 했던 '이철희, 장영자 부부 어음 사기사건'의 장본인이다.

2004월 1월 15일, 이철희는 김대중 납치사건에 대해 증언을 남긴다. 대통령소속 의문사 진상규명위원회에서 장준하 선생 의문사를 조사할 당시, 참고인 신분으로 그에게 면담을 요청한 것이다. 서울 모 호텔 미팅 룸에서 만난 이철희는 매우 진실한 태도로 자신이 알고 있는 사건의 전모에 대해 증언했다.

면담 목적은 장준하 선생 의문사에 관한 것이었지만 김대중 납치사건 역시 관련된 내용이기에 인터뷰가 상당히 오랫동안 진행되었다. 그때 이철희는 "1973년 김대중의 도쿄 납치는 당시 중앙정보부장 이후락의 지시에 의한 중정 공작"이라고 증언했다. 그러면서 "이후락이 일본을 방문 중인 김대중을 납치하도록 나에게 두 차례 지시했다", "하지만 나는 이를 끝까지 반대했다. 그러나 결국 김대중을 납치했고 이러한 사실을 납치범에게 직접 보고받아 알게 되었다"고 인정했다.

조심스럽게 김대중의 납치 사실을 대통령 박정희도 알고 있었는지 묻자 그는 다음과 같이 말했다. 이철희의 인터뷰 녹취록 중 관련 부분이다. 녹취록 가운데 줄임표(……)는 확실하게 들리지 않은 부분이다. 질문자인 김희수는 당시 의문사위 제1상임위원이었다.

김희수: 저희들이 만약에 혹여 이제 그렇게 KT공작^김대중 납치^을 이럴 때

에…… 그러면 그것도 직접 중정부장한테 지시를 받으신 겁니까?

이철희: 그렇죠.

김희수: 거절을 하셨고.

이철희: KT에서 그 저……

김희수: 반대하셨다고.

이철희: 반대 정도가 아니라 나는 상식적으로, 저는 생리적으로 그건 받들 수 없어요. 정보라고 하는 것은 숨어서 사실 아무도 모르게 다치지 않게 확인하는 게 정보의 어떤 기본 목표 아닙니까. 그런데 사람을 위협한다든지, 사람을 뭐 저거 한다든지 하는 일들이 …… 제가 그 일본에 사무실을 두고 있는데 이후락 씨가 그때 남산에 사무실을 두고 있으면서 저쪽 …… 아침에 나오니까 그리로 오라고 그래요. 갔더니, 일상적인 보고가 끝난 다음에 나보고 그래요. 앉으라고. 그래서 앉으니까 김대중 씨가 해외 나가가지고 …… "그 사람 그렇게 놔둬도 되겠느냐?" "저희는 그 문제는 할 수가 없다." 그러니까 "그 사람 그 말을 너무 험하게 한다든가 그 사람 데려오라"고 이렇게 얘기를 하는 거야. "어떻게 데려오는지 …… 할 수도 있는 거고, …… 더욱 안 될 거고 그거 어떻게 하는 거냐. 안 된다. 잘못하면 우리 정보에 마이너스가 된다." 그랬더니 "뭐 그런 능력들이나 있어?" "솔직히 저희들 그런 능력도 없습니다." 그러면서 제가 일어섰어요. 그리고 얼마 있다가 그 기간이 얼마나 됐는지 모르겠어요. 또 무슨 보고하러 (이후락에게) 가서 보고 끝난 다음에 앉으라고 그래서 차를 마시는데 그 얘기를 다시 꺼내시더라고, 이후락 씨가. "데려와." "안 됩니다." "일본에 와 있다매?" "저도 그렇게 듣고 있습니다." "가서 데려와." "데려다 뭐 어떻게 하실랍

니까?" "글쎄, 그다음의 문제는 나한테 맡기고 데려와." 이렇게 요구하시더라고요. "안 됩니다. 저는 할 수 없습니다. 그리고 사람 데리고 오는 것은 수사 계통에서 할 일이지, 정보 계통에서 할 일은 아닙니다." "안 된다." 그러니까 (이후락이 하는 말이) "나는 이거 뭐 하루 이틀 하는 줄 알아. 데려와!" 그러시더라고요. "데려오면 일본이 가만히 있겠습니까?" 그러니까 "하여간 데려만 와. 그건 책임 내가 질게." 그렇게 얘기를 하시더라고. "그건 저는 안 됩니다. 저는 못하겠습니다." "데려와." 또 그러시더라고요. …… 제가 대답도 않고 나왔어요.

중앙정보부장 이후락의 거듭된 압력에 해외 차장보인 이철희는 끝까지 버틸 수 없다고 판단했다 한다. 결국 그는 자기 밑에 근무하는 해외 담당 8국장을 부른다. 이어지는 이철희의 증언이다.

이철희: 그래서 담당 국장을 불렀죠. 8국장이 서울 화곡동에 가 있었어요. 그래서 그분을 불러가지고 "사실 얼마 전에도 나한테 (이후락이 김대중을 납치하라고) 지시하는 걸 내가 반대했다. 당신한테는 얘기를 안 했지만 난 반대했는데, 오늘 또 이렇게 심각하게 그 이야기를 한다. 혹시 당신이 이따 보고를 하러 가면은 부장이 (또) 당신한테 (또 무슨 말을 할지)…… 모르니까 당신은 무슨 생각을 하고 있는지 당신 뜻대로 얘기해라. 나는 반대다." 그렇게 하고 헤어졌어요. 그렇게 하는데, 중정 부장이 지시를 하는데, 국장급이 (반대) 이야기를 못하죠. 그러니 갔다 와서 나한테 그래요. "저는 지시받겠습니다." 그럼, 어떻게 해. 안 할

수도 없는데 어떻게 해.

이철희는 김대중을 납치하면서 바다로 나올 때 이용한 배 '용금호'가 중정 소유의 공작선이라고 증언했다. 따라서 도쿄에서 납치한 김대중을 중정 소유의 용금호로 한국까지 데려온 후 납치범들은 이철희에게 납치에 성공했다고 보고했다 한다. 이철희는 자신이 관여한 일은 여기까지였고, 그 이후는 국내팀이 처리했을 거라고 말했다. 그렇다면 김대중의 납치에 대해 당시 대통령인 박정희는 알고 있었을까.

김희수: 그런 내용 정도라면 바로 대통령한테 보고가 되지 않았겠나?

이철희: 글쎄요. 그것은 이후락 씨가 보고를 했는지.

김희수: 그거를 뭐 나중에라도 확인을 안 해보셨는가요?

이철희: 그렇게 보고를 했다 하더라도 제게 얘기를 하겠어요? 안 하죠.

김희수: 통상적인 업무의 처리, 어떤 일상적인 흐름으로 보면 …… 있을 것 같은데?

이철희: 저는 이제 데려오라고 했으니까 데려왔으면 여기 도착했다고 그러면 그 선에서 끝이거든요. 그다음의 …… 국내 팀에서 처리를 했는데 어떻게 처리를 했고, 위에 보고를 한다고 하면 부장이 했을 텐데 부장이 어떻게 처리를 했는지 그거는 저희들한테 얘기를 해주지도 않죠.

문형래: 우선 통상적으로 그 정도면 대통령한테 보고되죠?

이철희: 보고를 하는 것이 상식이라고 생각합니다. 왜 그런가 하면 신문에는 떠들고 그러는데 대통령도 궁금해할 것 아닙니까.

김대중 납치 계획은 이후 'KT 공작'으로 불리게 된다. 이 사건이 발생한 후 한국과 일본, 그리고 미국의 정보 부서와 외교 라인은 벌집을 쑤셔놓은 듯 긴박하게 움직였다. 납치 후 5일간 생사가 확인되지 않은 김대중의 행방을 놓고 일본의 반응은 매우 날카로웠다. 일본 정부는 자국 땅에서 벌인 납치극을 즉각 원점으로 돌려놓으라고 한국 정부를 압박했다. 하지만 박정희 정권은 '우리와 상관없는 일'이라며 끝까지 부인했다. 너무도 뻔한 거짓말이었다.

하지만 진실은 드러날 수밖에 없다. 중정 해외 담당 차장보 이철희에게 김대중 납치를 직접 지시했던 이후락 전 중정부장이 입을 연 것이다. 독재자 박정희가 김재규의 총을 맞고 숨진 이듬해인 1980년. 민주화에 대한 기대감으로 들썩이던 이른바 '서울의 봄'이 오자 이후락은 동향 친구인 최영근 국회의원에게 그때의 진실을 밝힌다. 이후락은 최영근에게 "김대중 납치 사건은 박정희 대통령의 지시였다"고 증언한다. 어느 날 박정희가 자신을 부르더니 "김대중을 없애라"고 지시했고, 너무 엄청난 지시에 그 결행을 차일피일 미뤘다고 한다. 그러자 한 달여가 지날 때쯤 다시 박정희가 자신을 찾았다는 것이다. 그러면서 "당신, 내가 시킨 일 왜 안 하냐? 총리와도 다 상의했다. 빨리 처리하라"며 재차 호통을 쳤다고 한다. 결국 이후락은 이철희 등 부하들의 반대에도 불구하고 김대중 납치를 강행할 수밖에 없었다며 "나는 정말 하고 싶지 않았다"는 말도 덧붙였다고 한다.

한편 박정희가 그토록 죽이고 싶었던 김대중을 살리는 데 결정적 역할을 한 사람은 필립 하비브(Philip Habib)였다. 당시 주한미국 대사인 하비브가 아니었다면 김대중은 분명히 죽었을 것이다. 김대중 역시 자서전에서 "하비브 대사가 나를 죽음의 문턱에서 끌어내주었다. 그가 나를 살렸다"고 회고했다.

하비브가 김대중 납치 사실을 알게 된 때는 납치 사고가 발생한 지 불과 1시간 만이었다고 한다. 미국 CIA가 긴급 첩보를 입수하여 하비브에게 알려줬고 그는 즉시 CIA 한국 지부장인 도널드 그레그(Donald Gregg)를 불렀다. 그리고 가능한 모든 채널을 동원하여 한국 정부에 미국의 우려와 경고를 전달하도록 지시한다. 그레그는 즉각 이후락 중정부장에게 직통 전화를 걸어 아주 무겁고 권위 있는 음성으로 하비브가 지시한 경고를 이후락에게 전했다. "절대로 김대중을 죽이지 말라"는 경고였다. 그레그의 최후통첩성 발언은 아주 강경했다. "기어코 김대중을 죽이면, 당신들의 정권이 끝장날 수도 있다." 납치 5일 만에 김대중이 살아서 서울로 돌아온 이유였다.

중정이 기록한 1973년 첫 시국 선언

야당 대통령 후보였던 김대중마저 해외에서 납치하여 죽이려 했던 서슬 퍼런 시국에 장준하는 박정희 독재 권력에 대한 본격적인 저항을 준비한다. 바로 1973년 11월 5일 민주수호국민협의회(이하 '민수협') 명의의 성명서 발표였다. 박정희의 10월 유신 선언으로 일체의 항의와 저항이 금지된 후 그 침묵을 공개적으로 깬 첫 비판의 울림이었다. 하지만 이날의 성명이 언론을 통해 제대로 알려질 리 없었다. 유신체제하에서는 모든 언론 보도를 중정이 검열하고 있었기 때문이다. 다행히 1973년 11월 5일 오전 10시 30분, 서울 종로 YMCA 다실에서 발표된 이날의 시국 선언문 요지를 중정이 기록으로 남겨뒀다.

1. 시국 선언문 내용

- 현 정권의 독재정치, 공포정치로 국민의 양심과 일상생활은 위축되고 우방 각국의 신뢰와 친선 관계는 극도로 실추되어 대한민국은 최악의 상태에 직면하게 되었다.
- 최근 1년 동안의 강요된 침묵에도 한계가 있다고 판단하여 우리의 의사를 발표하는 바이다.
- 권력에 의한 정치 원칙 파괴, 정보 정치로 말미암은 공포와 불신 풍조, 특권층의 부정부패 등은 심각해져가고 있다.
- 72년 1월 계엄 이후 언론, 집회, 학원, 종교의 마지막 자유의 숨마저 누르고 독재의 체제를 구성함으로 민주주의는 무시되었다.
- 자유와 사회정의를 절규한 젊은 학도들에게 탄압을 가하였다.
- 현 정권은 이 중대한 현실을 직시하여 회복하라.
- 이러한 파국의 길은 누구나 좌시 못할 일이며 민주주의 활동 회복을 위해 전력을 다해 굳게 기약한다.

등의 내용임.

이날의 시국 선언문 발표에 서명한 이는 모두 15명이었다. 1971년 결성된 재야민주화운동 상설 조직인 민수협 소속의 강기철, 계훈제, 김숭경, 김재준, 박삼세, 이재오, 정수일, 천관우, 함석헌, 홍남순을 비롯하여 시인 김지하, 법정 스님, 소설가 이호철, 기독교의 조향록, 천주교의 지학순 주교가 참여했다.

한편 이날 유신체제 비판 시국 선언을 함께한 함석헌과 법정 스님 등 참여자 8명은 현장에서 체포되어 종로경찰서로 연행된다. 민주주의를 요구하는 성명을 발표하는 행위만으로도 형사처분을 받던 기막힌 시대였다.

그런데 특이한 것은 이 시국 선언에 장준하의 이름이 보이지 않는다는 점이다. 시국 선언을 주도한 절대다수의 인사가 민수협 소속이었고 장준하 역시 민수협 운영위원이었는데, 이처럼 중요한 시국 선언에 장준하가 빠졌다는 것은 정말 의외였다. 왜 그랬을까. 장준하는 이때 매우 중요한 결단을 준비하고 있었다. 박정희의 유신독재에 큰 치명타를 안긴 사건, 바로 '유신헌법 개헌청원을 위한 100만인 서명운동'이었다.

유신독재 정조준 '100만인 서명운동'

박정희의 유신체제하에서 장준하는 온몸으로 분노했다. 갈데까지 가버린 박정희의 권력욕과 그로 인해 만신창이가 되어버린 이 나라의 민주주의를 위해 무엇을 해야 할지 고민하기 시작했다. 장준하가 특히 더 분노한 이유는 5·16 군사쿠데타에 이어 또다시 박정희에게 속았다는 사실 때문이었다. 바로 1972년 10월 유신을 앞두고 박정희가 발표한 7·4 남북공동성명에 대한 지지였다.

장준하는 유신독재자 박정희와 대척 지점에서 가장 치열하게 싸운 언론인이자 정치인이자 재야인사였다. 박정희에게 단 한 발자국도 비켜서지 않고 당당하게 정면에서 싸웠다. 그런데 딱 한 번 박정희의 정책을 지지한 적이 있다. 게다가 주변 사람들의 만류에도 불구하고 박정희의 정책을 지지해달라고 국민에게 호소하는 글까지 썼다. 그것이 바로 1972년 전격 발표된 7·4 남북공동성명에 대한 지지였다.

1972년 7월 4일, 남한의 이후락 중정부장과 북한의 김영주 조선노동당 조직지도부장이 서울과 평양에서 각각 동시에 발표한 이날의 공동성명은 자주·평화·민족 대단결이라는 획기적인 통일의 3대 원칙을 담고 있었다. 이를 통해 남북한이 무력통일을 포기하고 자주적이고 평화적인 방법으로 통일을 다짐한다는 합의를 이뤘다고 발표했다. 또다시 전쟁이 발발할까 두려움을 갖고 있던 국민들, 특히 100만 명의 이산가족이 애타는 심정으로 살아가던 그때, 전쟁의 위협이 해소되고 헤어진 가족이 다시 만날 수 있다는 기대감으로 희망이 출렁거렸다.

장준하 역시 7·4 남북공동성명을 크게 환영했다. "7·4 남북공동성명이야말로 우리 민족의 거울이다"라는 표현까지 썼다. 1972년 함석헌이 발행하던 《씨알의 소리》 9월호에 장준하가 기고한 〈민족주의자의 길〉은 그때 쓰인 유명한 명문이다. 이 글에서 장준하는 "모든 통일은 좋은가? 그렇다. 통일 이상의 지상 명령은 없다"며 7·4 남북공동성명을 강력히 지지했다. 박정희 정권이 합의를 잘 이끌어내어 통일을 위한 교두보를 마련해줄 것을 주문하기도 했다.

하지만 그로부터 석 달여가 지난 10월 17일, 박정희가 10월 유신을 선포하면서 장준하는 모든 것이 그의 쇼였음을 확인하게 된다. 결국 박정희는 민족의 통일 문제마저도 자신의 권력 연장을 위한 쇼의 도구로 활용했던 것이다.

장준하는 표리부동하고 뻔뻔한 박정희에 대해 크게 분노한다. 이는 그가 박정희의 어떤 정책도 더 이상 믿지 않는 결정적 계기가 되었다. 그리고 이를 끝장낼 수 있는 결정타를 찾게 된다. 그러면서 누구와 함께 이 일을 할 것인가에 대해 고민하기 시작한다.

장준하는 더 이상 소수의 명망가 중심의 저항만으로는 유신 독재를 깰 수 없다고 판단했다. 이를 뛰어넘는 광범위한 국민의 동참이 필요하다고 확신한 것이다. 그것이 바로 '유신헌법 개헌청원을 위한 100만인 서명운동'이었다.

다음은 1973년 12월 24일, 서울 YMCA 2층 총무실에서 법정 스님, 함석헌, 김수환 추기경, 지학순 주교, 문동환 목사, 백기완, 계훈제, 홍남순 변호사 등 발기인 30명을 대표하여 장준하가 낭독한 〈민주주의 회복, 현행 헌법 개정을 요구하는 청원운동을 전개하며〉 전문이다.

오늘의 모든 사태는 궁극적으로 민주주의를 완전히 회복하는 문제로 귀착된다. 경제의 파탄, 민심의 혼란, 남북 긴장의 재현이란 상황에서 학원과 교회, 언론계와 가두에서 울부짖는 자유화의 요구 등 모든 것을 종합하면 오늘의 헌법하에서는 살 수가 없다는 것으로 요약된다.

그러나 오늘의 헌법은 그 개정의 발의권이 사실상 대통령에게만 속해 있는 것이다.

이에 우리 국민은 이와 같이 헌법 개정 발의권으로부터의 소외를 극복하고 우리들의 천부의 권리를 제시하는 방법으로 대통령에게 현행 헌법의 개정을 요구하는 백만인 청원운동을 전개하는 바이다.

이 운동은 우선 우리들 모두의 내 집안에서부터 시작하여 학원과 교회 그리고 각 직장과 가두에서 확대될 것이다.

-청원 내용

현행 헌법을 개정하여 현행 헌법이 이전의 민주 헌법 본래의 모습을 되찾는다.

-서명운동 방법

서명운동 본부는 서명자 30명 각개가 본부이다.

1. 민족의 성원이면 누구든지(대학생 연령층 이상) 서명하여 연령 및 시, 도, 군을 명기하면 된다.
2. 서명하는 방법은 개인 혹은 집단으로 하며, 본 서명자 30명 중 누구에게나 보내주면 된다.
3. 각 가정에서는 가장, 직장과 가두에서는 먼저 서명한 사람의 책임

아래 서명을 받아 본부로 보낸다.

4. 양성적인 서명운동은 지금부터 시작한다. '백만인'이란 의미는 일정 한 단위가 아니라 전 민족을 총칭하는 것이며 앞으로 일정한 시기에 청원 본문과 함께 제출, 공표한다.
5. 종합 집계는 장준하가 맡기로 한다.

1973년 12월 24일 현행 헌법 개정 청원운동 본부

장준하는 효율적인 100만인 서명운동의 전개를 위해 서명운동 방법도 새롭게 고안했다. 꼼꼼히 살펴보면 실로 치밀하고 과학적인 투쟁 방법이었다. 주먹구구식이 아니라 오늘날 피라미드 조직처럼 서명자가 급속히 확산될 수 있는 방식이 눈에 띈다. 그때까지는 없었던 새로운 발상의 전환이었다.

정말 놀라운 것은 장준하의 담대한 포부였다. 헌법 개정을 청원하는 서명 대상으로 무려 100만 명을 꿈꿨다는 것 자체가 놀라운 일이 아닐 수 없다. 누구도 할 수 없는 획기적이며 도발적인 발상이었다. 물론 그만큼 무모한 일이기도 했다. 박정희도 초기에는 이 계획을 그렇게 생각했던 것 같다. 장준하가 또다시 말썽을 부리는 것쯤으로 여겼을지 모른다. 해봐야 얼마나 할 수 있고, 또 그런 일에 누가 감히 나서서 서명운동에 동참하겠나 싶었을 것이다.

그러나 누구도 상상하지 못한 반전이 시작되었다. 1972년 유신 선포 후 숨죽이며 살았던 민심에 불이 당겨지자 그 열기는 삽시간에 번져나갔다. 바싹 마른 초원에 불이 붙고 거기에

시원한 바람이 불듯 한번 불붙기 시작한 서명운동은 이를 기획한 장준하조차도 깜짝 놀라게 했다. 1973년 12월 24일 장준하가 100만인 서명운동에 대한 성명서를 낭독한 후 불과 10여 일 만에 무려 30만 명이 개헌청원을 요구하는 서명운동에 참여한 것이다. 그런데 과연 이 30만 명 서명은 사실일까. 인터넷 세상인 지금도 쉽지 않은 기록이기에 이러한 의혹은 당연하다. 하지만 중정이 남긴 기록에 의하면 이는 사실로 보인다.

중정이 작성한 100만인 서명운동 동향 보고에는 서명자 수가 30만 명이라고 쓰여 있다. 또한 장준하가 긴급조치 1호 위반으로 구속될 때 검찰 공소장과 판결문에도 개헌청원을 요구하는 서명자 수가 30만 명으로 기재되어 있다. 가히 '서명 혁명'이라고 부를 수 있는 일이었다. 1960년 4·19 민주혁명을 일으킨 국민의 힘이 살아 있음을 느끼게 하는 순간이었다. 전쟁이 끝나고 불과 7년밖에 지나지 않았던 그 시절, 보릿고개가 존재했고 최소한의 생계조차 어려웠으나 부정선거만은 안 된다며 모두가 떨쳐 일어나 이승만 독재를 타도한 대한민국 국민이었다. 그런 무서운 국민의 분노가 다시 100만인 서명운동으로 이어진 것이다. 이 역동적인 국민의 힘에 놀란 세력은 바로 박정희 독재 권력이었다. 대수롭지 않게 여겼던 서명운동이 박정희 독재의 명치를 향해 타들어가자 그 반응은 급박하고 또 격렬했다.

다급해진 박정희의 최후통첩

이 사태에 제일 먼저 나선 이는 국무총리 김종필이었다. 서명운동이 시작되고 이틀이 지나던 1973년 12월 26일 밤 9시 40분, 김종필이 라디오와 텔레비전에 출연한다. 그리고 이어진 1시간 40분간의 '특별 연설'. 얼마나 다급했으면 예정에 없던 그 늦은 시간에 국무총리가 전 국민을 상대로 협박성 경고를 해야 했을까? 김종필은 개헌청원 서명운동을 즉각 중지하지 않으면 강력히 처벌하겠다는 경고를 반복하며 국민들에게 휩쓸리지 말 것을 당부한다. 하지만 김종필의 경고는 오히려 100만인 서명운동의 광고 효과를 일으켰다. 잘 몰랐던 사람까지 알게 되면서 서명운동은 더욱 확산 일로를 치달았다.

김종필의 경고에 장준하 역시 화답하지 않을 수 없었다. 12월 28일 청원운동 본부장이었던 장준하는 김종필에게 반박한다. 다음은 중정의 동향 기록이다.

73. 12. 28.

김종필 국무총리 담화에 대한 장준하 청원운동 본부장의 발표

- 헌법 개정 청원은 국민의 권리임과 동시에 의무다.
- 청원운동을 혼란, 또는 선동으로 적대시하는 것은 민의의 소재를 알아보지 않겠다는 의도다.
- 대통령에 대한 청원운동은 계속할 것이다.

국무총리 김종필의 경고에도 장준하가 고개를 숙이지 않자 이번엔 유신독재의 '최고 존엄' 박정희가 직접 나섰다. 장준하가 김종필의 경고를 반박한 다음 날인 12월 29일이었다. 상황이 얼마나 엄중했는지 단박에 알 수 있는 대목이다. 이날 박정희는 또다시 '특별 담화'라는 거창한 이름으로 100만인 서명운동의 즉각 중지를 요구했다. 매우 견고하고 딱딱한 박정희 특유의 말투로 '경거망동'이라는 단어까지 언급했다. 사실상 국민에게 화를 낸 것이다. 상상할 수 없는 독재 권력의 전형이다.

> "나는 …… 유신체제의 불가피성을 누누이 설명하고 절대로 경거망동이 있어서는 안 되겠다는 점을 간곡히 호소한 바 있다. 그럼에도 불구하고 지각없고 과대망상증에 사로잡힌 일부 인사들의 황당무계한 행동들이 국가 안보에 누를 미칠까 염려된다. 한 번 더 냉철한 반성과 자제를 촉구하는 동시에 이제라도 늦지 않았으니 소위 헌법 개정 백만인 청원운동을 즉각 중지할 것을 엄중히 경고해두는 바이다."

1973년이 저물어가던 12월 29일, 자신은 추상같이 경고했다고 여겼겠으나 이를 듣는 장준하의 귀에는 그것이 '박정희 유신독재가 지르는 최후의 비명'으로 느껴졌다. 그렇게 1973년이 막을 내리고 긴박한 1974년이 밝아왔다. 장준하와 박정희가 대격돌하는 1974년의 새로운 해가 떠오른 것이다.

3장

장준하, 박정희를 넘어서다

1974~1975. 7.

장준하의 입을 막아라

박정희의 최후통첩 후 서명운동은 오히려 탄력을 받았다. 미처 몰랐던 사람들도 100만인 서명운동이 무엇인지 궁금해했다. 김종필에 이어 박정희도 100만인 서명운동을 홍보해주니 이보다 더 좋은 일이 없었다. 새해가 밝아오면서 그 효과는 확실히 나타났다. 서명운동을 시작한 지 불과 일주일 만인 1974년 1월 1일에만 서명 참여자가 5만 명을 넘어섰다.

탄력이 붙은 100만인 서명운동에 처음으로 조직적 지지를 밝힌 곳은 기독교계였다. 신년을 맞아 기독교청년협의회가 통일을 기원하는 예배를 가졌는데, 예배 후 3000여 명의 교인들이 개헌을 요구하는 가두시위에 나선 것이다. 그동안 참아왔던 박정희 독재에 대한 국민의 분노가 100만인 서명운동을 계기로 터져 나왔다. 저항의 분위기가 눈에 보일 지경이었다.

1월 5일, 장준하는 박정희가 보낸 연말의 최후통첩에 대해 늦은 답변을 내놓는다. 하지만 그건 박정희가 원하던 답이 아니었다. 중앙정보부가 작성한 1974년 1월 5일의 장준하 동향 기록이다.

개헌청원운동에 대한 성명 발표

- 오늘의 정치 정세 전망은 밝지 못하다.

- 말과 비판을 할 수 없는 상황에서 비롯됐다.

- 따라서 대통령에게 이를 청원하려는 것이고

- 당국은 이를 막지 말라.

장준하의 성명은 간결했으나 명확했다. 박정희의 협박에 굴복하지 않겠다는 단호한 입장이었다. 이 시기, 장준하에 대한 중정의 감시와 미행 역시 최고 수준이었다. 충분히 예상할 수 있는 일이었다. 얼마나 극단적이고 노골적이었는지 알 수 있는 1월 7일의 장준하 동향 기록이다.

74년 1월 7일
통일당사 앞에서 미행 감시 차에 대하여 정체를 밝히라고 발악하며 소동을 벌인 바 있음.

이러한 중정 기록을 뒷받침하는 일화가 있다. 박경수가 쓴 《장준하, 민족주의자의 길》에 실려 있다. 장준하는 자신의 낡은 자동차 뒷자리에 늘 몽둥이 하나를 싣고 다녔다고 한다. 자주 신변에 위협을 느꼈기 때문에 유사시를 대비한 호신용이었다. 그러던 어느 날 이상한 차량 하나가 계속해서 장준하의 차를 따라다녔다고 한다. 대놓고 자신을 미행하는 의문의 차를 보자 장준하는 화가 났다. 그는 차를 세운 후 뒷자리에 있던 몽둥이를 들고 나가 미행하던 차의 유리창을 박살내려고 했다. 순간 장준하의 행동을 눈치챈 미행 차량이 그길로 내빼버려 더 이상의 불상사는 없었으나 중정이 기록한 바로 이날의 일화가 아닐까 추측된다.

그러던 1974년 1월 8일 오후 5시. 이날 이 시각은 대한민국 민주주의와 인권의 영원한 비극으로 남았다. 박정희가 경고했던 협박이 무엇이었는지 만천하에 드러난 때이기도 하다. 바로 독재 악법인 유신헌법에 의거, '긴급조치' 1호 및 2호가 발표된 것이다. 긴급조치는 1972년 개헌된 유신헌법 53조에 규정된 대통령의 특별 조치였다. 천재지변 또는 중대한 재정·경제상의 위기나 국가 안전보장 또는 공공의 안녕질서가 중대한 위협을 받아 신속한 조치가 필요하다고 판단될 때 다른 어떤 제약도 없이 대통령 결심만으로 긴급조치를 발표할 수 있도록 했는데, 이 권한은 유신헌법이 내포한 '포악성 중에서도 가장 으뜸'이었다.

박정희는 1972년부터 1979년 10월 26일 사망할 때까지 긴급조치를 모두 아홉 번 발표한다. 그러다가 대통령 긴급조치권이 폐지된 때는 박정희의 정치적 양아들로 알려진 독재자 전두환이 또다시 군사쿠데타로 권력을 찬탈한 후 헌법을 개정한 1980년 10월 27일이 되어서였다. 그 악독하다는 전두환 독재자마저도 '긴급조치권'만은 너무 과하다고 생각한 것이다.

박정희가 이때 발표한 긴급조치 1호 및 2호의 주요 내용은 명확히 장준하가 주도한 100만인 서명운동의 중단을 겨냥한 것이었다. 모두 7개 항목으로 되어 있던 당시 긴급조치의 주요 내용이다.

긴급조치 1호

1. 대한민국 헌법을 부정, 반대, 왜곡 또는 비방하는 일체의 행위를 금한다.
2. 대한민국 헌법의 개정 또는 폐지를 주장, 발의, 청원하는 일체의 행위를 금한다.
3. 유언비어를 날조, 유포하는 일체의 행위를 금한다.
4. 전 1, 2, 3호에서 금한 행위를 권유, 선동, 선전하거나 방송, 보도, 출판, 기타 방법으로 이를 타인에게 알리는 일체의 언동을 금한다.
5. 이 조치에 위반한 자와 이 조치를 비방한 자는 법관의 영장 없이 체포, 구속, 압수, 수색하며 15년 이하의 징역에 처한다. 이 경우에는 15년 이하의 자격정지를 병과할 수 있다.
6. 이 조치에 위반한 자와 이 조치를 비방한 자는 비상 군법회의에서 심판, 처단한다.
7. 이 조치는 1974년 1월 8일 17시부터 시행한다.

그리고 함께 발표된 긴급조치 2호는 긴급조치 1호를 위반한 자를 처벌하는 '비상 군법회의 설치'와 '중앙정보부장이 사건의 정보, 조사, 보안업무를 조정, 감독'할 수 있도록 권한을 부여한 내용이었다. 글은 길지만 이 조치의 의미는 하나였다. 결국 장준하가 주도하고 있는 100만인 서명운동을 중단시키고 이를 위반한 그를 영장 없이 체포한 후 비상 군법회의에 기소, 징역 15년에 자격정지 15년 형으로 처단하겠다는 것이었다. 또한 개헌을 요구하는 일체의 행동도 금하지만 이러한 활동을 보도하거나 출판하는 언론인 역시 영장 없이 체포하여 처벌하겠다고 겁박했다. 누구도 개헌청원을 할 수 없고, 설령 한다 해도 아무도 모르게 막아버리겠다는 치밀한 통제였다.

박정희는 왜 5시가 다 된 늦은 시각에 다급하게 긴급조치를 발표한 것일까. 이날 박정희의 긴급조치 발표는 매우 이례적인 일이었다. 박정희는 1972년 유신헌법 개정 이후 자신이 원하면 언제든 긴급조치권을 행사할 수 있는 권한을 가지고 있었다. 그런데 지난 2년여 동안 단 한 번도 휘두르지 않았던 이 포악한 권력을 왜 그때 발표했는지 그 이유를 알 필요가 있다.

그날은 유신독재에 항거하는 민주 열기가 대폭발한 날이었다. 마침내 반유신을 향한 국민의 분노가 임계점을 향하고 있었고, 박정희 정권도 위기감을 감지하기에 부족하지 않은 열기였다. 언론은 불같이 일어나는 100만인 서명운동의 동향을 연일 보도하고 있었다. 서명에 참여하는 이들의 숫자가 기하급수적으로 늘어났고, 1974년 1월 5일에는 민주통일당이 정무위원회를 열어 당 차원의100만인 서명운동 동참을 선언했다. 재야운동이 정치권의 동참을 견인해내면서 더 큰 탄력이 붙게 된 것이다.

1월 7일에는 유신체제 이후 최초로 개헌을 지지하는 문인 61명의 성명이 나왔다. 이날 이희승, 이헌구, 김광섭, 안수길, 이호철, 백낙청 등 문인들은 "대다수 동포들이 빈곤과 압제에 시달리며 민족의 존망 자체가 위태로운 이 어려운 시기를 맞이하여 문학인들은 더 이상 침묵할 수 없다"며 "미래의 한국 문단과 사회에 새로운 풍토를 조성하기 위해 개헌 서명을 지지한다"고 발표했다.

같은 시각 전국의 각 대학에서는 대학생들이 가두시위에 나섰다. 유신체제 후 처음으로 학생들이 교문 밖 시위에 나서자 언론에서도 이를 보도했다. 뿐만 아니라 광주 지역 성직자 41명 역시 "자유 민주체제로의 복귀를 주장하는" 시국 선언을 발표했다. 이러한 동시다발적 반유신헌법 저항 열기에 더해 뜻밖의 소식이 들려왔다. 박정희의 정치적 돌격대 역할을 수행해오던, 공화당 초대 총재와 당의장까지 지낸 정구영 전 국회의원과 예춘호 전 사무총장이 공화당을 동반 탈당한 것이다. 이날 정구영 전 의원은 유신체제를 '삼권귀일(三權歸一) 체제'로 평가했다. 그가 말한 '삼권귀일 체제'란 민주주의의 기본 원리인 3권 분립(입법, 사법, 행정)이 유신정권 하나에 장악되었다는 비판으로, 이를 원래대로 돌려놓자는 개헌청원운동에 자신도 함께하겠다는 뜻이었다.

그러자 그동안 개헌청원 서명운동에 침묵해오던 신민당도 흔들리기 시작한다. 제1 야당의 입장이 무엇인지 묻는 100만인 서명운동 지지자들의 압박에 신민당도 더 이상 방관할 수 없는 지경에 도달한 것이다. 결국 "개헌을 위한 노력에 동참한다"는 약속을 공식적으로 내놓는다. 이런 상황이 박정희를 긴장하게 만들었다. 더 이상 좌시할 수 없는 다급함을 느낀 박정희가 낮도 아니고 밤도 아닌 그 애매한 시각에 부랴부랴 긴급조치를 발표한 이유였다.

'긴급조치' 발동부터 연행까지

장준하는 그러나 비굴하지 않았다. 도망치지도 않았고, 100만인 서명운동을 멈추지도 않았다. 이미 서명운동을 시작할 때부터 장준하는 죽기를 각오했고, 그보다 더한 고난이 오더라도 피할 생각이 없었다. 다음은 1974년 1월 8일 이후 중정이 기록한 장준하의 결연한 언행이다.

> 1974년 1월 8일
>
> 자가에서 태능경찰서 정보과장 김○○에게 징역 15년을 살 각오가 돼 있다고 발설. 21:00~21:30까지 자가 마당에서 장남 호권과 같이 서류뭉치를 소각(개헌청원 서명자의 서명 용지로 보임)

장준하는 자신이 잡혀가는 것은 두려워하지 않았으나, 개헌청원에 서명한 이들의 피해는 막고 싶었다. 이를 위해 장준하는 긴급조치 발표 소식을 듣고 제일 먼저 집으로 달려가 그동안 받아뒀던 100만인 서명 용지를 즉각 소각한다. 중정은 이때도 장준하의 행동을 전부 감시하고 있었던 것으로 보인다. 장준하가 소각하는 종이를 '개헌청원 서명자의 서명 용지로 보임'이라고 써놓은 것으로 보아 아마도 담 너머에서 이러한 장면을 주시한 것이 아닐까 싶다. 이어지는 같은 날의 중정 동향 기록이다.

1974년 1월 8일

- 본명은 천관우에게 세1삭으로 (긴급조치를 위반하여) 들어가고 싶다고 언동.
- 본명은 미 대사관 정치관 보드만을 방문하여 (보드만의 요청으로) 다음과 같이 언동.
  - 서명운동은 계속하되, 금명간 재야 원로인사들과 구체적인 활동 방침을 논의할 예정이다.
  - 이 운동에 참여한 사람은 긴급조치에 구속받을 사람 없다.
  - 우리의 순수성을 보이기 위해 정당과는 제휴하지 않겠다.
  - 서명자 수는 각각 보관해서 얼마나 되는지 알 수 없다.
  - 언론의 침묵이 오래가지는 않을 것이다.
  - 반유신운동은 모든 국민에게 불붙고 있다.
  - 긴급조치의 파급효과가 재야 원로인사들에게는 미치지 않을 것이다.

장준하는 긴급조치 1호로 구속된 첫 번째 사람이 되었다. 장준하의 바람과 상관없이 이미 예정된 일이었다. 박정희의 긴급조치 1호 발표는 사실 단 한 사람, 장준하를 잡아넣기 위한 목적이었기 때문이다.

이는 2004년 의문사위에 출석한 중앙정보부 전 요원으로부터 직접 확인한 진술이다. "72년 유신헌법 공포 후 긴급조치권을 1974년 1월에 첫 행사한 이유가 무엇인가"라고 묻자 당시 중정 고위직이었던 참고인의 진술은 놀라웠다. 그는 "긴급조치 1호는 사실 한 사람을 잡아넣기 위한 목적"이라고 말했다. "그가 누구냐"고 묻자 "장준하"라는 답이 돌아왔다. 100만인 서명운동을 멈추지 않는 장준하를 막기 위해 박정희는 법이라는 미명 아래 제멋대로 사람을 잡아 가둔 것이다. 이처럼 법을 악용하는 나라가 어찌 민주주의 법치국가라고 말할 수 있을까. 유신헌법이 왜 악법인지를 극명하게 드러낸 사례 중 하나이다.

한편 장준하와 함께 구속된 또 한 명의 재야인사가 있었다. 민중 대통령 후보로 두 차례 출마했던 백기완 선생이다. 그는 1974년 1월 13일 장준하와 함께 개헌청원 100만인 서명운동을 주도했다는 이유로 중정에 연행되었다. 그 후 세 번의 재판을 거쳐 징역 12년에 자격정지 12년을 선고받는다.

장준하가 100만인 서명운동을 주도한 이유는 하나였다. 대통령을 뽑을 권리를 다시 국민에게 돌려주고, 한 사람이 계속 대통령을 할 수 없도록 임기를 제한하자는 것이었다. 이를 위해 유신헌법이 제정되기 전의 헌법으로 돌려놓자는 것이 개헌청원 서명운동의 핵심이었다.

뒤늦게 장준하의 요구가 실현된 것은 그가 사망한 1975년으로부터 무려 12년이 지난 1987년이었다. 그해 6월, 전 국민의 항거로 전두환 독재가 무너지고 개정 헌법에 따라 대통령 직선제가 되살아났다. 그때부터 지금까지 대한민국의 대통령은 5년 단임제로 단 한 번만 할 수 있도록 헌법이 정비됐다.

백기완은 헌법이 개정된 후 1987년 12월 대통령 첫 선거에 무소속 민중 후보로 출마했다. 자신이 싸워서 이룩한 헌법 개정으로 대통령 후보에 출마한 백기완의 심정은 어떠했을까. 상상하기 어려운 수많은 감정이 교차했을 듯싶다.

1974년 1월 8일 긴급조치 발표 후 장준하가 긴급조치 1호 위반으로 중정에 연행된 날은 그로부터 5일이 경과한 1월 13일이었다. 이 닷새 사이에 장준하는 무엇을 하고 있었을까. 비상 보통군법회의 검찰관은 1974년 1월 25일 장준하의 공소장을 제출하는데, 거기에 장준하의 행적과 발언이 전부 기재되어 있었다. 이는 장준하를 연행하기 5일 전부터 중정이 감시한 동향 기록과 일치한다.

중정은 장준하를 처벌하기 위해 그의 말 한마디 한마디를 절대 놓치지 않았다. 기록의 시작은 긴급조치 발표 후 즉각 시작된다. 불과 1시간 30분밖에 지나지 않았던 1974년 1월 8일 저녁 6시 30분부터 장준하의 5일간 행적이 전부 기록되었다. 이 가운데 검찰관이 제출한 공소장에 기재된 해당 부분만 인용한다.

…… 장준하는 시종 반정부 활동으로 일관하여 오던 중 1974. 1. 8. 17:00를 기하여 발효된 대통령 긴급조치로 인하여 개헌을 위요한 일체의 행위가 금지되었음에도 불구하고 이러한 조치는 부당한 처사라고 단정, 계속 헌법 개정을 위한 운동을 하겠다는 결의 아래

가. 1974. 1. 8. 18:30경 서울 동대문구 보문동 소재 옥호 미상 불고기집에서 상 피고인 백기완과 공소외 백범사상 연구소 직원 김○○, 동 김○○ 및 공소외 장호권 등에게 "1·8 긴급조치는 국민의

기본권을 탄압하는 부당한 조치다. 이럴 수가 있느냐. 국민이 대통령에게 개헌청원도 못한단 말인가. 우리 때문에 서명자들이 다칠 것 같으니 집에 보관하여둔 서명자 명단을 소각해버려야겠다. 나는 모든 책임을 걸머지고 형무소에 들어갈 각오가 되어 있다"라는 내용을 발설하여 대통령 긴급조치를 비방하고

나. 1974. 1. 9. 12:30경 서울시 종로구 중학동 소재 미 대사관 근무 정치 담당 2등 서기관 보드만의 숙소에서 동인과 면담을 하면서 동인에게 "개헌 서명운동은 앞으로도 계속하겠으며 금명간 재야인사들과 만나 구체적인 활동 방침을 협의할 예정이고 우리나라 헌법은 대통령 마음대로 무엇이든 하게 되어 있어 긴급조치가 나온 것이며 우리나라 국민에게는 평화적으로 정권을 교체할 수 있는 희망이 없다. 나는 헌법 개정을 위하여 계속 노력하겠으며 나와 같이 개헌운동에 참여한 사람들은 긴급조치에 구애를 받을 사람이 없으나 현재 언론계의 협조가 없어서 개헌청원 서명 전개가 어려울 것 같으며, 그러나 언론계의 침묵도 오래가지는 않을 것이다. 반유신체제운동은 이미 모든 국민에게 불붙고 있어 이를 강압적으로 저지하려는 것은 큰 오산이며 현재까지 서명운동에 호응한 사람의 수는 약 30만 명을 초과하고 있는데 내가 구속됨으로써 우리 운동의 사기는 더 앙양될 것이다"라는 내용을 발설함으로써 대한민국 헌법을 비방하고 동 헌법의 개정을 주장함과 동시에 대통령 긴급조치를 비방하고

다. 1974. 1. 9. 14:00경 공소외 함석헌가에서 동 함석헌, 동 박재철(법정) 및 동 계훈제 등과 회합하여 《씨알의 소리》 잡지 편집 문제를 협의하면서 동인들에게 "1·8 조치는 예상했던 일이기는 하나 정부에서 너무 국민의 기본권을 탄압하는 행위다"라는 내용을 발설하여 대통령 긴급조치를 비방하고

라. 1974. 1. 10. 13:00경 서울시 중구 충무로 1가 24의 30호 소재 신영빌딩 305호실인 백범사상연구소 사무실에서 피고인 백기완과 공소외 김○○ 등과 회합하고 동인들에게 "이렇게 탄압하는 법이 어데 있느냐. 개헌이란 개자만 말해도 잡혀가게 되어 있으니 이런 놈의 나라가 어데 있느냐. 정부가 대화하자고 해놓고 이렇게 탄압할 수 있느냐. 나는 이것으로 나의 일생을 장식하겠고 모든 책임은 내가 지겠다"는 내용을 발설하여 대통령 긴급조치를 비방하고

마. 1974. 1. 11. 13:00경 피고인 자가에서 래방한 공소외 미국 〈크리스찬 사이언스 모니타〉지 동경 특파원 '폰드'라는 여기자와 동일 18:05경 래방한 미국 〈뉴욕타임스〉 동경 특파원 '버터필드' 기자 등과 각각 회합하고 동인 등으로부터 개헌청원 서명운동에 대한 1·8 조치 이전의 진전과 긴급조치 이후의 전망 또는 서명자 수 등에 대하여 질문 받고 동인 등에게 전시 '나 항' 공소 사실과 같은 내용을 발설함으로써 대한민국 헌법을 비방하고 동 헌법의 개정을 주장함과 동시에 대통령 긴급조치를 비방하고

바. 1974. 1. 12. 14:00경 전시 백범사상연구소 사무실에서 상 피고인 백기완과 공소외 김○○ 등과 회합하고 동인들에게 "개헌청원운동은 국무총리와 대통령이 개입하는 바람에 반사작용으로 더욱 확대되었고 나는 그 청원운동의 대표로서 성명서를 발표하여왔으며, 앞으로도 개헌 문제에 대하여 의견 표명을 해야겠고 그렇게 되면 징역을 가야 될 것은 명백한 일이다. 개헌 서명운동은 앞으로 또 계속되어야 하며 재야인사들과 만나 구체적인 활동 방침을 협의하여야 되겠고 나는 헌법 개정을 위하여 계속 노력하겠으나 현재 언론계의 협조가 없어서 그 운동의 전개가 어려울 것 같으며 그러나 언론계의 침묵도 오래가지는 못할 것이다. 반유신체제운동은 이미 모든 국민에게 불붙고 있어 이를 강압적으로 저지하려는 것은 큰 오산이며 내가 구속됨으로써 우리 운동의 사기는 더욱 앙양될 것이다"라는 내용 등을 발설하여 대한민국 헌법의 개정을 주장함과 동시에 대통령 긴급조치를 비방했다.

"개헌에 대한 소신은 변함없다"

장준하를 구속한 후 중정은 그의 사법처리 경과에 따라 진행되는 과정을 일자별로 소상히 기록한다. 장준하는 자신이 구속되기 전인 1월 10일 백기완 등 자신을 따르던 이들 앞에서 이렇게 말했다. "이것으로 나의 일생을 장식하겠고 모든 책임은 내가 지겠다." 장준하의 말은 비장했다. 박정희 정권하에서 세 번째 구속을 당하기에 앞서 자신의 운명을 예감한 것일까. 이것으로 자신의 일생을 장식하겠다는 그의 말에 모두들 숙연해졌다.

한편 1월 13일 중정에 연행된 장준하의 사법처리는 일사천리로 진행된다. 이에 대한 중정의 기록이다.

74년 1월 13일

(장준하) 중앙정보부 연행

74년 1월 15일

대통령 긴급조치 위반으로(1, 4, 5항) 구속

74년 1월 28일

본명은 유○○ 변호사와 접촉. 공소사실을 인정한다고 했음

74년 1월 31일

1회 공판(비상 보통군법회의)에서 개헌에 대한 소신은 불변이라고 진술 (변호인: 김택현, 한승헌, 이병용)

74년 2월 1일

1심 선고 공판. 징역 15년, 자격정지 15년

장준하를 정조준한 박정희의 비상 보통군법회의는 그를 구

속한 날로부터 불과 15일 만에 1심 선고를 내렸다. 재판이라고 말하기조차 민망할 정도로 놀라운 일이었다. 더구나 선고된 형량이 징역 15년에 자격정지 15년이었다. 이는 긴급조치 1호에서 위반자에게 정한 15년 이하의 형을 그대로 '찍은' 정찰제 형량이었다.

더 기가 막힌 일은 따로 있었다. 중정이 1월 13일 장준하를 연행한 후 구속한 날은 이틀 후인 15일이었다. 그러고 나서 다시 검찰이 장준하를 '대통령 긴급조치 위반' 혐의로 기소한 날은 1월 25일이었다. 그런데 이 사건의 1심 선고가 내려진 날은 기소된 날로부터 불과 7일 만인 2월 1일이었다. 아무리 독재자 박정희가 속전속결로 재판을 '해치우라'고 압박했다 해도 도대체 어떻게 이런 빠른 재판이 가능할 수 있을까.

게다가 어이없게도 검찰 공소장과 1심 군법회의 판결문이 완전히 똑같았다. 중정이 쓴 장준하의 송치 기록을 군 검찰관이 그대로 공소장에 쓰고, 다시 군법회의 판사는 그 공소장을 유죄 증거로 삼아 판결문에 베껴 쓴 것이다. 그 당시 이런 재판을 하고도 부끄러워하지 않은 이 사건의 재판장이야말로 민주주의의 '흉악범'이 아닐 수 없다.

이후 이어지는 장준하의 비상 고등군사법원 항소심 역시 다르지 않았다. 1심 판결에 불복하여 장준하가 항소하자 고등군사법원 2심 재판장은 항소심 개시 1개월 2일 만에 이를 기각한다. 이어지는 중정의 장준하 관련 동향 기록이다.

74년 2월 26일

2회 공판 최후 진술. "개헌에 대한 소신은 변함없고 현 정부는 알아서 개헌을 해야 한다."

74년 3월 2일

2심 선고 공판. 항소 기각

74년 3월 5일

2심 판결 불복 상고

74년 3월 8일

서울구치소에서 안양교도소로 이감

요식행위에 불과한 군사법원 재판이라고는 하지만 정말 일말의 양심도 없었다. 누군가를 죽이거나 건물을 폭파하는 테러 행위를 한 것도 아닌데, 평화적인 서명운동을 빌미로 징역 15년을 선고하는 것은 사실상 법을 빙자한 살인 행위이다. 장준하는 구속될 때 56세였다. 만일 비상 군법회의에서 선고받은 징역을 꼬박 다 살고 나온다면 그는 71세가 된다. 장준하가 구속된 1974년 당시 한국인의 평균 수명은 60세였다. 박정희의 의도가 무엇인지 알 수 있는 가혹한 판결인 것이다. 더구나 그 당시 장준하의 건강은 몹시 좋지 않았다. 그의 건강 상태가 어떠했는지 기록한 중정의 동향 보고도 있었다.

74년 3월

협심증으로 고려병원 내과 과장 서주영으로 하여금 진찰 실시 (안양교소도에서)

74년 4월 9일

대법원에서 지병을 이유로 형집행정지 병보석. 중구 저동 백병원 530호실 입원. 양일동, 김용희, 김경인, 김록영 면회

74년 4월

본명은 백병원에 입원하고 있으면서 치료비 문제로 자택에서 가료토록 해줄 것을 원하고 있으며 만일 불가능할 시에는 가족의 생계를 위해서라도 재수감되는 편이 낫겠다고 언동

장준하는 협심증과 신부전증 등의 지병으로 고통받고 있었으나 경제적 어려움으로 마음 편히 치료를 받을 수도 없는 상황이었다. 치료비가 없어 병원에 입원할 수 없다는 하소연, 집에서 치료할 수 없다면 차라리 교도소로 재수감해달라는 그의 호소는 거짓말이 아니었다. 그 당시 장준하의 경제적 형편과 처지가 어떠했는지 이어지는 중정의 동향 기록을 보자.

74년 5월 29일

본명의 처 김희숙과 장남 장호권은 밀린 치료비 133,000원을 완납하고 안양교도소로 가겠다고 주장하는바, 손의섭 주치의는 퇴원해도 좋

다고 말하고 있으며 치료비 마련을 위해 막사이사이상의 수상 메달을 담보로 달러 빚을 얻었다 함.

1974년 당시 교사 월급이 평균 4만 5000원이었다. 교사 석 달 치 월급에 해당하는 치료비가 밀려 고통을 겪던 장준하는 결국 자신이 그토록 자랑스럽게 여기던 막사이사이상 수상 메달을 담보로 달러 빚을 낸다. 참으로 가슴 아픈 일이 아닐 수 없다. 자신의 전부를 내놓고 민주주의와 인권 회복을 위해 싸운 장준하의 헌신은 결코 형편이 좋거나 여건이 마련되어서가 아니었다. 그것만이 조국의 희망을 살리고 국민을 살리는 길이라고 믿었기에 장준하는 자신의 전부를 내걸고 싸워온 것이다.

차라리 감옥에서 죽겠다

병세가 심각해져 일단 병원에서 치료를 받았으나 장준하의 건강은 날로 쇠약해갔다. 지병인 고혈압과 협심증, 신부전증과 만성간염으로 온몸이 부어올라 걷기조차 힘겨운 상태였다. 그런 상황에서 1974년 8월 20일, 대법원이 장준하의 상고를 기각한다. 이로써 장준하의 징역 15년, 자격정지 15년은 최종 확정되었다. 상황은 더욱 나빠졌다. 유죄가 확정되면서 그동안 병보석으로 나와 있던 장준하는 백병원에서 다시 안양교도소로 수감된다. 그나마 이루어지던 지병 치료도 중단된 것이다.

하지만 장준하의 태도는 결연했다. 죽는 한이 있어도 박정희 권력 앞에 비굴하게 굴지 않았다. 긴급조치로 구속되기 전, 자신을 따르는 이들 앞에서 "나는 이것으로 나의 일생을 장식하겠고 모든 책임은 내가 지겠다"던 일성답게 그는 당당했다.

한편 이 시점에서 중정의 기록은 예전과 다른 방향을 주시한다. 그전까지 장준하의 가족에 대해서는 별달리 동향을 감시한 기록이 없었는데, 이때부터 그의 가족에 대한 동향 기록이 크게 늘어난다. 특히 장준하의 집 전화를 도청하여 지인과의 일상적인 대화를 전부 일일이 기록했다. 그러한 중정 동향 기록 중 일부이다.

74년 11월 2일

미상남은 장준하 아들 호권에게 아버지에게 안부나 전해주고 또 용산 병원 치과 과장이 금을 사가지고 오면 어머니의 치아를 해드린다고 했다 함.

74년 11월 3일

미상남이 장준하 부인에게 장준하의 안부를 문의한바

- 얼굴이 부었고 숨이 차서 말도 빨리 못하더라.
- 약은 조광현 내과에서 15일분씩 지어 보내드린다.
- 매일 엠네스티에서 4만 원씩 받는 것처럼 얘기해서 다른 사람들한테 오해를 받고 있다.

74년 11월 6일

전 모 집사의 조카가 호권에게 YMCA 다방에서 만나자고 한다고 연락했으나 호권은 훈련(예비군) 관계로 7일 10:30에 만나자고 전했다 함.

74년 11월 11일

계훈제는 장준하 부인에게 시간에 늦게 나가서 호권이와의 약속 시간을 못 지켰다고 한바 부인은 호권이가 영등포에 가서 영치금을 조금 넣고 왔을 텐데 아직 집에는 들어오지 않았다고 했음.

74년 11월 14일

김 모가 장준하 부인에게 장준하의 안부를 문의한바

- 전신이 붓고 팔 한쪽을 못 쓴다.
- 자신의 힘으로는 눕지도 일어나지도 못한다.
- 진찰은 못하고 약만 가져간다.
- 어디다 호소해야 할지 모르겠다고 하여 말씀을 드려달라 했음.

백기완 부인은 장준하 부인에게

- 기도회 관계가 〈동아일보〉와 방송에도 나왔더라.
- 어제 옷을 차입하러 가서 먼발치에서 보고 왔다고 했음. 이에 장준하 부인은 남편이 몸이 부어서 신발도 신지 못한다고 했음.

74년 11월 14일

장준하 부인이 함석헌에게 남편이 외부 의사의 진찰을 받을 수 있도록 해달라고 한바 함(석헌)은 진정하는 문제와 함께 여러 사람과 의논해

보겠다고 했다 함.

74년 11월 21일

장준하 부인은 (통일당 당수) 양일동에게 조광현 박사가 진단을 한 결과 밖에서 치료를 할 수 없겠냐고 하더라고 한바, 양일동은 법무부 장관에게도 얘기했다며 진단서를 떼어오라고 했음.

74년 11월 28일

미상남은 장준하 부인에게

- 법무부 장관 비서관에게 얘기했더니 결과는 저녁에 알려준단다.
- 조광현 박사는 내일 아침에나 시간이 날 것 같다고 한다.

라고 연락했음.

이처럼 중정은 장준하의 가족과 관련된 지극히 사적인 내용까지도 매일매일 낱낱이 기록하며 철저히 감시했다. 특히 동향 기록에서 '미상남'으로 지칭된 표현으로 보아 이는 모두 전화를 도청하여 얻은 정보로 판단된다. 자신이 누구인지 밝히지 않은 채 대화를 하니 이를 도청한 중정 요원이 '누구인지 알 수 없는 남자', 즉 '미상남'으로 기록한 것이다. 이때부터 본격 시작된 중정의 장준하 가족 감시는 장준하가 사망한 1975년 8월 이후에도 상당 기간 계속 이어진다.

중정은 전화 도청뿐 아니라 장준하의 집에 드나드는 모든 사람을 감시했다. 누가 몇 시에 장준하의 집을 들어가서 몇 시에 나갔는지 꼼꼼히 기재했고, 특히 자주 출입하는 이들은 따로 그들의 직장과 학력, 그리고 출입하는 이유에 대해서도 뒷조사를 실시했다. 그렇게 얻은 정보는 종합하여 중정 상부에 보고했다.

그중 하나가 두 남녀에 대한 내사(內査) 보고였다. 중정은 장준하가 사망한 후 젊은 남녀가 자주 장준하의 집을 방문하자 그들의 주변을 뒷조사하기 시작했다. 확인 결과 장준하의 집을 출입하던 남자 김 모 씨는 김희숙 여사와 인척간이었고, 이들 미혼 남녀가 제3자의 도움으로 비밀 연애를 지속하고 있었던 것이었다.

그러자 중정은 이들 남녀의 관계가 불순 행위 별무라며 '내사 중지' 보고를 상부에 올리기도 했다. 이처럼 장준하와 관련된 한 통의 전화, 한 사람의 행적까지도 전부 체크하고 확인하여 중정이 문서로 보고할 정도였으니, 그에 대한 감시는 사망하고 나서도 극에 달했다.

이러한 박정희에게 장준하는 구차한 배려를 기대하거나 요구하지 않았다. 치명적인 건강의 적신호가 켜졌으나 장준하는 가족에게도 더 이상 병보석이나 형집행정지를 신청하지 말아 달라고 당부한다. 1974년 10월의 중정 동향 기록이다.

74년 10월

본명의 병세가 악화되어 가족들이 형집행정지 신청을 한다고 한바 본명은 "옥사를 하는 한이 있어도 나가지 않겠다"고 언동했다 함.

그러나 죽음을 각오한 장준하의 결연한 태도를 가족 입장에서는 방관만 할 수 없는 일이었다. 어떻게 해서든 사람의 목숨만은 살려야 했다.

1974년 11월 30일, 부인 김희숙 여사는 남편의 당부에도 불구하고 법무부에 형집행정지를 신청한다. 고혈압, 협심증, 신부전증과 만성간염으로 인해 남편이 심각한 질환을 앓고 있으니 형 집행을 잠시 정지해달라는 신청이었다. 그러면서 "옥중에서 불행한 사고를 당하지 않도록 옥외에서 치료토록 해달라"는 간곡한 당부도 덧붙였다.

1974년 12월 3일, 기대하지 않았던 장준하의 형집행정지가 법무부에서 전격 결정된다. 장준하의 가족도 의외의 결정에 놀랐다. 그날의 중정 동향 기록이다.

74년 12월 3일

법무부의 형집행정지 결정에 의해 석방

장소: 영등포 구치소

지휘: 비상 군법회의 백광현 검사

입원 장소: 종로구 견지동 조광현 내과

수감 시 외래자: 본명의 처 김희숙, 장남 호권, 조선일보 기자 외 2, 김옥길 (이대) 총장

뜻밖이었다. 남편이 잘못하면 옥사할지도 모른다는 걱정으로 신청은 했지만, 형집행정지가 받아들여질지는 장담할 수 없었다. 그런데 장준하가 나온다니 어리둥절할 지경이었다. 이는 장준하가 형집행정지로 나오기 바로 전날 부인 김희숙 여사가 당시 이화여대 총장이었던 김옥길과 나눈 전화 통화에서도 알 수 있다. 이 대화를 도청한 중정의 기록이다.

74년 12월 2일

장준하 부인 ↔ 김옥길 총장[김동길의 누나]

장준하 부인: 선생님[김동길 당시 연세대 교수] 면회를 했는가?

김옥길: 아침에 있다. 형집행정지 신청이 서광이 보이는가?

장준하 부인: 캄캄한데 내일쯤 연락이 있을 것이다.

대화 내용은 "연세대 김동길 교수가 장준하를 면회한다고 했는데 갔다 왔냐"는 김희숙 여사의 질문이었다. 그래서 다음 날 아침에 면회를 할 거라는 김옥길 총장의 답변에 이어, 장준하의 형집행정지 신청 결과를 묻는 것이었다. 이때만 해도 김희숙 여사는 신청 결과를 비관하고 있었다. 그런데 예상과 달리 신청이 수용된 것이다. 혹여 박정희가 장준하에 대한 감정을 다스린 것일까. 개과천선이라도 해서 갑자기 '착한 독재자'가 된 것일까.

모두 아니었다. 박정희는 장준하를 반드시 죽이고 싶었을 것이다. 자신을 끊임없이 비난했고, 또 자신을 반대하는 운동의 핵심점이 되어온 장준하는 존재 자체만으로도 그에게 끔찍했다. 특히 지나온 자기 삶의 경력 중 가장 아픈 약점인 친일 군인과 남로당 활동, 그리고 그가 쿠데타로 권력을 찬탈한 정통성 없는 대통령임을 끊임없이 국민에게 환기하는 장준하는 '미워도 너무 미운' 정적이었다. 그런 장준하를 감옥에서 죽게 하려고 15년 징역형을 선고한 박정희가 왜 갑자기 그를 감옥에서 내보내 병원에 갈 수 있게 한 것일까. 대통령 박정희의 용인 없이 절대 법무부 마음대로 할 수 없는 일임은 자명했다.

그 답은 의외였다. 평생 감옥에 가둬 입을 막고, 유신헌법 개헌 서명 역시 못하도록 철저히 차단하고 싶었던 장준하를 석방하라는 국제적 외교 압력이 거세지자 박정희가 굴복한 것이다. 장준하가 구속된 후 그의 석방을 요구하는 외국에서의 목소리가 높아졌다. 특히 주한미국 대사인 하비브의 역할이 컸다. 김대중을 살린 그가 이번엔 장준하의 구명을 위해 적극 나섰다. 장준하가 구속되자 하비브는 미국 백악관에 타전한다. 박정희 유신독재의 횡포를 지적하며 이 문제를 따지던 대한민국의 저명한 재야인사가 구속되었는데, 그의 석방을 위해 외교적 압력을 행사해달라고 백악관에 요청한 것이다.

이러한 외교적 압박은 주효했다. 박정희는 악화된 인권 문제를 지속적으로 제기하는 미국 카터 행정부의 비난과 압박에 못 이겨 결국 '그토록 죽이고 싶었던' 장준하를 형집행정지로 석방시키게 된다. 감옥에다 15년을 가둬 영원히 그 입을 막고 싶었으나 불과 11개월 만에 장준하가 다시 세상 밖으로 나온 것이다.

장준하는 형집행정지로 풀려난 뒤 감옥으로 돌아가지 않았다. 만약 박정희가 정말로 건강 때문에 그를 풀어준 것이라면 그가 건강을 회복한 후 등산까지 다녔던 마당에 다시 잡아다 가뒀을 것이다. 하지만 박정희는 그렇게 할 수 없었다. 장준하를 석방시키라는 미국 정부의 압력이 사실임을 입증하는 증거이다. 감옥에서 풀려난 장준하는 서울 종로구 소재 조광현 내과에 입원한다. 1974년 12월 3일부터 퇴원하는 이듬해 2월 6일까지 그는 내내 이 병원에서 치료를 받는다.

하지만 몸만 풀려나왔지 그의 자유마저 풀려나온 것은 아니었다. 형집행정지로 나온 당일 김희숙 여사가 주변 지인에게 "김홍로 장군 등 교회 목사들이 기도를 하러 왔다가 (병실에) 못 들어가게 해서 싸우다가 졸도를 했다"는 말을 했다고 중정 동향 기록에 적혀 있는 것으로 볼 때, 당시 경찰이 장준하의 병문안을 온 이들을 차단한 것으로 보인다.

《돌베개》를 다시 쓰다

'이 정도 혼냈으니 스스로 조심하겠지'라고 기대했던 유신독재자 박정희의 바람과 달리 장준하의 신념은 조금도 흔들리지 않았다. 형집행정지로 나온 후에도 장준하는 유신헌법의 개정을 지속적으로 촉구했다. 건강부터 챙겨야 한다는 만류에도 불구하고 장준하의 뜨거운 심장은 전혀 식지 않았다. 그 당시 장준하의 건강 상태가 어땠는지 알 수 있는 작은 일화가 있다. 장준하의 청년 동지 중 한 사람이었던 부안 출신의 안병원이 밝힌 이야기다.

1975년 1월 어느 날, 장준하가 입원 중인 조광현 내과에 안병원 씨가 찾아갔다. 기관원이 병문 앞을 지키고 있었는데 안병원은 자신을 처조카라고 속이고 병실에 발을 들여놓을 수 있었다고 한다. 장준하는 오랜만에 보게 된 안병원을 크게 반가워한다. 그때였다. 장준하가 안병원에게 "안 형! 내 다리를 손가락으로 한번 눌러보시오. 가운뎃손가락으로 말이오"라고 말을 꺼냈다는 것이다. 영문은 알 수 없으나 장준하가 시키니 안병원은 그대로 따라했다. 그러자 장준하의 다리를 눌렀던 안병원의 가운뎃손가락이 거의 3분지 2가량 들어갈 정도로 부어 있는 것 아닌가.

"아니, 선생님 이렇게 많이 다리가 부으셔서 어떻게 합니까. 얼마나 고통스러우십니까?"

놀란 안병원이 장준하에게 말하자 답은 의외였다.

"얼마나 다행스런 일이오! 내가 합병증까지 일으켜 이처럼 중병에 걸렸으니 내가 하는 말을 액면 그대로 믿고 의심받지 않을 것이오. 이것이 나라를 위해서 도움이 된다고 생각되니 그나마 다행이 아니겠느냐는 말이오. 지금 내가 민주회복을 위해 중요한 일을 하고 있소. 그런데 김대중 선생이나 김영삼 신민당 총재, 윤보선 전 대통령, 양일동 통일당 당수 등 누구도 내가 사심이 없다는 것을 알고 내 얘기에 귀를 기울여주며 적극적으로 동참하고 있으니 참 감사한 일이오."

안병원은 이때 장준하가 흐뭇한 웃음까지 지으며 밝은 표정이었다고 증언했다. 당시 안병원은 장준하의 이런 모습이 너무도 가슴 아팠던지라, 그 기억을 그가 의문사하고 20년이 지난 후 발행된 추모문집 《민족혼·민주혼·자유혼—장준하의 생애와 사상》(장준하선생 20주기추모문집 간행위원회 편)에 한 편의 글로 기고한다. 〈삶의 방향 일러주신 선생님〉이라는 제목의 글에서 안병원은 장준하의 숭고한 정신을 잊지 말자고 역설한다.

한편 장준하는 어떤 상황에서도 부단히 자신의 역할을 고민했고 끊임없이 무언가를 시도했다. 1975년 1월, 심각한 병세로 입원 치료를 받는 중에도 장준하는 중요한 계획을 추진한다. 그는 1971년에 항일대장정 수기인 《돌베개》를 출판한다. 이 책은 1944년 일본군 부대 탈출에서부터 근 2년간에 걸친 광복군 생활과 임시정부 귀국 과정에 대한 이야기를 담고 있다. 그런데 장준하는 이미 출판된 이 책을 다시 쓰기로 결심한다. 그래서 조광현 내과로 유경환을 불렀는데, 그는 《사상계》 편집부장을 지냈으며 장준하와는 손아래 동서지간이었다. 장준하는 유경환에게 《돌베개》를 다시 써달라는 부탁을 했다고 한다. 지난 2004년 KBS 〈인물 현대사〉 장준하 편을 만들 때 본 방송에는 나가지 않았으나 유경환이 남긴 인터뷰 증언 녹취록 중 관련 부분을 인용한다.

“(장준하 씨가) 나를 서울 종로에 있는 조광현 내과로 오라고 부르더라구요. 조광현 씨가 평북 출신으로 내과 의사인데 대단히 유능한 사람이었어요. 나이가 많은 사람이었는데 장준하 씨가 평소 그 조광현 씨를 신뢰를 했어요. 자기 건강 문제를 그 사람에게 늘 의논을 했어요. 거기 이제 협심증이 심해져서 병보석으로 나와서 누워 있었어요. 거기 누워 있으면서 나보고 오라고 해서 갔더니 자기 인생을 자기가 자서전으로 다시 정리해야 되겠다. 그래서 한 달 정도?

장준하 씨가 자기에 대한 이야기를 글로 쓴 건 세 가지가 있어요. 처음에는 1950년대에 《사상계》에 한 10개월 동안 연재한 게 있어요. 자기가 어떻게 살아왔다는 것을. 어떻게 중국을 탈출해서 어떻게 살아왔다는 것을. (그리고 두 번째가) 후에 박경수라는 소설가가, 박경수 씨는 이등병 시절에 《사상계》에 소설을 공모하여 당선된 사람이에요. 제대하고 나서 《사상계》 사원이 되어 장준하 씨의 얘기를 듣고 사실적으로 기록만 한 것이 사상계에 10개월 동안 연재된 글이에요.

그다음에 아까 얘기한 조광현 내과에 보석으로 나와 누워 있으면서 날 불러가지고 《사상계》에 연재된 사실적 기초에 자신의 사상과 이념을 첨가해달라. 그래서 내가 장준하 씨의 말을 받아써가지고 거기에 그 사람 생각을 플러스해서 작성해서 읽어줬다고. 병석에 누운 사람한테. 그랬더니 이건 됐다, 됐다. 그래가지고 다시 쓴 것이, 그게 《돌베개》라는 책이에요. 자서진 《돌베개》라는 책이라고."

유경환의 증언을 정리하면 이렇다. 장준하는 자신의 이야기를 세 번 정리한 적이 있는데, 그중 첫 번째가 1950년대에 《사상계》를 통해 10개월간 연재한 글이었다. 그리고 두 번째는 1950년대에 장준하가 쓴 기존 연재 글에 사상계사 사원이었던 박경수가 그의 추가 구술을 보강하여 새로 쓴 글이었다. 박경수는 이 글을 그 후 10개월간 《사상계》에 다시 연재했는데, 장준하가 1971년 출판사 '사상사'를 설립한 후 이 원고를 《돌베개》라는 제목으로 출판한다. 그리고 마지막 세 번째는 1975년 1월경 장준하가 동서지간인 유경환을 불러, 이미 출간된 《돌베개》에 자신의 사상과 생각을 추가하여 새로 글을 써달라고 부탁했다는 것이다. 그래서 장준하의 구술을 듣고 근 한 달에 걸쳐 작업한 후 이를 병석에 누워 있는 장준하에게 읽어주자 그가 글의 완성도에 동의했다는 것이다.

그렇다면 장준하는 왜 이때 《돌베개》를 다시 정리했을까. 첫째는 자신의 불행한 앞날을 예감하고 자서전을 다시 완벽하게 정리하려는 의도로 파악된다. 둘째는 병원비조차 없을 정도로 당시 극심한 경제적 곤란을 조금이라도 모면해보려는 의도도 있었다. 장준하는 《돌베개》를 일본에서도 출판하기 위해 일본의 한 출판사와 접촉한다. 이는 중정의 동향 기록에 몇 가지 기록되어 있다. 유경환의 《돌베개》 수정 작업이 끝난 후인 1975

년 5월 21일의 중정 기록이다.

1975년 5월 21일

14:20 한승헌 변론차 내방한 일본인 중평 변호인에게 《돌베개》(장준하 저술) 책자의 원본 2차로 인도하고 일본에서의 출판을 의논키 위하여 출타, 뉴코리아나 호텔에서 접촉함.

15:00 뉴코리아나 호텔에서 중평 변호인을 접촉. 《돌베개》 책자 두 권을 일본에서 출판키 위해 주었음. 계약금 조로 10만 원을 전달하고 동 책자 1만 부(권당 1500원)를 발행하되, 장준하에게 인세 5퍼센트를 주기로 약정하였음.

여담으로, 장준하와 계약한 일본 출판사는 '사이마루'였다. 그런데 나중에 사이마루 출판사는 저자인 장준하 사망 후 유족에게 동의도 얻지 않고 출판 조건을 제멋대로 변경해 논란이 일게 된다. 장준하가 사망하고 이듬해인 1976년 12월 15일, 장준하의 부인 김희숙 여사의 전화 대화를 도청한 중정 동향 기록이다.

1976년 12월 15일 9:15

- 고 장준하의 부인은 박형규(목사)에게 일본에서 중평 변호사가 지난 11월 초 "월말에 제일교회에 회의가 있으므로 방한하겠다"는 내용의 서신을 받고 그분이 오시기를 기다리고 있었다고 한바, 박형규는 "이미 그분이 다녀갔는데 찾아뵌 줄 알고 있었다"면서 "다시 연락을 해

보겠다"고 했음.

- 이에 부인은 "사이마루(출판사)에서 《돌베개》를 크게 1권으로 만들어 정가 1500원씩에 출판해왔으나 (이를) 상, 하권으로 행난[책을 나눈다는 의미]해서 1권에 1300원씩에 판매하고 있는데 그렇게 되면 계약 내용과 달라지는 것"이라면서 "내가 지내기 어려운 실정인데 그분이 계약 관계를 맡고 있기 때문에 얘기를 해줬으면 좋겠다"고 하였음.

〈동아일보〉 탄압과 장준하의 응원

병상에서도 이처럼 분주한 시간을 보내던 장준하는 자신이 긴급조치 1호 위반으로 구속된 지 만 1년을 맞이하여 박정희에게 공개서한을 발표한다. 1975년 1월 8일 입원 중인 조광현 내과 병동에서 발표한 〈박 대통령에게 보내는 공개서한〉이 그것이었다. 이날의 개인 성명은 누구도 예상치 못한 장준하의 반격이었다. 독재의 폭압에도 절대 굴복하지 않겠다는 그의 무서운 저항 정신이 아닐 수 없었다. 이날 장준하가 박정희에게 통첩한 핵심은 이렇다.

1975년 1월 8일

박 대통령에게 보내는 공개서한 발표

- 긴급조치로 구속된 인사 조속 석방
- 학원, 종교의 사찰 중지

- 언론 탄압 중지
- 사회정의를 구현할 수 있는 경제정책 강구
- 민중 대표가 참여할 수 있는 현실적, 적극적인 통일정책을 수립할 것 등을 요구

긴급조치 1호가 발표되고 만 1년이 된 상황에서 이를 비판하는 장준하의 공개서한은 엄중했다. 자신과 같이 구속된 백기완과 이해학 등 민주 인사의 조속한 석방과 언론 탄압 중단, 그리고 7·4 남북공동성명의 적극적인 후속 조치를 요구했다. 특별히 주목해야 할 요구는 '사회정의를 구현할 수 있는 경제정책 강구'이다. 이는 지금의 '경제 민주화 정책'을 언급한 것으로 보인다. 빈익빈 부익부 현상이 심화되어가던 그때, 공정한 분배가 이뤄질 수 있도록 재벌 중심의 경제 구조를 바꿔야 한다는 주장이었다.

장준하는 이러한 공개서한을 박정희에게 보내면서 동시에 〈동아일보〉에 광고로 게재한다. 1월 11일, 병원에 입원 중인 장준하는 사실상 연금 상태였기에 대신 부인을 보냈는데, 동아일보사를 방문한 김희숙 여사의 발언을 중정은 이렇게 기록했다.

1975년 1월 11일

동 공개서한을 75. 1. 11. 동아일보 광고로 게재.

(동인의 처 김희숙이 동사를 방문)

- 고통받는 모든 사람의 아픔이 곧 동아일보의 아픔으로 나타나 있다.

– 동아일보의 의연한 자세는 민주회복을 열망하는 모든 사람들의 지표
가 되고 있다고 언동.

이어 1월 13일, "장준하가 〈동아일보〉에 광고비 명목으로 성금을 기탁했다"고 중정은 기록한다. 그로부터 이틀 후인 15일에도 장준하는 3000원을 〈동아일보〉에 전달했다. 더구나 이 돈 3000원은 서울사대 여학생 10명이 장준하의 활동을 지지한다며 보내온 성금이었다. 병원비도 없어 어려움을 겪고 있던 장준하는 왜 계속해서 〈동아일보〉에 성금 명목으로 돈을 기부한 것일까.

박정희는 자신의 독재 권력을 공고히 하기 위해 가장 먼저 언론부터 장악한다. 유신체제하에서 언론 보도를 사전 검열했으며 각 언론사마다 중정 요원을 배치했다. 권력을 비판하는 보도는 일절 허용되지 않았으니 언론의 자유가 철저히 파괴된 셈이었다. 참았던 파열음이 가장 먼저 분출된 곳은 〈동아일보〉였다. 1974년 10월 24일 '동아일보 기자 일동' 명의로 〈자유언론 실천선언〉이 발표된다. "자유언론에 역행하는 어떠한 압력에도 굴하지 않고, 자유 민주사회 존립의 기본 요건인 자유언론 실천선언에 모든 노력을 다하겠다"면서 〈동아일보〉 기자들은 다음 세 가지를 박정희 유신정권에 요구한다.

"첫째, 신문, 방송, 잡지에 대한 어떠한 외부 간섭도 배제한다. 둘째, 기관원의 언론사 출입을 금지한다. 셋째, 언론인의 불법 연행을 거부한다."

여기에는 어떠한 명목으로라도 언론인이 불법으로 끌려갈 경우, 연행자가 귀사할 때까지 퇴근하지 않고 농성에 돌입한다는 내용도 포함되어 있었다. 이러한 〈동아일보〉 기자들의 저항에 일격을 당한 박정희 유신독재의 보복은 지독했다. 이것이 이른바 '〈동아일보〉 광고 탄압'으로 불리는 경영 압박이었다. 〈동아일보〉에 광고를 주던 기업주들이 갑자기 무더기로 광고 계약을 취소하기 시작한 것이다.

훗날 밝혀진 바에 의하면 박정희가 이를 직접 지시했다고 한다. 1974년 12월 중순경 박정희가 당시 중앙정보부장이었던 신직수를 불러 〈동아일보〉를 손보라고 지시했고, 이에 따라 신직수 부장이 〈동아일보〉에 광고를 내는 기업주들을 불러 즉각 광고를 해약하라고 강요한 것이다. 이러한 박정희 권력의 〈동아일보〉 광고 탄압은 1974년 12월 20일부터 이듬해인 1975년 7월 14일까지 무려 7개월간 지속된다.

그러자 이에 반발하는 힘 역시 거셌다. 〈동아일보〉 기자들이 언론의 자유를 요구하며 저항하다가 광고 탄압을 받는다는 사실이 국민에게 알려지자, 이에 분노한 국민들이 〈동아일보〉를 응원하는 개인 광고를 내기 시작한 것이다. 기업의 광고 해약으로 백지 광고가 나가자 이를 대신하는 새로운 광고가 깨알같이 등장했는데, 모두 국민 개인의 이름으로 내는 유료 광고였다. 1975년 1월에만 2943건의 〈동아일보〉 격려 광고가 실렸는데, 그 문구 중 몇 개를 여기에 소개한다.

> 안타까운 마음으로 이 여백을 삽니다. —밥집 아줌마
>
> 돼지 저금통을 깨어 푼돈이나마 성금으로 보내드립니다.
>
> 점심을 먹지 않고 그 돈을 동아에 드린다. —수영 선수
>
> 술 한 잔 덜 먹고 여기에 마음을 담는다.
>
> 새로 태어날 아기의 자유를 위하여.
>
> 배운 대로 실행하지 못한 부끄러움을 광고한다. —법대생
>
> 내영아, 결혼을 축하한다. 축하금은 자유를 위해.

장준하 역시 이러한 박정희의 〈동아일보〉 광고 탄압에 맞서 조그마한 힘이라도 보태고 싶었다. 그래서 자신을 위해 누군가가 보내준 후원금마저도 〈동아일보〉 광고 비용으로 기부한 것이다. 하지만 이처럼 국민들이 응원해준 〈동아일보〉의 자유언론 실천운동은 비극적으로 끝난다. 〈동아일보〉 경영진이 박정희 권력의 탄압에 먼저 무릎을 꿇은 것이다. 〈동아일보〉는 자유언론을 선언한 기자들을 일곱 차례에 나눠 모두 134명이나 쫓아낸다.

쫓겨난 기자들은 이후 '동아 자유언론수호투쟁위원회'(이하 '동아투위')를 만들어 만 40년이 흐른 2015년까지도 명예회복과 원상복직을 요구하며 싸우고 있다. 〈동아일보〉에서 해직된 기자들에 대한 장준하의 애정은 컸다. 장준하는 쫓겨난 〈동아일보〉 해직 기자들의 생계를 위해 자신에게 들어온 후원금을 성금으로 전달했다. 심지어 그해 5월 9일, 장남 장호권이 종로 태화관에서 결혼할 때 들어온 축의금도 전액 〈동아일보〉 해직

기자들에게 내놓았다. "생활에 어려움을 겪는 동아일보 · 동아방송 해직 언론인의 생활비에 보태달라"며 동아투위 권영자 위원장에게 전부 맡겼다는 것이다. 장준하는 자신이 어려운 처지임에도 정의롭게 싸우다 고난을 겪은 이들을 그냥 외면하지 못하는 '아름다운 내면의 소유자'였다.

유신헌법 찬반 투표에 반대하다

박정희는 역시 '승부사'였다. 1973년 12월, 장준하의 유신헌법 개헌청원 100만인 서명운동으로 도덕적 위기에 몰리자 뜻밖의 제안을 하고 나섰다. 박정희는 1975년 1월 22일, 유신헌법과 유신체제 유지 여부를 묻는 국민투표를 실시하겠다고 전격 발표한다. 그는 특별 회담을 통해 현행 유신헌법에 대한 찬반과 함께 대통령 신임 여부도 물어, '만약 국민이 원하지 않는다면' 대통령 자리에서 즉각 물러나겠다고 선언한다. 국민투표일로 지정한 날은 그해 음력 설 다음 날인 1975년 2월 12일이었다.

그러나 박정희의 기습적인 국민투표 제안을 장준하는 반대한다. 그동안 헌법 개정을 요구하며 박정희를 비판해온 장준하가 왜 유신헌법에 대한 찬반 투표를 반대했을까. 얼핏 생각해보면 모순적이다. 박정희가 국민투표를 전격 제안한 다음 날인 1월 23일, 장준하는 국민투표를 반대한다는 성명을 입원 중인 조광현 내과에서 발표했다. 다음은 당시 〈중앙일보〉가 보도한 기사를 정보 수집한 중정의 기록이다.

1975년 1월 23일

본명은 국민투표 실시에 대한 거부 성명

- 현행 국민투표법하에서는 국민투표를 거부하는 것이 민주회복의 당면 과제다.
- 조속히 민주 양심세력의 대표회의를 열어 민주적 국민투표 법안과 개헌안을 확정 짓고 국민대표를 선출, 제헌회의를 만들기 위한 시기, 절차, 방법을 제시하고 현 정권 퇴진 후의 사태 수습을 위한 가능한 전반적인 복안을 시급히 마련하라.
- 현행 국민투표법은 국민의 참정권을 제한, 박탈하고 있다.
- 실질적으로 찬성 활동은 무한대로 보장되며 반대 비판운동은 금지되고 있다.
- 정당 및 반대 세력의 투, 개표 참관인이 없음으로 하여 공개 투표가 가능하게 되었다. (75. 1. 23. 〈중앙일보〉)

하지만 장준하의 반대에도 박정희가 제안한 유신체제 찬반 국민투표는 결국 실시됐다. 결과는 총유권자 1678만 8839명 중 1340만 4245명이 투표해 73.1퍼센트인 980만 206명이 찬성표를 던졌다. 국민 다수가 유신체제를 지지하는 것으로 확인된 것이다. 박정희는 투표 결과에 고무되어 1974년 1월 8일 발표했던 긴급조치를 해제한다. 그리고 그해 3월 15일에는 그동안 긴급조치 위반으로 구속되었던 148명을 구속집행정지로 가석방시킨다. 정말로 국민들은 박정희의 유신체제를, 그리고 박정희의 영구 집권을 원한 것일까. 장준하의 유신헌법 개정 요구는 정말 국민의 뜻이 아니란 말인가.

장준하는 국민투표 거부 성명에서 이렇게 주장했다. "유신헌법을 찬성하는 활동은 무한대로 보장되는 반면, 이를 반대하는 비판운동은 금지되어 있어 이런 상황에서는 국민투표를 거부해야 한다. 또한 정당과 반대 세력의 투, 개표 참관인이 없어 이는 사실상 공개 투표가 되어 투표 결과의 신뢰성도 확보할 수 없다."

이는 사실이었다. 1975년 2월에 실시된 국민투표에 참여한 당시 40대 농민 신권식 씨는 그날의 씁쓸한 기억을 자신의 일기장에 남겼다. 그 일기의 행간에 73.1퍼센트의 유신체제 지지 찬성률에 대한 진실이 담겨 있었다.

> 공명선거는 말살하고 대리 투표가 전반(적)이며 현 정부의 홍보활동으로 개표는 하나 마나다. 참다운 민주주의는 어디 가고 부정투표의 현황이…… 대통령의…… 임기 연장이 불만이나 국론 통일을 위하야 나도 찬(성)표를 던지고 홍보를 했다.

1975년 국민투표가 총체적 부정선거였다는 증언은 또 있다. 그해 국민투표가 자신의 생애 첫 투표였다는 그는 군복무 중인 부대에서 투표에 참여했다고 한다. 이때 500명의 군 병력이 참여한 투표 방식은 참으로 해괴했다. 군 지휘관이 투표 감독관으로 앉아 있는 가운데 진행되었다는 것이다. 그런 상황에서 누가 감히 반대표를 던질 수 있겠는가.

하지만 그중 분기가 치민 누군가가 반대에 기표했는데, 그런 표가 두 장 나왔다고 한다. 결국 이 반대표 두 장으로 인해 이후 500명의 군인이 큰 홍역을 치렀다는 증언이다. 그러면서 제보자는 그때 용기가 없어 반대표를 던지지 못했음을 '국민 앞에 사죄한다'는 글을 자신의 인터넷 홈페이지에 올리기도 했다. 이렇게 치러진 국민투표는 누가 봐도 정정당당한 것이 아니었다. 박정희는 이겼으나 그는 한마디로 '비열한 승부사'였다.

'개헌안 단일화 촉구' 기자회견

정세는 시시각각 변했다. 국민투표 실시로 다시 권력의 정통성을 획득했다고 자부하는 박정희와 이는 '국민투표 쇼'라며 정당성을 인정하지 않는 장준하의 싸움은 다시 치열해진다. 한편 이때 장준하는 형집행정지 후 두 달째였던 조광현 내과 입원 생활을 중단하고 퇴원한다. 불어나는 병원비로 더 이상 입원을 할 수 없는 상황에 처한 것이다. 다음은 이러한 사정을 담은 중정의 동향 보고이다.

1975년 2월 5일

본명은 자기 처에게 다음과 같이 언동

- 조 박사가 입원비 걱정은 말라고 하나 받지 않겠다는 의미가 아니고
- 애들의 학비 문제가 있고
- 주사를 약으로 대치할 수 있다고 하며
- 더 이상 누가 봐주겠느냐. 퇴원해서 약방에 침대를 놓고 약을 쓰며 치료해야겠다.

결국 치료비가 없어 곤란을 겪던 장준하는 다음 날인 2월 6일 낮 3시 30분경 조광현 내과를 퇴원한다. 이러한 사정이 알려진 걸까. 집으로 돌아온 장준하에게 많은 이들의 도움이 전달된다. 2월 12일에는 미국 뉴욕 지역 한국학회에서 장준하에게 전해달라며 〈동아일보〉에 200불을 기탁해왔고, 같은 달 17일에는 마산에 거주하는 익명의 기부자가 4550원을 〈동아일보〉에 기탁한다. 유력 인사의 병문안도 이어졌다. 2월 11일에는 김대중이, 19일에는 신민당 김영삼 총재가 장준하의 집으로 병문안을 왔다고 중정은 기록했다. 이외에도 장준하에 대한 격려와 지지, 응원은 계속 이어졌다.

장준하는 자신에게 쏟아지는 국민의 성원이 무엇을 뜻하는지 잘 알고 있었다. 자신이 요구하는 개헌청원운동이 옳다는 지지 표현이었다. 장준하는 이러한 국민의 기대에 부응하는 길은 무엇보다 흩어진 야권을 하나로 묶어 다시 한번 반박정희 전선을 치는 것이라고 결심한다.

2월 21일, 장준하는 이러한 자신의 의견을 피력하기 위해 자

택에서 기자회견을 한다. 이날의 기자회견에는 보기 드문 열기가 일었다. 20여 명의 내외신 기자가 참석한 것이다. 긴급조치 위반 혐의로 장준하가 끌려가면서 "언론이 비록 침묵하고 있으나 그 침묵이 길게 가지는 않을 것"이라고 했던 예언이 맞아가고 있었다. 그 예언처럼 〈동아일보〉 기자를 시작으로 각 언론에서 자유언론 실천선언이 불같이 일자, 이날 비교적 많은 기자들이 장준하의 기자회견에 참석한 듯하다. 중정은 이날 장준하가 기자들에게 배포한 유인물을 동향 기록이 아닌 '중요 상황 보고서'에 그대로 기록해놓는다.

1975년 2월 21일 12시 12분

출처: 6국

제목: 장준하 기자회견 시 유인물 내용

1. 박정희 씨를 정점으로 하는 현 정권이 민주 헌정을 헌법 절차에 의하지 않고 파괴하는 유신의 이름을 빌려 1인 종식 독재 체제를 권장하고 유신헌법을 채택한 이래 탄압과 회유, 저항과 고통 등 허다한 우여곡절이 있었지만 오늘 이 시점에서 거듭 분명히 확인된 것은

- 유신헌법은 투표 놀이인 국민투표와 같은 어떠한 정치조작을 통해서라도 국민적 정당성을 획득할 수 없다는 것.
- 구속 인사의 석방, 거국적 정치체제 등 최근의 융화 정책도 그것이 민주 개헌과 1인 독재 종결이라는 근본 문제 해결을 위한 단계가 되는 데서만 의미가 있으며 그렇지 아니하는 한 또 다른 속임수에 불과하

며, 국회나 야당도 이 독재를 견제하는 근본 문제를 해결하기 위한 수단이라는 한계에서만 의미를 가지며 그렇지 못한다면 국민이 국회와 야당을 견제할 것이라는 것.

- 그리고 현재의 경제 난국, 남북 긴장, 국제 고립 등 정부가 유신체제의 계속을 주장하는 모든 구실은 유신체제를 민주 제도로 개혁, 발전시키지 않고는 해결의 실마리조차 찾을 수 없다는 것이다.

2. 따라서 현재 우리 난국의 본질은 민주회복을 열망하는 대다수 국민과 유신의 이름을 빌린 헌법적 1인 독재 체제에 극소수의 구성 분자와 이에 개인적 영합과 안일을 위해 추종하는 소수의 집권 세력과의 갈등이며, 지금까지 소수 집권층은 그들이 가진 물리적 강제력을 동원하여 연명하여왔지만 그 힘의 원천이 국민이며 집권자인 국민으로부터 연유하지 않은 권력은 정치적 폭력이라는 인식이 압도적으로 보급되어 이것이 지난 2년의 부정을 통하여 국민적 힘으로 전환되자 집권세력은 퇴조기에 들어가고 있음이 명백하다. 이제 문제는 유신체제의 민주적 개혁이라는 민주회복과 새로운 민주 질서 아래서 인권과 복지와 민주통일을 어떻게 보장할 것이며 그 시기를 어떻게 앞당길 것이며, 가장 평화적이고 국민 전체가 주체적으로 참여할 방법이 있는 것인가로 요약된다.

3. 이러한 문제를 깊이 생각한 끝에 본인은 민주회복을 열망하는 국민의 한 사람으로 감히 민주회복 투쟁에 헌신하고 있는 재야 지도자 여러분께 민주회복의 투쟁 노선과 민주개혁의 과정에 대한 기탄없는 숙의를 거쳐 민주회복이라는 목표가 단일한 만큼 이 목표를 달성하는 모든 능력도 단일화를 이룩할 것을 간절히 바란다. 예컨대, 본

인은 개헌청원 백만인 서명운동 당시 유신 이전의 헌법으로의 환원을 주장하였고, 어떤 당은 독자적으로 개헌 판을 준비한다고 하고 또 어떤 당은 내각책임제, 또 어떤 분들은 3선 개헌 이전의 법안을 주장한 바 있는데 본인은 흔쾌히 본인의 주장을 후퇴시켜 단일화된 개헌안에 전면적 지지를 할 것이다. 끝.

이후 장준하는 기자회견에서 제기한 '단일화된 개헌안의 합의안 도출'을 위해 노력했다. 재야 영수급 지도자들을 접촉한 뒤 "한자리에 모여 과거 1967년 4자회담의 성공처럼 다시 한 번 대승적 합의를 이뤄보자"며 설득하기 시작한다. 이러한 장준하의 노력을 보여주는 중정 동향 보고이다.

1975년 2월 26일

장준하는 자택을 방문한 측근에게 다음과 같이 언동했다 함.

- 종교계를 제외한 정치인들만이 민주회복운동 단일화를 도모하되, 4월 이내에 이루어지도록 양일동에게 제시했다.
- 동 운동은 양일동을 중심으로 추진하되, 김○○이 미온적이면 재야 원로들을 조직, 김○○을 이단시할 것이다.

이날의 중정 동향 기록은 특이했다. 정보를 입수한 경로가 도청을 하거나 직접 확인한 것이 아니라 제3자의 전언을 전달하는 형식이었기 때문이다. 이전에도 물론 있었지만 이때부터 장준하의 동향 기록에 이런 유형의 보고문이 많이 보인다. 이는 장준하의 측근 중에 중정에게 포섭된 누군가가 있었음을 의미한다. 따라서 그 누군가를 믿고 장준하가 자신의 속내를 말했는데 이 모든 것이 중정에 전부 전달되고 있었던 것이다. 비극의 시작은 더욱 빠른 속도로 이어지고 있었다.

중정의 '위해분자 관찰계획 보고'

형집행정지로 풀려난 장준하는 여전히 자신의 의지를 굽히지 않았다. 박정희는 국민투표 결과를 통해 국민이 유신체제를 지지한다고 생각했겠으나 장준하는 부정선거로 얻은 불의한 결과라며 인정하지 않았다. 장준하는 그러한 뜻을 개인 성명과 기자회견 등의 방식으로 계속해서 박정희에게 신호를 보냈다.

그러자 중정은 1975년 3월 31일 장준하에 대한 모종의 계획을 수립한다. 훗날 대통령소속 의문사 진상규명위원회 조사 과정에서 확인된 이때의 계획은 이른바 '위해분자 관찰계획'이었다. 당시 중정 6국 과장의 주도 아래 작성된 이 보고는 나중에 장준하의 의문사와 맞물려 엄청난 의혹을 사게 된다. 당시 작성된 중정의 '위해분자 관찰계획 보고'라는 제목의 보고서 전문이다.

제6국

수신: 부장 75. 3. 31.

제목: 위해분자 관찰계획 보고

1. 대상자 인적 사항

원적: 평북 삭주군 외남면 대관동 258

본적: 서울 성북구 삼선동 3가 3

주소: 서울 동대문구 면목동 182-46

통일당 최고위원 장준하 59세 (1915. 8. 27.생)

2. 관찰 목적

본 자는 통일 최고위원으로서 과거 족청계로서 현 정부 시책을 항상 비방해오던 중 73. 11. 5. 함석헌, 천관우, 김재준, 김수환 등 20여 명과 민주회복 국민 총궐기 투쟁을 선언하여 사회 민심을 선동타가 74. 3. 4. 대통령 긴급조치 위반으로 15년형을 수하고 복역 중 74. 12. 3. 형집행정지로 석방된 후에도 75. 1. 8. 대통령 각하에게 공개서한을 발표하고 75. 1. 23. 국민투표 거부를 선동하고 75. 3. 27에는 민주회복 구속자 협의회를 결성하는 등 계속적으로 유신체제를 반대하고 개헌을 주장하면서 총화를 저해하는 반체제 활동을 주동하고 있는 자이므로 동인의 불순 기도를 탐지, 사전에 저지, 와해, 봉쇄함으로써 조직 확장과 세력 확산을 방지하고 범법 자료를 수집하여 의법 처리코자 함에 있음.

3. 관찰 기간

1975. 3. 31. - 계획 종료 시까지

4. 관찰 요령

가. 중점 수집 사항

헌법을 부정, 반대, 왜곡, 비방, 개헌청원 등의 행위

- 국가원수 모독 행위
- 민청학련 및 인혁당 사건 조작 운운 허위사실 유포 행위
- 형사 입건 자료
- 스캔들, 약점
- 긴급조치 사범 중 석방자 선동 자극 행위
- 민주회복 국민회의 등 반체제를 위한 단체 가입 및 권유 행위
- 유언비어 날조 유포 행위
- 반체제 성명 발표 행위
- 기타 반국가적 불순 특이 동향

나. 관찰 방법

- 관찰 경찰서인 청량리경찰서 정보과장을 조정, 본명의 일일동향 파악 (1일 1면 이상)
- P/A[중정이 측근을 포섭한 사설 정보원(Personal Agent)의 영문 약자] ○○○을 조정하여 본명의 정치 활동 및 불순 기도를 사전 입수한다.
- 우검 및 S 첩보를 분석, 불순 기도 탐지
- 공개 첩보(신문, 방송, 간행물 등)를 통한 동정 확인 및 형사 입건 시의 수사 자료 수집
- 위해분자 일일동향 보고
- 수시로 P/A를 조정하여 동향을 파악
- 불순 용의점 파악 시 미행 감찰하여 내사한다.

- 각급 첩보 보고서를 비교 검토 분석하여 본명의 기도를 파악한다.

5. 행정사항

- 관찰 일지를 비치하고 동향의 기록 및 입건 자료 구비
- 특이 동향 발생 시 즉보
- 공작 필요시 보고 후 실시
- 매주 토요일 특이 동향 종합 보고 (담당관 박○○)

중정은 왜 이때 장준하를 상대로 한 '위해분자 관찰계획 보고'를 수립했을까. 이 계획을 수립한 1975년 3월 31일은 박정희 유신정권 입장에서 위기감을 느낀 날이었다. 장준하는 2월 21일 자신의 집에서 기자회견을 열어 재야 지도자와 정치인에게 매우 중대한 제안을 했다. 각기 주장하는 여러 가지 방안의 개헌안을 대승적으로 논의하여 단일화된 하나의 안으로 만들자는 제안이었다. 이를 통해 유신헌법을 끝장내자며 장준하는 은밀히 김영삼과 김대중, 윤보선과 양일동을 찾아가 설득했다. 그 결과 4자회담이 열린 날이 3월 31일이었던 것이다. 그 시대 정치적 거물 4명을 한자리에 앉게 하는 데 성공한 장준하는 과거 1967년의 4자회담처럼 다시 한번 반유신독재에 맞서는 결단을 촉구한다. 이것이 그날 중정이 장준하를 상대로 '위해분자 관찰계획 보고'를 수립한 이유였다. 이제 더 이상 장준하를 방치할 수 없다는 판단이 내려진 것이 아니었을까.

유신독재 타도 위해 전부를 걸다

장준하를 '위해분자'로 선정한 중정은 그다음 날인 4월 1일부터 장준하의 모든 것을 꼼꼼히 감시한다. 하지만 장준하의 이후 행적은 수면 아래로 잠기는 잠행에 가까운 수준이었다. 분주하긴 했으나 어떤 특별한 행동을 하지는 않았다. 적어도 외부에서 보기에 장준하는 일상적인 활동만을 주로 했다. 예를 들어 '위해분자 관찰계획 보고'가 작성된 4월 1일 동향 일지에는 "종일 재가하였을 뿐 특이 동향 무"라고 적혀 있었다.

이튿날 역시 마찬가지였다. 장준하는 계속해서 집에 있었고, 다만 반공 검사로 유명한 오재도 검사가 장준하의 집을 방문했다는 기록만 있었다. 다른 날도 마찬가지였다. 장준하는 주로 집에 있었고 누군가가 집을 방문하면 일상적인 손님 접대만 했다. 이처럼 외부적으로는 잠잠한 듯했으나 장준하는 자신이 생각한 대로 방향을 잡고 치열한 한판을 준비하고 있었다.

장준하는 1967년에 야당 최초의 대통령 단일후보를 조율해 낸 것처럼 다시 한번 야권과 재야를 하나로 묶어내기 위해 자신부터 기득권을 내려놓는다. 그 실천이 4월 18일 민주통일당(이하 '통일당') 탈당이었다. 그 당시 통일당의 최고위원이었던 장준하는 야권 연대를 위해 자신부터 특정 정당의 직위를 내려놓겠다고 선언한다. 다음은 장준하의 탈당 성명 요지를 기록한 이틀간의 중정 동향 기록이다.

1975년 4월 18일

통일당 탈당 성명 발표

- 야당 통합운동을 촉구하기 위하여 한 정당으로서가 아니라 한 시민으로서 백의종군하기로 결심했다.
- 탈당 성명 직후 양일동 총재를 방문하고 자신이 일반인의 신분에서 야당 통합을 적극 중재하겠으며 야당 통합이 되어 수권 정당으로 완전히 정돈된 후에는 평당원으로 있을 것이라고 언명하였음.

1975년 4월 19일

- 동아일보 김성익 기자를 비롯한 측근들에게 지금까지 야당 통합에 별 진전이 없는 것은 양당 공히 책임이 있으며, 자신은 사리사욕을 버리고 빠른 시일 내에 야당 통합 계기를 마련키 위해 탈당한 것이라 언급하였음.
- 정동 젠센 회관에서 '씨알의 소리'지 5주년 시국 강연회에 참석하여 "수감 중 여러분의 호의에 감사하며, 통일당 탈당은 나 자신이 민주회복의 일원으로 백의종군하기 위해서다"라는 내용의 연설을 하였음.

하지만 장준하의 노력에도 불구하고 1975년의 야당 통합은 실패한다. 그해 5월, 신민당 총재인 김영삼이 청와대에서 박정희를 만난 후 유신체제에 대한 비판을 자제하기로 약속하면서였다. 이른바 '박정희-김영삼 밀약설'이었다. "안보 위협이 해소될 때까지 야당인 신민당이 협조할 테니 이후 안보가 충분히 안정화되면 그때 유신헌법을 개정해달라"고 김영삼이 제의했고, 이를 박정희가 수용했다는 것이다. 그리고 이러한 약속을 당분간 둘만의 비밀로 하자는 박정희의 요구에 따라 김영삼은 일절 아무 말도 하지 않았으며, 이후 반유신투쟁도 접어버렸다.

장준하는 김영삼에게 매우 실망한다. 그는 김영삼의 배신을 보면서 야권을 하나로 묶어내는 것은 불가능하다고 결론 내린다. 자신이 직접 박정희 유신독재를 깨기 위한 독자적인 역할에 나서기로 결단한 것이 이때인 듯하다. 이것이 추후 '장준하 거사설'로 알려진 모종의 계획이었다. 장준하는 자신의 계획을 추진하기 위해 다시 비밀리에 사람들과 접촉하기 시작한다. 물론 중정은 이러한 모든 내용들을 감시했다.

장준하가 그 당시 접촉한 이들은 다양했다. 가장 눈에 띄는 사람은 1971년 대통령 후보로 출마했던 김대중이었다. 김대중은 당시 자신의 동교동 집에 연금되어 갇혀 있었다. 1975년 7월 29일, 이날 장준하는 점심 초대를 받고서 김대중의 집을 방문했다고 중정은 기록했다. 오전 11시부터 낮 2시 30분까지 무려 3시간 30분에 걸친 긴 시간이었다. 특이한 것은 다른 동향 기록의 경우 무슨 목적으로, 왜 그 사람을 만났으며, 어떤 대화를 나눴는지가 상세히 기록되어 있는데 이날만은 예외였다는 점이다. 장준하와 김대중이 만났다는 사실 외에는 대화 내용이 일체 전무했다.

이상하고 궁금하던 차에 2003년 대통령소속 의문사 진상규명위원회가 장준하 의문사 사건을 조사하는 과정에서 이 부분을 꼭 확인하고 싶었다. 그래서 당시 생존해 있던 김대중 전 대통령에게 장준하 선생 의문사 규명과 관련한 면담 요청 공문을 발송했다. 혹시나 해서 보냈는데 면담 일정을 잡자는 답변이 비서실을 통해 전해졌다. 더 반가운 일은 "나도 꼭 전할 말이 있다"는 김대중 전 대통령의 전언이었다. 2003년 12월, 드디어 면담 약속이 잡혔다.

김대중과의 화해, 그리고 결단

2003년 12월 18일 김대중 도서관에서 이뤄진 면담은 장준하의 거사 실체가 무엇인지 확인하는 데 큰 도움이 되었다. 특히 김대중은 우리가 궁금해했던 그날의 밀담을 마치 어제 일처럼 생생하게 기억하고 있었다. 면담을 시작하기에 앞서 두 사람의 인연에 대해 묻자, 김대중은 "자유당 치하에서 장 선생이 《사상계》를 운영할 때 알게 되었고, 이후 장 선생을 더 적극적으로 알게 된 것은 6대 국회 때 이른바 '한비 밀수사건'(1967년 '삼성 사카린 밀수사건')에 대해 '밀수 왕초는 박정희다'라는 발언을 하는 바람에 잡혀 들어가, 내가 장 선생 석방운동을 하면서부터"라고 소개했다.

김대중은 이날 의문사위 관계자와 나눈 면담을 토대로 2010년 펴낸 《김대중 자서전》에서 다시 한번 장준하와 관련된 중요한 증언을 남겼다. 《김대중 자서전》 중 관련 부분을 인용한다.

장 선생은 효율적인 민주화 투쟁을 위해 민주 세력의 단일화를 촉구했다. 그의 제안을 무조건 받아들여 3월 31일 윤보선, 양일동, 김영삼 그리고 내가 모여 4자 회담을 열었다. 그러나 일련의 통합 논의는 김영삼 신민당 총재가 박 대통령과 단독 회담을 제의하면서 깨졌다. 김 총재는 청와대를 다녀온 후 일체 그 내용을 밝히지 않았다. 개헌 투쟁도 보류했다. 당연히 세인들은 의혹의 시선을 보냈다.

김 총재의 입장 변화와 시국에 낙담한 장 선생은 7월 말에 우리 집을 찾아왔다. 사실 장 선생과 나 사이에는 약간의 앙금이 있었다. 1971년 대통령 선거 때, 장 선생이 다른 진영에 가담하여 나를 공격한 일이 있었기 때문이다. 장 선생은 그것을 털어버리기 위해 나를 찾아왔다고 했다.

"앞으로는 김 선생을 적극 돕겠습니다. 김 선생과 함께 유신 체제를 종식시키고 민주사회를 이루고 싶습니다."

나는 장 선생이 운영하는《사상계》에 글도 쓰고 재정적으로도 많이 도와주었다.《사상계》는 독재의 서슬에도 올곧은 목소리를 내는, 당시로서는 귀한 잡지였다. 그러다가 김지하 시인의 〈오적〉을 실어 폐간을 당했다.

점심을 함께 들었다. 식탁 가득 화기가 넘쳤다. 장 선생은 등산의 묘미를 얘기하며 등산 때문에 건강을 되찾았다고 말했다. 그간에 오른 산 이름을 두루 열거했다. 거의 모든 산을 오른 듯했다. 내가 염려되어 한마디했다.

"그렇게 다니셔도 괜찮겠습니까?"

"설마 놈들이 날 어떻게 하겠소."

"그래도 혼자서는 절대 다니지 마십시오. 세상이 너무 험합니다."

그것이 내가 장 선생과 나눈 마지막 대화였다. 그의 따뜻한 웃음과 우리 집을 나서는 뒷모습이 선한데, 경기도 포천군에 있는 약사봉 계곡에서 사체로 발견되었다는 소식을 들었다. 그때 '홀로 등산'을 강력하게 만류했어야 하는데, 그리하지 않은 것을 크게 후회했다.

이 책에 담기지 않은 더 구체적인 진술은 2003년 12월의 의문사위 면담 인터뷰 녹취록에서 확인할 수 있다. 중정이 기록한 1975년 7월 29일의 밀담이 구체적으로 무엇인지를 묻자, 그는 이렇게 대답한다.

"7월에 장준하 선생이 찾아오셨어요. 나는 그때 연금 당해서 못 나가가지고, 그때는 장준하 선생쯤 되면 미행, 도청, 감시 이런 것은 당연지사니까 그렇게 됐고, 내 기억에는 그때 오찬을 했는데 유신 철폐에 대해서 서로 심도 있게 얘기를 하고 그랬죠. 장준하 선생이 이런 말을 한 것이 지금도 기억에 있어요. 자기가 이제 희생을 각오하고 싸우겠다. 그리고 당신한테 얘긴데, 사실은 나도 지금까지 어떤 대망을 가지고, 당신에 대해서 라이벌 의식도 갖고. 그러나 이제 포기했다. 나는 민주회복을 위해서 모든 것을 다 바치겠다. 당신이 움직일 수 없으니까, 나라도 움직여서 내가 하겠다. 우리가 힘을 합쳐서 이 일을 해내자. 그런 의미의 얘기를 그때 솔직히 자신의 심정을 얘기하면서 했던 것이 기억에 있습니다."

김대중의 증언처럼 이 시기에 장준하는 이전과 다른 행보를 보였다. 자신의 생각과 감정을 담아 항일대장정을 그린 《돌베개》를 다시 쓴 시기도 1975년 1월이었다. 나중에 사람들은 이러한 장준하의 행동을 놓고 결단을 실행하기 전에 주변 정리를 한 것이라고 해석했다. 특히 기독교 신자였던 장준하가 천주교 신자인 아내의 소원을 들어주고자 천주교 혼배성사를 거행했다는 점도 더욱 그렇게 보였다. 그는 누가 봐도 비장했고 어떤 결단을 내린 사람이 아니고서는 할 수 없는 행동을 했다. 그렇다면 장준하의 결단은 과연 무엇이었을까.

2차 100만인 서명운동을 도모하다

어느 날 함석헌 선생이 도올 김용옥 교수의 집을 방문하여 함께 이야기를 나눴다고 한다. 그때 함석헌 선생의 말씀을 들은 도올의 증언이다. 1975년 의문의 죽음을 당하기 전 장준하가 이런 말을 남겼다고 한다. "이대로 올해를 무사히 넘기기란 힘들 것 같습니다. 우리가 뭔가 해봐야 하지 않겠습니까. 막강한 유신 앞에 할 수 있는 게 없다고 해도, 절망할 수는 없는 일 아닙니까?" 장준하의 말을 듣고 함석헌 선생은 '혼자 뭔가를 꾸미려나 보다' 하고 생각했다 한다. 그것이 무엇이었을까.

장준하는 처음 긴급조치로 잡혀갈 때 자기 외에 누군가가 다치는 것을 크게 염려했다. 그래서 싸우되 여럿이 다치지 않고 혼자 죽는 길을 모색했다. 더구나 1975년은 매우 흉흉했다. 박정희가 필요하다고 마음만 먹으면 자신을 반대하는 사람들을 죽이는 것을 봤기 때문이다. 자신의 권력 연장을 위해 박정희는 죄 없는 사람에게 '죄를 만들어 씌워' 죽였다. 1974년 조작한 이른바 '인혁당 재건위 사건' 관련자 8인을 1975년 4월 9일 새벽에 집단 처형한 것이다. 이제 박정희를 비판하고 반대하면 단순히 감옥에 가는 것이 아니라 진짜로 죽음을 각오해야 하는 일임을 장준하도 절감한 때였다. 그러니 누군가를 깊이 끌어들이지 않으면서 박정희와 맞설 수 있는 방법은 '순교하는 심정으로 혼자 거사를 준비하는 것'이 아니었을까.

그간 '장준하의 거사 실체는 무엇일까'를 두고 많은 의문이 이어졌다. 박정희 정권이 장준하를 정말로 죽였다면 거사의 실체가 그 확실한 이유가 되기 때문에 우리는 장준하가 계획했다는 거사가 무엇인지 목마르게 알고 싶었다. 그러다가 찾게 된 단서가 '무소유' 철학으로 많은 이들에게 알려진 법정 스님의 글이었다.

1976년 8월, 함석헌은 자신이 발행하는 《씨알의 소리》에 장준하 1주기를 맞아 추모 특집을 실었다. 생전 장준하와 가까웠던 백기완, 김동길, 안병무 교수 등이 글을 썼는데 이 중에는 법정 스님의 추모 글도 있었다. 바로 그 글에서 장준하와 법정 스님, 두 분만이 알고 있는 놀라운 일화가 눈에 띈 것이다. 나는 보다 자세한 이날의 일화를 직접 듣고자 법정 스님을 만나려 했다. 법정 스님이 평소에는 오대산 암자에서 생활하시다가

1년에 단 두 번, 법회차 서울 성북동 길상사로 발걸음을 하신다는 것을 알게 되었다. 한 달여의 기다림 끝에 나는 길상사에서 법정 스님을 직접 뵀다. 그리고 두 분만이 알고 있던 비밀을 들었다. 그렇게 알고 싶었던 장준하 거사의 실체였다.

1974년 12월 말 어느 날. 법정 스님은 서울 종로의 조광현 내과를 찾았다. 장준하가 긴급조치 1호 위반으로 구속된 지 11개월 만에 형집행정지로 풀려나왔다는 소식을 들은 것이다. 병상에 누워 있던 장준하는 병색이 완연했다. 어서 건강을 되찾으시라고 덕담을 건네자마자 장준하가 자신의 베개 밑에서 한 뭉치의 서류를 꺼내 스님께 내밀었다. 그러면서 "누구누구를 찾아가 서명을 받아서 가져와달라"고 부탁했다. 바로 유신헌법 개정을 위한 제2차 100만인 서명운동 용지였다.

법정 스님의 증언을 듣는 순간 나는 깨달았다. 그동안 장준하의 거사 실체를 두고 온갖 설이 난무했는데 비로소 확신이 들었다. 장준하가 준비한 거사는 바로 '유신헌법 개정을 위한 제2차 100만인 서명운동 재추진'이었다. 누군가는 "장준하의 거사 실체가 겨우 그것이냐"고 말할지도 모르겠다. 실제로 양심적인 군인들과 합세한 무장 도시 게릴라 작전을 언급하는 이들도 있었고, 또 다른 방식의 거사를 말하는 이들도 있었다. 하지만 징역 15년을 선고 받은 장준하를 고작 11개월 만에 박정희가 감옥 밖으로 내보낸 배경을 생각한다면, 제2의 100만인 서명운동 추진이 얼마나 위협적인지 짐작할 수 있다.

독재 권력이 가장 무서워하는 것은 소수 명망가 중심의 반정부 투쟁이 아니라 국민이 참여하는 반정부 투쟁이다. 1975년 2월, 박정희가 갑자기 유신체제 유지와 관련한 국민투표를 제안하고 그 투표 결과에 따라 대통령직 사퇴 여부도 연계하겠다는 발표를 하게 된 결정적 계기 역시 장준하가 주도한 개헌청원 100만인 서명운동의 여파였다. 무서운 기세로 서명운동이 확산되는 것을 보며 박정희 권력은 크게 당황했다. 박정희는 서둘러 긴급조치 1호로 장준하를 잡아들인 후 감옥 안에서 합법적인 방법으로 죽이려 했으나, 결국 그 뜻을 이루지 못한다. 미국의 압력 때문이었다.

이런 상황에서 장준하가 "제2의 개헌청원 100만인 서명운동을 추진하겠다"고 공개 선언한다면, 그래서 이번엔 장준하가 정말 죽음을 각오하고 달려들어 진짜로 '감옥에서 죽어버린다면' 박정희 정권에게 이보다 더 끔찍한 악몽은 없을 것이었다. 의문사위는 이것이 바로 장준하가 준비한 '혼자 죽되, 독재자 박정희를 끌어안고 함께 죽는' 거사의 실체라고 판단했다.

'장준하의 거사' 알고 있었던 중정

중정 역시 장준하의 이 같은 거사 계획을 알고 있었던 것으로 보인다. 그 증거가 바로 1975년 3월 31일 장준하를 상대로 중정이 작성한 '위해분자 관찰계획 보고'이다. 중정은 장준하를 감시하면서 많은 보고서를 만들어냈는데, 그중 유일하게 비밀로 분류된 문서가 이것이다.

이 보고서는 "장준하의 개헌운동 계획을 사전 탐지해 와해, 봉쇄함으로써 조직 확장과 세력 확산을 방지하고 공작 필요시 '보고 후 실시'한다"는 내용을 담고 있다. 즉 장준하가 개헌청원 100만인 서명운동을 재추진할 시 이를 저지하는 공작이 필요할 경우 '보고 후 실시'하라는 내용이었다. 장준하는 이 보고서가 만들어진 후 의문의 죽음을 당하게 된다. 보고서가 만들어지고 나서 불과 5개월 뒤의 일이었다.

장준하가 최후를 맞은 8월 17일은 역사적 의미가 있다. 알려진 사실에 의하면 애초 장준하가 거사를 계획한 날은 광복 40주년을 맞는 1975년 8월 15일이었다고 한다. 이날을 맞아 '제2의 개헌청원 100만인 서명운동'을 다시 추진하고, 앞서 국민투표로 정당성을 얻었다는 박정희에게 "박정희와 장준하 중 누가 더 옳은지 국민을 상대로 정직하게 확인해보자"는 선전포고를 하려고 했던 것이다. 그런데 당시 신민당 총재였던 김영삼이 외유 중이라 장준하는 하는 수 없이 그 일시를 미뤘다고 한다. 차라리 그때 미루지 않고 계획대로 했다면 어땠을까. 역사에는 가정이 없다고 한다. 하지만 만약 그랬다면 장준하가 이처럼 어처구니없이 숨을 거두는 일은 없지 않았을까 상상해본다. 차라리 감옥 안이 더 안전했다는 그 당시 장준하의 현실이 가슴 아프게 다가온다.

장준하의 거사 실체가 '개헌청원 제2차 100만인 서명운동'이라는 사실을 뒷받침하는 근거는 몇 가지 더 있었다. 그중 하나가 1975년 2월 21일 장준하가 자신의 집에서 개최한 '민주회복 개헌운동의 단일화 촉구' 기자회견의 주체다. 장준하는 성명 발표의 주체를 '개헌청원 100만인 서명운동 본부'라고 적고 있었다.

또한 고 문익환 목사의 동생인 문동환 교수도 장준하와 관련한 중요한 일화를 남겼다. 훗날 평화민주당 소속 국회의원을 지낸 문동환 교수가 1975년에 장준하를 만났는데, 그때 자신에게 불쑥 용지를 내밀었다고 한다. 서명을 해달라고 해서 살펴보니 개헌청원 서명 용지였다는 것이다. 문 교수는 "초지일관 자신이 목적한 바를 포기할 줄 모르는 집념을 가졌다"고 장준하를 평하는 글을 남겼다.

장준하의 거사가 도시 게릴라전 같은 무장 봉기가 아니었음을 증언하는 사람은 또 있었다. 2003년 12월 18일 의문사위와의 면담 인터뷰 중 장준하와 모종의 합의를 이뤘다고 밝힌 김대중의 증언이다.

> "각계각층을 규합해가지고 민주화운동을 하는 것을 말한 거죠. 그때는 유신체제하에서 아무것도 못하고, 성명서 한 장도 전부 불법으로 처리될 때고, 툭하면 사형선고 내리고 투옥되고, 장준하 선생도 그때 참 비장한 각오로 나섰다고 생각됩니다."

한편 김대중은 "장준하의 죽음 역시 박정희 유신독재정권에 의한 죽음으로 볼 수 있느냐"는 질문에, 1973년 도쿄에서 납치

되었다가 기적적으로 살아난 자신의 생환을 언급하며 이렇게 답했다.

"내 사건은 의심할 여지 없이 중앙정보부가 했으니까 그건 다 알고 있는 사실이고. 장준하 선생 죽음에 대해서는 직접은 누가 현장에서 안 봤으니까 모르죠. 모르나, 의문점이 많고 또 그렇게 의문이 많은 것은 그분이 평소에 어떤 사람보다도 박정희 정권에 대해서 과감하게 투쟁을 했고 언동을 서슴지 않고 했고, 그래서 그것이 상당히 국민이나 지식인들에게 큰 영향력이 있었기 때문에, 그때 박정희 정권은 자기네 집권 계속에 지장이 되면 서슴지 않고 죽이는 거니까, 많은 사람 있지 않습니까, 인혁당 사건이라든가 여러 가지 있고, 나도 그 대상에 들어가고. 그러니까 장준하 씨가 그쪽에서 제거의 대상이 됐다고 해서 하나도 이상할 것이 없어요. 좌우간 그때 사회 분위기, 정부 태도로 봐서 나나 장준하 선생은 제거의 대상인 것은, 말살의 대상인 것은 틀림없어요. 나는 구사일생으로 살았고 장준하 선생은 희생이 됐는데 저것이 꼭 기관에 의해서 했냐 하는 것은 내 사건같이 확실한 증거는 없거든요. 내 사건은 확실히 나왔으니까. 여하튼 그 시대에 장준하 선생에 대한 박해, 음모, 이런 것은 충분히 있을 수 있다고 생각하고 내 개인으로서는 이것이 그러한 독재정권에 의한 희생이다 하는 생각을 가지고 있어요. 돌아가셨을 때도 내가 집에 가서 여러분하고 그렇게 얘기했는데 그때도 그랬고, 지금도 그렇고."

"장준하의 죽음을 타살로 볼 수 있느냐"는 질문은 사실 준비된 것이 아니었다. 대통령까지 지낸 분에게는 매우 예민한 질문이기에 갑작스러운 돌발 질문을 던지는 김희수 의문사위 상임위원을 보고 솔직히 당황했다. 하지만 김대중의 표현은 단호했다. 김대중은 '박정희 권력에 의해 장준하가 희생되었다'고 확신하고 있었다. 자신 역시 1973년 8월, 박정희 독재 권력에 의해 죽음 직전까지 끌려갔기에 누구보다 잘 안다고 판단하고 있었다. 대체 1975년 8월, 장준하에게 무슨 일이 있었던 것일까. 이제 중정이 기록한 비극의 그날로 들어가보자.

4장

장준하, 영원히 살다

1975. 8.~2013

고통과 희망, 그리고 비극의 8월

1975년 8월이 되었다. 돌이켜 생각해보면 장준하의 일생에서 8월은 고통이었고, 희망이었으며, 또한 절망이었다. 일본군 부대를 탈출한 후 충칭 임시정부를 향해 6000리 대장정을 시작할 때, 장준하의 8월은 고통이었다. 가도 가도 끝이 없는 길을 장준하는 걷고 또 걸어야 했다. 그렇게 목숨을 걸고 도착한 임시정부에서 장준하는 희망과 치욕의 8월을 맞이해야 했다. 그토록 꿈에 그리던 조국의 해방을 마주했으니 희망이 보였겠지만, 우리 힘으로 얻어내지 못한 해방은 민족주의자인 장준하에게 치욕이었다. 특히 1945년 8월 4일, 3개월간의 힘겨운 OSS 훈련을 마치고 국내 잠입을 위해 대기하던 중, 일왕의 갑작스러운 항복 선언으로 시도조차 못한 채 해방을 맞은 것이 장준하에게는 평생의 한으로 남았다.

장준하가 독재 권력에 의해 형사사건으로 첫 기소를 당한 때도 8월이었다. 1958년 8월, 이승만의 독재정치에 대해 칼날처럼 날카롭게 비판해오던 《사상계》에 함석헌 선생의 글 〈생각하는 백성이라야 산다〉를 게재한 후, 발행인 장준하는 함석헌과 함께 공안당국에 연행된다. 한국전쟁을 겪고도 반성과 교훈이 없으면 어찌하겠냐는 내용의 글이 국가보안법 위반이라니, 터무니없는 죄였다. 장준하는 훗날 이 사건에 대해 무혐의 처분

결정을 받았으나 이때부터 시작된 고난은 서른일곱 번 연행, 세 번 구속의 신호탄이 된다.

반면 행복한 8월도 있었다. 1962년 8월, 장준하는 평생을 두고 자부심을 느꼈던 필리핀 막사이사이상을 수상했다. 하지만 병원 치료비가 없어 달러 빚을 얻는 담보물로 그 수상 메달을 맡겨야 했던 장준하의 경제적 처지는 훗날의 아픔이었다.

이처럼 절망과 희망, 고난과 역경을 숱하게 거쳐 맞이하게 된 1975년 8월은 장준하와 그를 기억하는 모든 이들에게 영원히 잊을 수 없는 비극의 8월이 되고 말았다. 1975년 8월 17일, 민주주의자 장준하가 갑작스럽게 세상을 뜬다. 사람들에게 그 지명조차 생소한 경기도 포천군 약사봉이라는 곳에서 그가 숨진 채 발견된 것이다. 장준하가 운명했다는 사실 하나만 분명할 뿐 왜, 어떻게, 무슨 이유로 세상을 떠났는지는 아무것도 밝혀지지 못한 채 장준하는 그 역사적인 생을 마친다. 그날, 무슨 일이 벌어진 것일까.

1975년 7월 29일에 김대중의 집을 방문하여 서로간의 협력관계를 새로 확인한 장준하는 이후 지방과 서울을 오가며 매우 부산한 시간을 보낸다. "연금되어 당신이 움직일 수 없으니 나라도 움직이겠다. 우리가 힘을 합쳐서 이 일을 해내자"며 반유신운동을 하기로 김대중과 합의한 후 장준하는 전국의 재야인사와 접촉해나간다. 이러한 장준하의 행보는 중정의 동향 기록에 매일매일 기록된다. 중정은 장준하가 8월 들어 전국을 순회하는 이유에 대해 당연히 주목했을 것이다. 3월 31일 작성한

'위해분자 관찰계획'에 따라 장준하의 특이 동향이 확인되면 그 즉시 특별한 감시 체제가 가동되었는데, 그 당시 장준하의 행적이 특이했기 때문이다. 특히 광주 지역 재야운동의 대부격인 홍남순 변호사를 만나기 위해 8월 9일 광주로 내려간 장준하는 3일 후인 8월 11일 귀경하는데, 중정은 이 과정도 철저히 감시했다. 다음은 장준하의 집 전화를 도청하여 기록한 중정의 동향 보고이다. 기록은 1975년 8월 8일부터 시작된다.

1975년 8월 8일

18:07 광주에서 미상남[홍남순 변호사로 추측]은 장준하에게 "언제 내려오시느냐"면서 오시게 되면 연락을 해달라고 한바, 이에 장준하는 문제들이 전부 해결되지 않아서 못 내려가고 있는데 오늘 저녁에 다 해결이 되면 내일 아침에 첫차로 내려가고 그렇지 않으면 11~12일경에 내려가겠다면서 내일 아침에 다시 연락을 하겠다고 했음.

19:40 장준하는 광주 홍 변호사(홍남순)에게 "내가 내일 06시 30분발 한진 고속버스 편으로 내려가겠다"고 한바, 홍 변호사는 기다리겠다고 했음.

1975년 8월 9일

08:30 전남 광주에 거주하는 박○정의 초청으로 광주 무등산 태극호 편으로 출발하였는바 오는 8. 11. 귀경 예정임.

08:55 미상남과 장의 아들 호권에게 "우리 사장님이 예전부터 장 선생을 뵈려고 하는데 계시느냐"고 한바 호권은 광주에 계시는 분들이 무등

산에 가자고 해서 오늘 내려갔다고 하고 11일에 오신다고 했음.

1975년 8월 11일

09:39 장준하의 부인은 광주 홍남순 변호사 부인에게 "오늘 몇 시에 출발하신다고 하더냐"고 한바, 홍 부인은 "무등산에 가셨는데 오늘 오셨다가 전주에 들러서 올라가시겠다"더라고 했음.

17:13 광주에서 본명은 자기 부인에게 "오늘 18:30분발 한진 고속버스 편으로 귀경하겠다"고 연락했음.

장준하가 광주에 체류하고 있는 동안에도 중정의 감시는 멈추지 않았다. 중정은 중정 광주지부장에게 지시하여 장준하의 모든 행적을 시간대별로 체크하여 중정 본부에 통지하도록 지시했다. 이에 따라 장준하가 광주에서 만난 사람들과 무등산을 올라간 시각, 동행한 사람들과의 이후 이동 경로도 철저히 감시했다. 이처럼 장준하의 일거수일투족을 샅샅이 감시하던 중정이 왜 비극이 벌어진 1975년 8월 17일의 장준하 행적에 대해서는 전혀 모른다고 하는 것일까. 여전히 나는 이 부분이 가장 이해되지 않는다. 장준하는 왜 죽었는가? 누가 죽였는가?

그날 중정은 무엇을 기록했나

그 비극의 날은 누구도 예상치 못했다. 장준하는 8월 20일로 예정된 거사를 앞두고 돌아가신 선배 광복군과 부모님의 묘에 참배한다. 중정 동향 기록에 의하면 장준하는 8월 15일 광복절 30주년을 맞아 아주 특별한 의식을 거행한다. 당시 고려대학교 총장이었던 김상협과 함께 철기 이범석 장군과 백범 김구의 묘역에 참배한 것이다. 동행자는 한 명 더 있었다. 장준하의 영원한 벗이자 동지였던 김준엽 교수였다. 김준엽은 장준하가 사망한 후 1975년 8월 19일 〈동아일보〉에 장준하를 추모하는 글을 기고한다. 거기에 장준하의 8월 15일 행적이 고스란히 담겨 있다.

> (8월) 15일 아침 광복 30년을 뜻있게 지내기 위해 부모님들의 산소를 망우리로 찾고, 국립묘지로 발길을 옮겨 형과 제가 독립운동 전선에서 함께 모시던 이범석 장군의 묘소와 무후[자손이 없음] 선열 지묘에 참배, 다시 뜨거운 태양 아래 감개무량하여 백범 선생, 이동녕 선생, 조성환 선생, 차이석 선생 그리고 윤봉길 의사, 이봉창 의사, 백정기 의사의 묘소 앞에서 무릎을 꿇고, 그분들의 명복을 빌었건만 사흘이 지난 오늘 형과 제가 유명을 달리하게 되었으니 이 무슨 생의 곡절이란 말입니까!

그랬다. 어쩌면 일상적이고, 또 어쩌면 특별했던 그해 8월 17일에 장준하의 비보가 들렸다. 그날은 일요일이었고, 장준하는 평소 함께 등산을 다니던 지지자 모임인 호림산악회 회원 및 일반인들과 함께 경기도 포천 약사봉으로 갔다. 그리고 장준하는 그날 이후로 살아서 돌아오지 못했다. 장준하는 그곳 약사봉에서 최후를 맞이했다. 중정은 이날의 사고를 당일 밤 9시가 되어서야 처음으로 중요 상황 보고에 기록한다. 비극적인 그날의 기록은 이렇다.

접수 일시: 1975년 8월 17일 21:00

출처: 판기[판단기획국의 약자]

제목: 장준하 등반 중 추락 사망

1. 장준하는 8. 17. 08:30 호림산악회(서울운동장 앞 소재) 회원 일행(41명)과 경기도 포천군 이동면 도평리 소재 운악산으로 출발 등반 도중, 동일 14:40경 동 운악산 약사봉 계곡에서 실족으로 추락, 뇌진탕으로 사망하였음.
2. 사체는 검사 지휘를 받기 위해 사고 현장에 보존 중이며 현지 경찰(3명)이 현장을 경비 중에 있는데, 동 일행인 김용환(동대문구 이문동 거주)으로부터 연락을 받은 장준하 부인 및 가족 등이 20:30경 현장에 도착하였음. 끝.

모두들 충격과 공포, 그리고 경악을 금치 못했다. 장준하가 이렇게 험악하게 죽다니, 등반 중 추락하여 사고로 죽다니…… 장준하를 아는 사람들은 이러한 사고 경위에 대해 믿을 수 없었다. 장준하가 어떤 사람인지 잘 아는 사람일수록 더욱 그러했다. 장준하는 누구보다 산에 대해 잘 알고 있었다. 그는 OSS 훈련을 받은 사람이다. 산악 지대에 대한 특수 등반 훈련을 받았던 사람이기에 산의 위험성에 대해서 누구보다 잘 알고 있었다.

장준하와 함께 산에 다녀본 사람이라면 누구나 공유하는 기억이 있었다. 첫 번째는 음식이다. 장준하는 산에 오르면 자신이 직접 밥과 찌개를 끓여 함께 온 이들을 대접했다고 한다. 음식 솜씨가 좋아 사람들도 그가 준비한 밥을 먹으며 무척 즐거워했다고 한다. 두 번째는 잔소리이다. 등산하면서 함께 온 이들에게 끊임없이 조심하라는 말을 잔소리처럼 했다고 한다. 절대 위험한 코스로 가선 안 되며 산에서는 절대 자만하지 말라는 이야기였다. 장준하의 둘째 아들 장호성은 그런 아버지의 잔소리가 지겨울 정도였다고 회상했다. 이러한 증언은 호림산악회를 함께했던 이들의 입에서 공통으로 나온 것이었다.

특히 장준하가 주변 사람들에게 안전하게 산을 타는 요령이라며 전해준 기술이 있었다. 발을 여덟 팔(八) 자로 벌리고 걸으면 발이 미끄러지지 않는다는 이른바 호랑이 주법이었다. 장준하는 그렇게 자신이 배운 몇 가지 등반 기술을 사람들에게 권했다고 한다. 이런 장준하가 다른 곳도 아닌 산에서 위험한 등반을 하다가 추락하여 숨을 거뒀다니, 장준하를 아는 사람이라면 누구도 믿기 어려운 일이었다.

장준하의 사인에 대한 의혹은 그의 가족과 지인들만 가지고 있었던 것이 아니었다. 가장 먼저 장준하의 사인 의혹에 대해 보도한 언론사는 〈동아일보〉였다. 당시 〈동아일보〉 의정부 주재기자였던 장봉진은 장준하 사망 이틀 후인 1975년 8월 19일 보도를 낸다. '장준하 씨 사인에 의문점'이라는 제목의 기사는 이날 〈동아일보〉 사회면 톱으로 보도되었다.

이 기사에서 장봉진 기자는 젊은 등산가들도 마음대로 오르내리지 못하는 경사 75도, 길이 12미터의 가파른 절벽을 장 씨가 아무런 장비 없이 내려오려 한 점, 사고 현장 벼랑 위에 오를 때는 멀리 등산 코스를 돌아 올라갔는데, 내려올 때는 등산 코스도 아닌 벼랑으로 내려오려 한 점, 장준하의 사고를 목격했다는 김 씨가 장 씨의 시계를 차고 있던 점 등을 들어 "실족사로 처리된 죽음에 깊은 의혹이 제기된다"고 보도했다. 〈동아일보〉는 이에 따라 사건을 수사 중인 의정부지청이 경찰의 수사 결과에 의문을 품고, 목격자 김용환을 두 차례 소환하는 등 다시 조사에 착수했다고 보도했다.

그러자 검찰의 반응은 빨랐다. 갑자기 기자회견을 자청해 "〈동아일보〉 보도는 사실과 다르다"며 의혹 차단에 나선 것이다. 수사가 마무리되지도 않은 상황에서 검찰은 장준하가 실족사한 것이 맞다고 단정하며 목격자로 알려진 김용환의 소환도 의례적인 것이었다고 해명했다. 이어 검찰은 이 기사를 보도한 〈동아일보〉를 상대로 즉각적인 보복 조치에 돌입한다. 제일 먼저 〈동아일보〉 지방부장과 장봉진 의정부 주재기자, 성낙오 편집부 기자를 소환 조사했다. 그런데 특이하게도 검찰이 긴급조치 9호 위반으로 구속시킨 사람은 기사를 쓴 장봉진 기자가 아닌 이 기사를 편집한 성낙오 기자였다. 왜 그랬을까.

이는 연행된 성낙오 기자가 검찰에게 받은 취조 내용을 살펴보면 알 수 있다. 당시 검찰은 성낙오 기자에게 "왜 기사 제목을 이렇게 뽑았느냐", "왜 이렇게 크게 다뤘느냐", "의도가 있는 것 아니냐"는 등의 추궁을 집요하게 가했다. 검찰은 '장준하 씨 사인에 의문점'이라는 기사 제목이 기사 내용보다 더 심각한 문제라고 판단한 것이다. 진실을 밝혀야 한다는 언론의 지적은 철저히 외면한 채 의문을 제기하는 것 자체가 처벌 대상이 되어버린 악행의 시대. 장준하의 죽음은 의혹과 의문조차도 허락되지 않았다.

사인 의혹 보도로 추방된 외신 기자

장준하의 사인 의혹을 제기했다는 이유로 신문기자가 연행되어 급기야 구속까지 되는 상황에서 어느 언론도 더 이상의 의문을 제기할 수 없었다. 하지만 진실은 어둠을 뚫고 피어오르는 꽃과 같다. 국내 언론이 입을 닫자 이번엔 외국 언론이 나섰다. 그중에 중정의 신경을 가장 크게 건드린 언론은 《파 이스턴 이코노믹 리뷰(Far Eastern Economic Review)》였다.

장준하가 사망하고 약 3주가 지났을 때 서울 특파원 로이 황 기자는 장준하의 사망 경위를 가장 정확하게 보도했다. 장준하가 어떤 경위로 사망에 이르게 되었으며, 무슨 이유로 그의 죽음을 '의문사'라고 부르는지를 가장 쉽게 설명하고 있었다. 중정 역시 그 때문에 이 언론의 보도를 불쾌하게 여긴 듯하다. 중정은 보도 전 이 기사의 전문을 입수하여 '중요 보고'라는 제목으로 상부에 보고하면서 대책 수립을 촉구했다. 당시 중정 중요 보고에 적힌 《파 이스턴 이코노믹 리뷰》 기사의 전문 및 보도에 따른 향후 대책이다.

중요 보고 (1975년 9월 6일)

제목: 파 이스턴 이코노믹 리뷰지 장준하 사망

내용: 기사 게재 예정 보고

1. 향항(香港)[홍콩]에서 발행하는 주간(금요일 발행) '파 이스턴 이코노믹 리뷰'지(비수입지)는 동지 서울 특파원 '로이 황' 기자가 지난 9. 2. 송고한 아래 내용의 기사를 금주 호(9. 5.) 아니면 내주 호(9. 12.)에 게재할 것이라고 함.

2. 기사 내용

- 8. 17. 장준하의 신비스러운 죽음은 성인 후의 한평생을 폭정과 항거해온 한 용기 있는 인텔리를 한국으로부터 앗아갔다. 그것은 아마도 박정희 대통령 정부에 대해서 효과 있는 반대를 재개할 수 있는 유일한 사람을 정치적 대결장으로부터 제거한 것이다.
- 대부분의 사람들은 등산 사고라는 공식 발표를 받아들였으나 동아일보에 게재된 긴 기사는 장준하의 죽음에 의문 나는 점을 강조했다. 동 기사를 취보했던 담당 기자는 그 결과 유언비어와 헌법 비판을 금지하는 대통령 긴급조치 9호 위반 혐의로 구속되었다. 장준하는 45명

의 그룹과 동행이었는데도 김용환 한 사람만이 사고를 목격했다고 주장했다. 김은 중학교 교원으로 알려졌으나 장준하 측근 등에 의하면 그의 직업이 알려져 있지 않다고 하였고 동 사건의 의심나는 점은 김의 진술에 집중되었다.

- 사망하던 날 장준하는 서울 북쪽 버스로 두 시간 걸리는 숲이 우거지고 능선이 많은 지형에서의 등산을 위해 한 그룹과 합류했다. 등산은 1월에 15년형으로부터 석방된 이래 그의 소일거리가 되었던 것이다. 장준하는 김용환이 신민당의 사무당원이었고 자기의 출신 지역당에서 일했던 국회의원 시절(1967~1971년) 이래 서로 별로 만나지 않았기 때문에 그를 버스 안에서 만났을 때 놀랐을지도 모른다.
- 서울지검에서 한 김의 진술에 의하면 장준하와 그는 냇가에서 다른 일행과 함께 점심을 먹지 않고 등산하기로 결정했다는 것이다. 두 시간 후에 김은 장준하가 넘어져서 다리를 삐었다고 말하면서 혼자 일행 앞에 나타났다. 다른 등산객들은 버스로 돌아간 동안 김은 두 사람을 절벽의 뾰족한 바위와 평행해서 장준하가 누운 채 죽어 있는 현장으로 인도하였다.
- 김의 진술은 여러 점에서 유족 측으로부터 의혹을 받고 있다. 김은 장준하가 숲으로 덮인 급경사지를 소나무에 의지해서 내려가려 했는데 나무가 부러져서 40피트 아래로 굴러떨어져 죽었다고 말했다. 소식통에 의하면 1주일 후에 면밀한 검사를 해본 결과, 그 소나무는 아무런 충격의 흔적도 없었으며 더욱이 로-프를 이용해야만 도달할 수 있는 거의 접근 불가능한 지점에 위치해 있었지만 장준하는 로-프조차 갖고 있지 않았다는 것이다.

- 그 루트는 급경사뿐만 아니라 손과 발을 붙일 적당한 곳이 없기 때문에 아무도 강으로 내려가기 위해서 택할 길이 못 된다고 한다. 장준하만큼의 경험과 조심성이 있는 등산가는 그렇게 어려운 하강은 비웃었을 것이다. 뿐만 아니라 그 소동이 입증한 바와 같이 나무에 이르면 더 이상 하강할 길이 없기 때문에 나무에 매달릴 이유가 없는 것이다.
- 시체에 물질적 증거도 있었는데 그 시체는 장준하 부인이 남편의 사인에 관한 당국 견해를 받아들인다고 진술서에 서명을 한 후에야 유족에게 인도되었던 것이다. 의사는 사인이 2인치가량 둥글게 파인 오른쪽 귀 뒤 두개골 밑의 뇌진탕으로 기인한 것이라고 말했다.
- 장 씨의 귀는 그의 색안경이나 등에 진 배낭 속의 보온통 그리고 그의 손과 마찬가지로 손상되지 않았다. 그 밖의 그의 신체 부분에서는 오른팔굽 안쪽에 작은 찰과상, 그리고 오른쪽 엉덩이 부분에 큰 찰과상을 입었을 뿐이다. 그의 의복은 찢어진 것도 없었고 더럽혀지지도 않았다. 보고에 의하면 장 씨가 부딪친 예리하게 모가 난 바위에 160파운드 무게의 몸이 떨어졌을 때 생겨야 하는 상처가 없었다고 하였다.
- 장 씨의 담당 의사는 그의 뇌진탕이 무엇으로 해서 일어났는지 말하기 힘들지만 대단히 강한 힘에 의한 것임에 틀림이 없다고 하였다.
- 진상은 영원히 밝혀지지 않을지 모르나 소식통에 의하면 가장 적절한 해석은 장 씨가 깊숙한 나무 사이에서 피살되고 그 후에 그의 시체가 절벽 밑으로 운반되었으리라는 것이다. 이것은 적어도 김 씨의 진술과 물질적 증거 사이에 놓여 있는 부조리라는 점을 설명해준다. 김 씨는 사건 얼마 전에 장 씨가 군복을 입은 두 사람과 대화하고 있는 것을 보았다고 한다. 그러나 이에 관한 조사는 행하여지지 않았다. 과거

15년 동안 장 씨는 월간지 《사상계》의 발행인이었으며 동 잡지는 반대파 시인 김지하의 작품 중 하나인 〈오적〉을 게재함으로써 1970년에 정간 처분을 받았다. 그 시인 자신은 지금 공산주의자라는 혐의로써 재판을 기다리고 있지만 만일 유죄 판결이 나면 그는 사형을 선고받을 것이다.

- 대통령을 훼방한 죄로 복역 중이던 1967년에 장 씨는 국회의원에 선출되었다. 그가 죽기 전에 그는 많은 사람들에게서 남한에서 일하는 몇몇 안 되는, 또 어쩌면 한 사람밖에 없는 완전히 정직하고 부패되지 않은 정치가로서 인정되었다. 대통령 긴급조치 제1호 위반으로 체포된 후 작년에 선고된 15년형으로써 시민권이 정지되고 있었으나 장 씨는 근간에 와서 몇몇 저명 야당 지도자들을 개별적으로 만나왔다. 그는 모든 민주 세력을 규합, 재조직하여 헌법에 대한 새로운 투쟁과 종국적으로 현행 대통령제까지도 공격할 계획이었다고 알려지고 있다.
- 5. 13의 긴급조치 공포와 인도지나[인도차이나] 반공 정권 몰락 이후에는 용감한 김영삼 총재를 제외하고는 현행 헌법에 대한 실질적인 비판은 없었다. 장 씨는 그의 이기적인 야심이 없는 관계로 반대 세력의 부활을 이룰 수 있는 유일한 인물로 간주되어왔다.

《파 이스턴 이코노믹 리뷰》의 로이 황 기자가 쓴 이 기사는 훗날 대부분이 사실로 확인되었다. 스스로 목격자를 자처하는 김용환이 사고 직후 일행에게 달려와 "장준하 선생이 발목을 삐었다"고 전했다는 사실과 "냇가에서 군인을 만났다"는 두 가지 주장만 제외하면(김용환은 이 두 가지 내용에 대해 자신이 한 말이 아니라고 부인하고 있다) 당시 로이 황 기자가 쓴 기사는 이후 의문사위에서 모두 사실로 드러났다. 핵심적인 부분에서 대단히 정확하게 취재하고 보도한 이 기사는 당연히 박정희 정권의 심기를 크게 건드린다. 이 기사 보도에 대한 중정의 조치 계획은 단호했다.

3. 조치 의견

- 본 건 기사 내용을 검토한바, 장준하의 사망을 왜곡한 내용이므로 동지에 게재 보도되는 대로 입수, 확인하고
- 문공부로 하여금 동 기사를 취재, 송고한 서울 특파원 '로이 황' 기자를 경고 조치토록 하고
- 검찰에 통보하여 입건 여부를 검토케 함이 가하겠습니다.

이후 《파 이스턴 이코노믹 리뷰》지는 로이 황 기자가 타전한 기사 〈야당 지도자의 괴사〉를 보도했다. 그리고 그해 10월 3일, 로이 황 기자는 박정희 정권에 의해 국외로 추방된다.

그들은 '진실'을 알고 있었다

경기도 포천 약사봉에서 숨진 장준하의 시신은 1975년 8월 18일 새벽 6시경, 서울 상봉동 그의 전셋집으로 운구된다. 이

때 검찰은 장준하의 사인에 대해 일절 의문을 제기하지 않겠으며 부검도 요구하지 않겠다는 각서를 부인 김희숙 여사에게 요구했다. 그녀는 설령 부검을 한다 해도 박정희 정권하에서 누가 정직하게 진실을 밝혀주겠냐면서, 산에서 비명에 간 남편의 시신을 인도받기 위해 서명을 할 수밖에 없었다고 훗날 말했다. 그렇게 겨우 군부대 앰뷸런스로 운구한 장준하의 시신은 상봉동 자택 안방에 안치되었다. 장준하의 장례는 5일장으로 거행되었다. 사람들은 더운 여름에 장준하의 시신이 부패할까봐 제과회사에서 얻어 온 드라이아이스를 관 안에 넣고 갈아주면서 장례를 치렀다고 회상했다.

장준하의 장례가 거행된 5일 동안에도 중정의 감시는 멈추지 않았다. 특이한 것은 장준하의 사망 경위에 대해 사건 당일 밤 9시에 작성된 '장준하 등반 중 추락 사망'이라는 단 한 번의 중요 보고만 있을 뿐 더 이상의 추가 보고가 없다는 점이었다. 이는 의문사위 조사 당시 출석 조사를 받은 중앙정보부 요원들도 이상하다며 공감한 사실이었다. 사고 발생 당일 밤 9시에 현장에서의 중요 보고가 있었다면, 그 후 상황 전개에 따라 추가 보고가 몇 개 더 있어야 자연스럽고 정상적인 업무라는 것이다. 예를 들어 사건 현장에 뒤늦게 도착한 검사의 현장 검증이나 검사가 대동하여 도착한 검안 의사 등의 소견이 빠져 있는 것은 말이 안 된다는 소리였다. 이러한 보고를 더 하지 않았다면 현장 상황을 궁금해할 윗선의 관리자들이 "왜 추가 보고가 없느냐"며 오히려 따졌을 것이라는 진술이었다.

그러나 국가정보원은 지금까지도 "기록은 더 이상 없다"고 주장한다. 이는 반드시 풀어야 할 의혹 중 하나이다. 의문사위 2기 담당 조사관이었던 나는 반드시 그 자료가 있으리라 확신한다. 문제는 국가정보원이 왜 그 자료를 제출하지 않느냐는 것이다. 답은 분명하다. 그 안에 우리가 알아야 할 '진짜 비밀'이 담겨 있기 때문이다. 영원한 비밀은 없다. 늦더라도 반드시 진실은 드러날 것이다.

이상한 점은 또 있었다. 바로 1975년 3월 31일 작성된 '위해분자 관찰계획 보고'와 관련된 일이다. 의문사위는 이 계획이 장준하의 사망과 어떤 연관을 가지고 있는지 집중 조사했다. 따라서 이 보고서의 작성 및 실행 책임자였던 당시 중정 박 모 과장을 불러 장준하 사후에 어떤 조치를 취했는지 확인했다. 그런데 뜻밖의 답변을 들었다. 장준하가 사망한 바로 다음 날인 1975년 8월 18일, 담당자였던 박 모 과장은 일주일간 휴가를 갔다는 것이다.

너무도 상식 밖의 일이었다. 그동안 철저하게 감시해왔고 특별한 계획까지 수립하여 살펴보던 장준하가 갑자기 사망한 엄청난 일이 벌어졌는데, 그 감시 업무를 담당하는 과장이 휴가를 갔다는 것은 무엇을 의미하는 것일까. 설령 휴가가 예정되어 있었다 하더라도 이런 중대한 상황이 발생했다면 취소를 해야 상식적일 것이다. 박 과장에게 이를 추궁하자 황당한 답변이 돌아왔다. "감시 대상자인 장준하가 사망했으니 더 이상 할 일이 없어 휴가를 간 것일 뿐 특별한 이유는 없습니다."

말이 되는 답변인가. 만약 박 과장의 진술이 사실이라면 장준하와 그 유족에 대한 일체의 감시가 그날로 중단되었어야 옳다. 하지만 중정의 감시는 오히려 더욱 철저해졌다.

5일장으로 치러진 장례식 내내 중정은 장준하의 상가에 조문하러 온 모든 이들을 체크했다. 심지어 그들이 낸 조의금의 액수까지 모두 기록한 뒤 이를 깨끗하게 다시 써서 상부에 종합 보고하기도 했다. 몇 시에 누가 왔고, 또 그들이 얼마의 조의금을 냈으며, 그렇게 해서 하루에 조의금이 얼마나 들어왔는지 종합 계산해서 매일매일 보고서로 제출하기까지 했다. 이처럼 장준하의 장례까지도 철저히 개입하고 감시했던 이들이 장준하가 어떤 경위로 죽음에 이르게 되었는지에 대해서는 전혀 관심이 없었다니 참으로 믿기 힘든 주장이었다.

적어도 마지막 목격자를 자처하는 김용환을 중정이 직접 만나 사실을 확인하고 그 결과를 정보 보고로 남겨놓았어야 믿을 수 있는 일이었다. 장준하가 약사봉에서 하산 중 추락사한 것이 사실인지 확인조차 안 했다는 것은 정말 이상한 일이었다. 정말로 중정이 장준하의 의문사에 개입하지 않았다면 당시 중정부장이었던 신직수도 그의 죽음에 의문을 품었어야 했다. 집권 기간 내내 자신을 비판하고 반대했던 장준하가 그렇게 허망하게 사망했다는데, 대통령 박정희 역시 궁금하지 않았을까.

만약 그들이 궁금해하지 않았다면 이유는 하나밖에 없다. 이미 장준하가 죽은 진짜 이유를 알고 있었다는 해석밖에 나오지 않는다. 더구나 목격자를 자처하는 김용환은 중정의 '특수 인물 존안 카드'로 관리되던 인물이었다. 자신들이 만나려고만 하면 어렵지 않게 만날 수 있는 사람이었다. 하지만 김용환은 중정을 단 한 번도 만난 적이 없으며, 중정 역시 김용환과 접촉한 적이 없다고 답변했다. 과연 사실일까? 그 답은 지금도 여전히 굳게 닫혀 있는 국가정보원의 문서고에 있다. 진실은 반드시 밝혀져야 한다.

어둠과 싸운 사람만이 빛이 된다

장준하의 5일장은 엄숙했다. 사회 각계 인사들의 조문이 이어졌다. 좁고 허름한 상봉동 전셋집에서 치러진 장례에는 김수환 추기경을 비롯하여 당대의 인물들이 전부 찾아왔다. 함석헌 선생과 문익환 목사, 그리고 평생의 동지였던 김준엽 교수와 백기완 선생, 계훈제 선생 등은 5일장 내내 장준하의 빈소를 지켰다. 이어 신민당 총재인 김영삼과 전 대통령 후보 김대중, 통일당 당수 양일동, 이대 총장 김옥길과 윤보선 전 대통령의 부인 공덕귀 여사 등 정계 주요 인사들이 끊임없이 조문하러 들어섰다. 전국 각지에서 장준하와 함께했던 동지들, 그리고 평소에 그를 만나보지 못했으나 장준하를 흠모해온 이름 없는 이들이 구름처럼 상봉동의 좁은 상가로 몰려들었다.

하지만 조문객에게 대접할 음식이 없었다. 장준하가 남기고 간 재산은 아무것도 없었다. 전셋집 한 칸이 전부였다. 청빈하고 정직했으나 그 외엔 아무것도 남기지 않은 장준하의 삶이었다. 그러니 찾아오는 조문객에게 음식을 대접할 수조차 없었다. 조문객들은 자신들이 술과 안주를 가져와 나눠 먹으며 장준하의 죽음을 슬퍼했다. 밤이 되자 여기저기서 울분이 터져 나왔고 독재자 박정희에 대한 증오와 저주가 욕설로 분출되었다. 그렇게 5일간의 장례가 치러졌다.

이런 장준하의 어려운 살림을 누구보다 잘 알고 있는 이가 김수환 추기경이었다. 1975년 8월 18일 오전 10시 30분에 작성된 중정의 중요 상황 보고에는 이런 기록이 남아 있었다.

> 미망인의 언동에 의하면 8. 18. 하오 김수환 추기경이 천주교에서 고인의 장례비 일체를 부담하겠다고 제의해 왔다 함.

김희숙 여사에게 추기경의 배려는 그야말로 마른땅에 단비와 같았다. 장준하가 가는 마지막 길은 외롭지 않았다. 1975년 8월 21일 오전 9시 30분. 상봉동 자택에서 발인한 장준하의 시신이 명동성당에 도착했다. 그 뒤를 함석헌, 계훈제, 윤반웅, 이태영, 문동환, 서남동, 김경인, 양일동, 박영록, 백낙준, 김동길, 김영삼, 천관우 등이 따랐다. 뒤이어 10시를 전후해 여성 정치인으로 이름을 떨쳤던 박순천 의원과 정일형 박사, 김대중 전 대통령 내외와 강원용 목사, 윤길중 의원 등이 도착했다. 중정은 명동성당에서 거행된 장준하의 영결식에 약 1000여 명이 운집했다고 중요 상황 보고에 기록했다.

슬프고 억울하고 안타까운 분위기에서 장준하의 장례식은 엄수되었다. 일생을 조국을 위해 싸워온 장준하였다. 조국의 광복을 위해, 그리고 독재와 맞서는 언론인, 정치인, 재야운동가로 자신의 모든 것을 헌신한 장준하의 마지막을 사람들은 눈물과 한으로 추모했다. 잠시 후 김수환 추기경이 연단 앞에 섰다. 장준하가 주도한 '유신헌법 개정을 청원하는 100만인 서명운동'에 발기인 30명 중 한 명으로 참여했던 김수환 추기경은 잠시 동안 장준하의 영결식에 참석한 이들을 둘러봤다. 추기경의 눈에도 슬픔이 가득했다. 중정은 그 당시 추기경의 추모 강론도 꼼꼼히 기록하고 있었다.

1975년 8월 21일 11시 45분

제목: 고 장준하 추모미사 동정

1. 김수환 추기경 강론 요지

- 선생의 저서 《돌베개》에서 선생의 뜻을 알 수 있었다. 선생은 하느님의 소명을 받은 것으로 알 수 있다.
- 이러한 소명을 받은 자의 생애는 평탄치가 않다. 선생의 일생은 실패로 볼 수밖에 없으나 현실의 가치관으로 볼 때 성공하지 못했다 하더라도 정의롭고 진실되게 산 사람은 실패하지 않은 것이다.
- 그리스도 세계가 그러했고 제자들이 그러했고 선교자들이 그러했다. 현재 의롭고 밝은 국가 건설은 이 시간 요원하게 보이기만 한다. 선생은 애국자나 정치가만도 아니다. 하느님의 예언자 중의 하나인 진실

로 산 사람이다.

- 유명은 달리했지만 진리는 우리 안에 남아 있다. 이렇게 살아서 어둠과 싸운 사람만이 죽어서 빛이 된다.

다음으로 문동환 목사의 기도가 이어졌다. 문동환은 유명한 통일운동가 고 문익환 목사의 친동생이자 배우 문성근의 작은아버지이다. 장준하는 죽음을 맞이하기 직전, 아내의 소원이었던 가톨릭 혼배성사를 들어주기 위해 개종했으나 원래 기독교 신자였기에 문동환 목사가 그의 영결식에서 다시 기독교식 예식으로 그의 죽음을 추모한 것으로 보인다. 중정의 기록은 계속된다.

2. 문동환 기도

- 이 땅에 병들고 억눌리고 가난한 사람이 많다. 이날에 악한 자가 없어지고 이러한 불행을 없애주기 바란다.
- 이 땅에 악한 자, 옳지 않은 제도가 사라지고 정의와 평화를 이루어 다시금 억울한 일이 없도록 하소서.

다음은 장준하의 평생 벗, 김준엽 교수가 연단에 섰다. 장준하를 잃은 김준엽의 슬픔은 누구보다 더했다. 그는 장준하가 사망하고 난 다음 날인 8월 18일 저녁 〈애국으로 일관한 청빈의 일생〉이라는 장준하에 대한 추모 글을 써서 〈동아일보〉에 기고한다. 19일에 보도된 이 글에서 김준엽은 "오늘(18일) 저녁 다시 만나 30년 전 이날의 환국을 기념하는 축배를 들기로 약속했건만 이제 축배 대신 형의 영전에 분향을 하고 추도사를 쓰게 되다니 이 무슨 운명의 장난입니까?"라며 서럽게 애도했다. 그러면서 "형이여. 형! 못난 이 아우는 형의 영전에 엎드려 목메어 울 뿐입니다. 고이고이 편히 잠드소서…… 형!"이라고 극진한 슬픔을 토로했다. 김준엽이 이처럼 장준하를 형이라고 칭한 이유가 있었다. 장준하는 1918년생, 김준엽은 1920년생이었기 때문이다. 중정은 장준하의 영결식장에서 행한 김준엽의 발언을 짧게 기록했다.

3. 김준엽 교수 인사

- 각계각층에서 오늘 같은 시간에 미국 교포와 광주에서도 같은 미사를 거행했다.

이날 영결식이 끝날 때쯤 슬픔에 잠겨 있던 백기완 선생이 긴급 요청을 한다. 장준하를 위해 만세 사창을 외치자는 제안이었다. 장례위원회가 이를 수용하자 함석헌 선생이 연단에 섰다. 장준하가 신뢰한 동지, 장준하가 감옥에서 국회의원 옥중 출마를 선언했을 때 하얀 두루마리와 흰 수염을 휘날리며 눈물로 장준하의 당선을 호소했던 함석헌. 그 함석헌이 이번엔 장준하의 영결식 연단에 서서 그를 위한 만세를 부르다니 기막힌 일이었다.

함석헌은 이듬해인 1976년, 장준하의 1주기 기일을 맞이하여 발행한 《씨알의 소리》 장준하 추모 특집 기사에서 "장준하가 나를 위한 추모 글을 쓸 줄 알았는데 내가 그의 추모 글을 쓸 줄은 몰랐다"며 크게 비통해하기도 했다.

함석헌은 비장한 마음으로, 그리고 흐느낌과 슬픔을 억누르며 두 손을 번쩍 들고 외쳤다.

"민주주의 만세!"

영결식에 참여한 이들이 다 같이 두 손을 들며 크게 따라 외쳤다.

"조국통일 만세!"

"대한민국 만세!"

보통 만세는 삼창으로 끝난다. 그러나 이날만은 아니었다. 만세 사창이었다. 중정은 그 마지막 사창을 기록했다. 함석헌 선생의 외침이었다.

"장준하 선생 만세!"

국민 가슴속에 묻힌 큰 별, 장준하

함석헌의 만세 사창이 끝난 후 장준하의 시신은 운구되어 영구차에 실렸다. 그리고 그 뒤를 13대의 승용차와 6대의 버스에 나눠 탄 250여 명의 조문객이 따랐다고 중정은 기록했다. 그렇게 파주 광탄의 천주교 묘지에 도착한 시각은 8월 21일 낮 12시 40분경이었다. 낮 2시 5분까지 치러진 하관식에서는 생전 최고위원으로 장준하가 몸담았던 통일당의 양일동 당수를 비롯하여 3명의 주요 인사가 마지막 송별사를 했다. 이때 장준하의 하관식까지 따라온 중정 요원들은 이 발언도 중요 상황 보고에 기록했다.

> 1975년 8월 21일 17:10
>
> 제목: 고 장준하 장례식 종료
>
> 1. 고 장준하 하관식 때 주요 인사 발언 내용은 다음과 같음.
>
> 2. 양일동 송별사 (13:00-13:07)
>
> - 동지가 죽었다 해서 영원히 땅에 묻힌 것이 아니다. 국민들 가슴속에 민주주의를 더욱더 불러일으켜줄 것이다.

통일당 당수 양일동은 장준하의 1주기 추모제가 있었던 1976년 8월에도 장준하의 추모식에 참여한다. 이때 양일동 당수는 "비록 올해는 우리가 이곳 파주에서 장준하 선생의 추모제를 거행하지만 반드시 내년에는 서울 한복판에서 장준하 선생 추모제를 거행하겠다"며 결의를 밝혔다. 하지만 박정희 정권의 탄압으로 그 뜻은 이뤄지지 못했다.

명동성당에서 아주 짧게 추모사를 했던 김준엽 교수는 하관식에서 장준하를 위한 조사를 낭독했다. 벗 장준하가 생전 자신에게 남긴 지극히 사적인 이야기를 공개하며 김준엽은 눈물을 흘렸다.

3. 김준엽 교수 조사

- 청렴결백하고 성품이 강직하여 자녀 중 아들 2명을 대학에 보내지 못하여 동지들을 대하기가 부끄럽다는 말을 평소에 했다.
- 고인은 이 세상에서 저 세상으로 갔지만 영혼은 남아 있어 못 이룬 조국 통일의 뜻을 이룰 것이다.

이어지는 조사는 백기완의 차례였다. 1974년 1월, 긴급조치 1호 위반 혐의로 장준하와 함께 구속된 백기완은 5일장 내내 큰 소리로 곡을 하며 그의 죽음을 애도했다. 그때 조문을 온 문익환 목사가 '도대체 저 사람은 누구이기에 저렇게 슬피 울까' 생각되어 "혹시 장준하 선생과 어떤 사이냐"고 물어봤다 한다. 그것이 문익환과 백기완의 첫 만남이었다. 이때 백기완은 "내가 가장 믿고 의지하던 형님이 돌아가셨으니 이제 나는 누구를 의지하며 민주화운동을 해야 할지 앞이 캄캄해서 울고 있소"라고 답했다 한다. 그러자 이 말을 듣고 감명한 문익환은 "부족하지만 이제 내가 장준하 선생의 역할을 대신할 테니 나를 믿고 그만 우시오"라고 위로했다. 문익환은 약속을 지켰다. 그는 1994년 1월 세상을 뜰 때까지 대한민국을 대표하는 통일운동가이자 민주주의 투사로 싸우며 투옥과 가석방을 반복했다. 1918년생으로 장준하와 동갑이었던 문익환은 평양 숭실중학교와 한신대학교 동문이기도 했다.

이처럼 장준하를 특별히 따랐던 백기완의 조사는 그래서 누구보다 더 눈물겨웠다.

4. 백기완 조사

- 어렸을 때부터 장 동지와 같이 동고동락을 하며 투쟁하였는데 동지가 이렇게 앞에 누워 있는 것을 보니 가슴이 답답하다.
- 하고 싶은 말과 일을 다 하지 못하고 가게 됨을 매우 뼈아프게 생각한다.

마침내 장준하의 시신이 하관된 시각은 1975년 8월 21일 낮 1시 30분이었다. 낮 1시 25분부터 5분간 집전된 명동성당 김몽은 신부의 하관 미사가 끝나고 장준하를 담은 관이 미리 파놓은 땅에 내려졌다. 순간 통곡과 비명이 사방에서 터져 나왔다. 분하고 억울한 죽음에, 차마 다 이루지 못하고 떠난 장준하의 원한이 사람들의 가슴에 사무쳐 눈물로 흘렀다. 훗날 함석헌은 장준하가 죽은 진짜 이유를 이렇게 말했다.

"장준하는 김대중과 화해한 것이 죽음을 불러왔어. 저놈들이 둘이 합치면 어찌 된다는 것을 알기 때문이지. 둘 중 하나는 죽어야만 했을 것이야."

1975년 7월 29일, 장준하가 김대중을 만나 그동안의 정치적 갈등을 해소하고 박정희의 유신독재를 깨자고 합의한 것이 결국 장준하의 죽음을 불러왔다는 함석헌의 한탄이었다. 함석헌은 장준하가 산봉우리에서 추락했다면 상처가 많이 났을 텐데 아무런 상처가 없다는 점에서 타살이라고 확신했다. 그러나 이러한 의혹조차 말할 수 없는 폭압의 독재하에서 장준하를 억울하게 잃은 함석헌의 심정은 비통하기 짝이 없었다.

나라의 큰 별, 장준하의 관 위에 흙이 뿌려졌다. 상주인 장남 장호권이 첫 삽을 뜨고 이어 하관식에 참여한 사람들이 장준하의 관 위로 꽃과 흙을 뿌렸다. 법정 스님도, 함석헌 선생도, 백기완 선생과 양일동 통일당 당수도 관 위에 흙을 뿌렸다. 이제 장준하는 흙으로 돌아갔다. 1975년 8월 21일 낮 2시 5분의 일이었다.

죽어서도 계속된 중정의 감시

참 이상한 일이었다. 장준하가 죽었으니 중정은 감시를 그만해도 될 일이었다. '위해분자 관찰계획 보고'를 작성하고 이를 직접 담당한 중정 박 모 과장이 감시 대상자인 장준하가 사망했다며 휴가까지 간 마당에 그에 대한 감시는 끝나지 않았다. 아니, 오히려 더 지독해졌다. 장준하의 사인 의혹을 제기하는 모든 언론 보도를 일체 차단하고 이를 어긴 기자를 구속하는가 하면, 외신 기자를 국외 추방까지 하는 등 박정희의 포악한 권력은 동분서주했다. 박정희 권력하에서 자행되는 모든 공권력의 행위는 그의 뜻일 수밖에 없다. 그러니 이러한 모든 탄압은 결국 박정희의 의중이었다.

박정희는 장준하의 지인들이 그를 추모하는 행사를 가질

때마다 전부 감시했고, 이를 저지하기 위해 노력했다. 장준하가 숨진 채 발견된 포천 약사봉 계곡에다 1975년 9월 17일 장준하의 동지들이 추모비를 세우려 하자 중정은 이에 대해서도 꼼꼼히 감시한다. 추모비를 만든 석공까지 찾아가 장준하의 추모비에 새길 문구까지 미리 알아내 상부에 보고하기도 했다.

1975년 9월 18일 11시

제목: 고 장준하 추모비 건립 상황

1. 고 장준하 동지회 회원 일동은 동인의 추모비를 건립코자 1975. 9. 17. 09:30 서울운동장에 집결 후 경남 관광버스(서울 5바 1022)편으로 현장인 경기도 포천군 이동면 도평리 소재 약사봉 계곡에 도착하여 12:30~17:00까지 시내 신문로2가 소재 영일사 석공 김만수로 하여금 아래와 같은 내용의 비문을 제작한 다음 계훈제의 선창으로 만세 삼창 후 특이 동향 없이 해산하였음.

2. 참가자

전대열, 계훈제, 이경식, 기노을, 최해성, 장호권, 백기완, 이철우, 백청수 등 28명

3. 추모비 내용

가로 45센티, 세로 65센티, 두께 5센티의 화강암에

"여기 이 말없는 골짜기에 민주주의 쟁취, 고루 잘 사는 사회, 민주주의의 자주평화, 통일운동의 위대한 지도자 장준하 선생이 원통하게 숨진

곳, 뜻을 함께하는 젊은이 맨손으로 돌을 파 비를 세우니 비록 말 못하는 돌베개라 할지라도 먼 훗날 반드시 말하리라."

1975. 9. 17. 고 장준하 선생 추모 동기 일동

중정은 추모비 건립에 들어가는 비용까지도 철저히 확인하는 집요함을 보였다. 대체 무슨 의미가 있다고 이런 짓까지 했는지 이해할 수 없는 일이었다. 이미 죽은 장준하가 그리도 무서웠을까. 이어지는 중정의 기록이다.

4. 소요 경비

- 비석: 48,000원
- 석공 일당: 6,000원
- 버스 대절비: 20,000원

계 74,000원은 통일당에서 전액 부담하고 각자 500원씩 각출하여 식대로 사용하였음. 끝.

그리고 그해 10월 7일, 중정은 장준하의 추도 예배를 준비 중이라는 정보에 바짝 긴장한다. 함석헌, 백기완, 계훈제 등 사회 각계 인사 34명이 주도하여 장준하의 추도 예배를 서울 명동 소재 YWCA 강당에서 개최한다는 정보였다. 이에 중정은 치안본부(지금의 경찰청)에 지시하여 다음과 같은 조치를 취하도록 요구했다.

조치 내용

- 75. 10. 6. 함석헌, 백기완, 계훈제 등 3명에게는 긴급조치 위반 등 범법행위 발생 시 즉각 입건할 것임을 엄중 경고 조치하였고
- 강원용 등 잔여 31명에 대하여는 계속 개별 접촉하면서 엄중 조치 중이며
- 2. 15 석방자들에 대하여는 1 대 1 감시로 동 장소 참석을 저지 중이며
- 동 식장 내에는 사복경찰 2/10[간부 2명, 형사 10명 참석 의미 암호] 채증 요원 1/5를 투입시킬 예정이며
- 불순 사태 발생 시에 대비하여 식장 주변에 기동경찰 4/150을 명동 파출소와 구(舊) 내무부 청사 부근에 은신 대기토록 조치하였음. 끝.

장준하 추도 예배를 무산시키려는 중정의 방해 공작은 거침이 없었다. 기도회장 안으로 다수의 경찰을 배치하려는 치안본부의 탄압에도 장준하의 동지들은 포기하지 않았다. 기도하는 것조차도 투쟁이 되어야 하고, 장준하를 추모하는 것만으로도 구속을 각오해야 했던 그때, 놀랍게도 YWCA에 참여한 이들은 약 400여 명을 헤아렸다. 참석하면 구속시키겠다는 협박에도 불구하고 이들은 속속 자리를 채웠다. 중정은 중요 상황 보고서에서 '김대중, 문익환, 함석헌, 천관우, 백기완, 김택현, 계훈제, 문동환, 윤반웅, 백낙청, 이세규, 김윤식, 김성복' 등이 이날 추도 예배에 주요 인사로 참석했다고 기록했다.

이후 추도 예배가 시작된 저녁 7시부터 근 10분 간격으로 중

정은 이 상황을 상부에 보고한다. 중정이 작성한 중요 상황을 읽으면 마치 텔레비전 생중계를 보는 듯하다.

그날의 장준하 추도 예배가 어떠했는지 알리는 중정의 중요 상황 보고를 여기에 옮긴다. 앞의 1보와 2보는 추도 예배를 준비하는 과정에 대한 설명이기에 건너뛰고, 추도 예배를 본격적으로 전하는 중요 보고 3보부터 수록한다.

제목: 고 장준하 추도 예배 상황 (3보)

- 동 예배는 문익환 목사의 사회로 시작되어 묵도를 한 후 "장준하 선생 가시는 날 주최 측의 잘못으로 애국가를 부르지 못하였으니 가슴을 치면서 애국가를 부르자"고 말한 다음 19:05경 애국가를 봉창하고
- 19:06-19:15까지 동 문익환은 기도를 통하여 ○ 짓밟힌 민권을 어떻게 소생시켜야 하나 ○ 장준하 선생이 떠나간 오늘날 16년간의 억압에서 자유 민주주의를 소생시켜야 한다, 라고 기도한 후
- 19:15-19:25까지 동 문익환은 인권 존중에 대한 성경 구절을 낭독하고
- 19:27부터 한신대 합창단의 특별 찬송가를 합창 중에 있음.

제목: 고 장준하 추도 예배 상황 (4보)

- 19:30 현재 박봉랑 목사는 고 장준하의 경력을 낭독 중에 있는바, 만일의 사태에 대비하여 기동경찰 141명을 주변에 은신 대기케 하고, 사복 경찰 22명을 식장 내에 투입시켜 동향을 감시 중임.

제목: 고 장준하 추도 예배 상황 (5보)

- 19:35 현재 기보한 예배 순서를 바꾸어 '고인의 육성'에 앞서 박두진의 추모시를 낭독하였고 19:40부터 고인의 육성 녹음을 방송 중이나 동 내용의 녹취 불량으로 청취 불능이므로 이를 취소하고
- 19:45부터 함석헌은 '말씀' 제하의 ○ 예배의 목적은 절대자와 우리와 화해가 이루어지도록 바라는 것이다. 즉, 사람과 사람 사이의 화해를 말한다. ○ 이 말은 장준하의 죽음을 헛되게 하지 않게 하기 위하여 하는 것이다. 그러나 현실은 화해가 이루어지지 않고 사람이 사람을 불신하고 있다. 특히 정부와 국민 사이가 더하다. 정부에 관여하는 사람들은 국민이 정부를 불신하는 것은 극소수라고 하고 있다.
- 얼마 전 예배에 참석하려다가 경찰관이 못 가게 해서 발목을 다친 일이 있는데 발목이 아플 때마다 그 사람이 생각난다. 이러한 일이 있어서는 안 된다고 하면서 계속 중임.

제목: 고 장준하 추도 예배 상황 (6보)

함석헌은 계속하여

- 내가 뭘 압니까? 위에서 시키는 대로 할 뿐인데 자기 양심에 따라 하면 되지. 위에만 미루면 어디까지 미룰 것이며 그래가지고 옳게 되는가. 기관에서 행사 때마다 못 나가게 하여 오늘은 3시간 전에 나와서 숨어서 기다리다가 나왔다.
- 장준하, 전태일, 김상진[박정희의 유신헌법 철폐를 요구하며 1975년 4월 11일 할복자살한 서울대 농대 4학년 학생]을 업수이 여기지 말라.
- 독립투사를 재판하던 판사가 양심에 가책이 되어 그 직을 버리고 엿

장수가 되었다.

- 하나님의 인생을 모르는 자가 선생을 하면 옳게 가르칠 수 없고, 정치인은 옳은 정치를 할 수 없는 것이다.

제목: 고 장준하 추도 예배 상황 (7보)

함석헌은 계속하여

- 장준하가 내 추도사를 할 줄 알았어도 내가 장준하의 추도사를 할 줄은 몰랐다.
- 나는 이 자리에 서서 후일이 두려워 할 말을 못하거나 하지는 않을 것이며, 할 말을 하다가 내려가지도 않을 것이다.
- 종교를 도외시하고는 정치를 할 수 없을 것이다.
- 장준하 선생은 철저한 혁명주의자이며, 장준하는 늘 못난 조상이 되지 말라고 했다.

제목: 고 장준하 추도 예배 상황 (8보)

함석헌은 계속하여

- 이 세상에는 이대로 좋다는 족속과 안 된다는 족속이 있다. 이대로 좋다는 족속은 망하는 것이다. 이래서는 안 된다는 사람이 참된 족속인데 정부는 그 족속을 불평자라고 한다.
- 장 선생은 한마디로 해서 어떤 사람인가. 어릴 때부터 죽을 때까지 이 나라의 잘못된 것을 올바르게 고쳐보려고 온갖 노력과 투쟁을 한 사람이다. 하나님의 법은 세상에 어떤 힘을 가지고서도 누를 수 없다.

제목: 고 장준하 추도 예배 상황 (9보)

함석헌은 계속하여

- 나는 장준하가 가신 후 달라진 것이 있는데 그 하나는 '하나님의 의인인 자손은 굶어 죽지 않는다'라고 하셨는데, 장준하의 가족이 굶어 죽게 된 것을 보고 나는 내 자손을 굶어 죽지 않게 할 책임이 있다는 것과 또 하나는 엘리아가 최후로 반성한 바와 같이 혁명하는 사람이 나만이 아니라 나 이외에도 많은 사람이 있다는 것을 알게 되었다는 것이다, 라고 하는 등 21:00 현재 함석헌의 추도사가 종료되었는바, 동 예배 장소에는 기독교계 고교생 50여 명을 포함한 500여 명으로 증가되었음.

제목: 고 장준하 추도 예배 상황 (10보)

21:00 현재 함석헌은 추도사를 끝내면서

- "장준하의 유가족을 돌봐주자"고 제의하여 동 청중이 박수로 응답하자 계속하여 함석헌은
- 장준하의 죽음은 납득이 가지 않는다. 가기 전에 결혼식 얘기, 조상의 벌초한 얘기, 태극기를 이화학당에 기증한 얘기 등으로 볼 때 장준하의 죽음은 의문을 가지지 않을 수 없다.
- 장준하의 죽음 뒤에는 역사적인 의문이 있을 줄 안다고 발설하였고
- 21:00~21:03 간에 신익호 목사는 '우리 민족의 나갈 길'이라는 제하의 추도사를 하고 이어서 한양대 이상익은 장준하의 추도사를 낭독한 후, 윤반웅 목사의 선창으로 찬송가를 합창한 다음 문익환 목사는 '장준하 선생님을 추모하면서' (기보)라는 유인물을 낭독하고

- 21:15 김몽은 신부는 "장준하의 영혼을 원수의 손에 넘기지 마시고 좋은 길로 인도해주세요"라는 축도를 한 다음 함석헌의 선창으로 만세 삼창 후 21:20 장호권의 답례 인사를 하고 사회자인 문익환 목사는 "이대로 끝나는 것이 아니고, 오늘 이 뜻을 길이 유지해나가자"라고 폐회 선언 후 21:26 현재 특이 동향 없이 종료되었으며 김대중은 21:27경 퇴거하였음. 끝.

장준하가 운명한 1975년 8월 17일로부터 두 달여가 채 지나지 않은 10월 7일에 있었던 추도 예배는 이처럼 절절하고 뜨거웠다. 비록 장준하는 떠났으나 장준하의 동지들은 장준하를 잊지 않았다. 이 추도 예배의 마지막 순서로 참석자 일동은 다음과 같은 추도문을 낭독했다. 장준하에 대한 사랑과 존경이 흠씬 묻어나는 애절한 추모였다.

장준하 선생님을 추모하면서

존경하는 장준하 선생님.

우리들의 좋은 동지요, 지도자였던 장준하 선생님. 이렇게 갑자기 저희들을 떠나시는 법이 어디 있습니까? 한마디 말씀도 남겨놓지 않고 자취를 감추셨습니까!

선생님께서 그렇게 염원하시던 조국의 민주통일도, 몸을 바쳐 투쟁하셨던 민중의 자유도 아직 요원한데 선생님은 어디로 가셨습니까? 지금이야말로 선생님과 같이 순수하고 용감한 지도자가 필요한데, 선생님이 저희들 사이에 보이지 않으시니 이 어쩐 일입니까!

선생님이야말로 진정한 사랑의 사도였습니다. 자나 깨나 나라와 백성을 위한 일념으로 사신 사랑의 사도였습니다. 그러기에 감방을 이웃집처럼 드나드시면서, 이 나라의 민주회복과 민중의 자유 확보를 위하여 진력하셨던 것입니다. 선생님은 또한 민중과 아픔을 통한 저들의 대변자였습니다.

특히 가난하고 약하고 눌린 자들의 대변인이었습니다. 저들을 향한 뜨거운 관심과 사랑이, 저들을 그렇게도 깊이 이해하게 한 것이 아니겠습니까. 그랬기에 선생님은 때를 따라 그렇게도 적절하게 저들을 위해 말씀하셨고 행동하셨던 것입니다.

선생님은 또한 백절불굴의 의지력을 가지신 소망의 예언자이기도 했습니다. 언제나 가시지 않는 미소를 띠신, 그러면서도 확고한 선생님의 얼굴이 이것을 우리에게 말해주고도 남음이 있었습니다. 이것은 아무리 부정과 불의가 강한 듯이 보여도 자유와 정의가 이기고야 만다는 깊은 신념으로 말미암은 것이 아니겠습니까?

그리고 무엇보다도 선생님은 언행이 일치하신 맑고 깨끗한 인격자였습니다. 집 한 칸 장만하지 못할망정 자식을 학교에 보내지 못할망정, 정도가 아니면 걸으시지 않으신 선생님의 삶의 모습 앞에 선 우리는 언제나 옷깃을 다시 한번 바로잡지 않을 수가 없습니다.

선생님. 선생님이야말로 사람다운 사람이었습니다. 이 민족이 필요한 어둔 밤에 등불이었습니다. 그러기에 선생님이야말로 길이 길이 사셔서 이 백성의 지도자가 됐어야 했던 것입니다. 그런데 선생님은 떠나시고 우리만 이렇게 남았습니다. 정말 원통한 일입니다. 하나님이 원망스럽습니다.

사랑하는 장준하 선생님. 선생님의 서거는 또한 많은 것을 저희 우둔한 무리들에게 가르쳐주셨습니다. 사람의 가치란 오래 사는 데 있는 것이 아니라 뜨겁고 깨끗하게 사는 데 있다는 것, 뜨겁고 깨끗하게 살려면 사랑해야 한다는 것, 사랑하다가 죽는 것만이 영원히 사는 길이라는 것, 그러기에 사랑하기 때문에 죽는 자의 죽음에선 영원한 소망이 솟아난다는 것, 그런 분의 가치란 가까이 있을 때보다 멀리 있을 때 더욱 명확히 보인다는 것, 그러기에 그런 분은 죽어서 없어지는 것이 아니라 더 많은 사람들의 마음속에 영원히 살게 된다는 것입니다.

진실로 의인의 죽음은 그 죽음까지도 우리에게 새로운 것을 깨닫게 해줍니다. 하느님 고맙습니다. 장준하 선생을 이 땅에 보내주신 것을 감사합니다. 이때에 우리의 친구로 보내주신 것을 감사합니다. 그리고 그의 삶 전체와 그의 죽음까지도 고맙게 생각합니다. 그의 삶 전체가 우리와 이 인류의 삶에 보람이 된 것이 그렇게 많기 때문입니다.

장준하 선생님!

당신은 몸으로는 우리를 떠났지만 영으로는 우리와 같이 계십니다. 우리를 향한 당신의 관심, 당신을 향한 우리 사랑의 줄을 끊을 자가 누구겠습니까?

장준하 선생님, 이제 우리도 용감히 살겠습니다. 탁류를 거슬러 올라가겠습니다. 당신이 지금 더 명확히 보실 그 자유와 정의의 승리를 이루면서 소망 중에 살겠습니다. 선생님의 영과 선생님을 선생님 되게 하신 그리스도의 영이 우리와 같이하시기를 두려움 없이 살겠습니다.

1975년 10월 7일 장준하 선생을 추모하는 사람들

장준하의 동지들은 해마다 그의 묘를 찾았고 장준하를 기리는 추모 문집을 발간했다. 그때마다 죽은 장준하가 여전히 두려웠던 박정희 정권의 탄압과 감시는 사라지지 않았지만, 동지들은 굴하지 않았다. 그렇게 한 해 한 해가 지났으나 장준하는 결코 사라지지 않고 많은 이들의 심장과 머릿속에서 되살아났다.

그리고 1979년 10월 26일. 마침내 독재자 박정희가 죽었다. 자신의 가장 최측근 심복이었던 중앙정보부장 김재규에 의해 피격되어 최후를 맞이했다. 독재를 반대하던 장준하와 그 권력을 유지하기 위해 온갖 수단과 방법을 가리지 않고 이 나라의 민주주의와 인권을 유린했던 독재자 박정희의 최후는 정말 달랐다. 장준하가 죽은 자리에는 아무것도 없었다. 오직 장준하 하나만 있었다. 하지만 독재자 박정희가 죽은 자리에는 시바스리갈 양주와 젊은 여인들이 있었다.

장준하는 민주주의를 위해 자신을 내던진 채 고뇌를 거듭하다가 최후를 맞이했다. 그러나 박정희는 민주주의를 요구하며 시위에 나선 부산과 마산 시민을 청와대 경호실장 차지철의 주장처럼 '탱크로 밀어버릴지 말지를' 고민하다가 최후를 맞이했다. 사람들은 장준하의 억울한 죽음에 대해서는 가려진 진실을 밝히라고 외쳤으나, 독재자 박정희의 죽음에 대해서는 그동안 그가 즐긴 주지육림(酒池肉林)의 비밀이 무엇인지 밝히라며 궁금해했다. 이것이 독재자 박정희와 이 시대의 '진정한 민족주의자, 민주주의자' 장준하의 마지막 평가였다.

장준하는 죽었으나 영원히 살았고, 박정희는 죽고 나자 부인되었다. 권력을 유지하기 위해 모두 아홉 번 내렸던 긴급조치가 해제되자 사람들은 마침내 민주화가 왔다며 만세를 불렀다. 장준하와 박정희, 그들은 이렇게 달랐다. 달라도 너무 달랐다.

37년 만에 밝혀진 타살 증거

세월이 흘렀다. 장준하와 박정희의 싸움은 죽어서도 계속되었다. 박정희가 측근의 권총에 최후를 맞은 후 온 국민이 열망했던 80년 민주화의 봄은 또다시 좌절되었다. 독재자 박정희가 남긴 '정치 군인' 전두환이 또다시 12·12 군사반란을 일으켜 권력을 찬탈했고, 5·17 비상계엄령 확대와 1980년 5월 광주 시민 학살을 통해 군부독재를 연장한 것이다. 전두환은 박정희의 정치적 양아들로 불렸던 인물이었다.

그러자 장준하와 함께했던 재야의 동지들과 그의 후배를 자처하는 이들이 군부독재자 전두환 타도를 외치며 싸웠고, 마침내 1987년 6월 민주대항쟁을 통해 대통령 직선제로의 개헌을 얻어냈다. 장준하가 그토록 염원했던 대통령 직선제를 장준하의 동지들과 후배들이 그의 사후 12년 만에 이뤄낸 것이다.

이후 많은 시간이 흘렀다. 1991년 8월 15일, 장준하는 광복절을 맞아 정부로부터 건국훈장 애국장을 수여받는다. 늦어도 너무 늦은 훈장이었다. 그리고 또 시간이 흘렀다. 1998년 2월 25일, 이날 김대중은 대한민국 제15대 대통령에 취임한다. 장준하가 최후를 맞이하기 직전 "함께 힘을 모아 유신체제를 끝장내자"며 합의했던 정치적 동지 김대중이 대한민국 건국 50년 만에 최초로 선거에 의한 여야 정권교체를 이룬 것이다. 그렇게 당선된 김대중은 재임 중인 1999년 11월 1일 장준하에게 금관문화훈장을 수여한다. 장준하가 《사상계》를 통해 기여한 공을 뒤늦게나마 대한민국도 인정한 것이다. 1962년 필리핀의 막사이사이상이 인정했던 언론인으로서의 기여를, 마침내 대한민국도 훈장을 수여함으로써 공식적으로 인정한 것이다. 이 훈장을 받던 날, 하늘에서 장준하는 얼마나 기뻐했을까.

이듬해인 2000년, 대한민국 국회는 장준하를 비롯한 모든 정치적 죽음의 진실을 밝혀야 한다며 '의문사 진상규명에 관한 특별법'을 제정한다. 당시 대통령이었던 김대중은 의문사로 가족을 잃은 유가족을 청와대로 초청한 후 그들이 지켜보는 가운데 '의문사 진상규명에 관한 특별법'에 서명한다. 그리고 서명을 마친 만년필을 민주화운동 과정에서 희생당한 이들의 유족에게 선물로 전달했다. 마침내 희망이 열린 것이다.

하지만 그 기쁨에는 어쩔 수 없는 한계가 있었다. 1973년 중앙정보부에서 발생한 서울대 법대 최종길 교수 사망 사건이 '자살이 아니라 중정에 의한 고문 살인'임이 밝혀지는 등 일부

성과를 제외하고, 대부분의 사건은 끝내 진실을 밝히지 못했다. 대통령만 바뀌었을 뿐 50년간 대한민국을 장악한 기존의 기득권 세력에 둘러싸여 있다는 것이 한계였다. 국가정보원과 국군기무사령부 등은 의문사 진상규명에 필요한 그날의 진실을 제출하지 않았고, 터무니없는 말로 진실을 호도했다. 특히 과거 국군보안사령부(현재의 '국군기무사령부')는 장준하와 관련된 문서를 보관하고 있지 않다며 단 한 장도 자료 제출에 협조하지 않았다. 공식적으로 장준하 사건에 대한 보고 문서가 있었음을 확인했지만, 끝내 기무사는 어떤 해명이나 제출도 거부했다.

정보기관의 비협조와 정해진 기간 내에 마쳐야 하는 조사 기간의 한계, 그리고 수사권이 아닌 조사권만 가지고 진실을 규명해야 하는 권한의 한계로 장준하 의문사는 그 끝을 보지 못한 채 문을 닫아야 했다. 사건 전반에 걸친 상당한 의혹을 규명해냈고, 유족이 가장 알고 싶어 했던, 사건 당일 장준하의 집으로 전화를 걸어 처음 사고를 알려준 베일 속 남자가 누구인지를 밝혀내는 등 여러 가지 성과를 냈으나 딱 거기까지였다. 1975년 8월 17일 깊은 산속인 포천 약사봉에서 누가 장준하를 죽음으로 몰아넣었는지 마지막 실타래를 푸는 데는 많은 한계가 있었다. 결국 장준하의 죽음은 '진상규명 불능'으로 결정되었다. 더 조사해볼 여지가 많았으나 조사 기간이 만료되어 안타깝지만 진실의 문은 강제로 닫히게 되었다. 그것이 2004년 6월의 일이었다.

다시 시간이 흘렀다. 하지만 역사는 거꾸로 흘러갔다. 이른바 민주정부 10년으로 불리던 김대중, 노무현 시대가 끝나고 이명박 시대가 도래했다. 어렵게 이어져오던 과거 사건에 대한 국가 조사기구가 '세금 낭비'라는 이명박 정부의 비난 속에 하나둘 문을 닫기 시작했다. 진실은 바닥에 처박혔고, 또다시 과거의 폭압과 억압의 시대가 닥쳐왔다. 장준하의 후배들이 고난을 당하기 시작하고 박정희의 지지자가 득세하는 시대가 온 것이다. 어두운 먹장구름이 민주주의와 인권을 뒤덮었고, 세상은 다시 억울한 이들의 눈물과 한으로 넘쳐나기 시작했다. 하지만 억울하다는 말조차 제대로 할 수 없는 시대였다.

그뿐만이 아니었다. 과거 박정희 정권하에서 장준하가 당한 것처럼 또다시 정부 기관이 민간인을 사찰하기 시작했다. 대통령 이명박에 대한 비판 동영상을 개인 인터넷 홈페이지에 올렸다는 이유로 국무총리실 관계자가 민간인을 사찰한 뒤, 그를 회사 대표직에서 물러나도록 강요하는 사건이 벌어진 것이다. 있을 수 없는 정치 보복이었다.

그리고 2012년, 대한민국의 새로운 대통령을 뽑는 해가 밝아왔다. 이때 새누리당 대통령 후보로 독재자 박정희의 큰딸 박근혜가 출마한다. 그가 독재자였던 아버지의 뒤를 이어 대한민국 대통령이 되겠다고 재차 출사표를 던지며 새누리당 경선을 시작한 날이 2012년 7월 26일이었다.

그로부터 6일 후인 8월 1일, 세상 사람들을 경악하게 할 만한 일대 사건이 벌어졌다. 37년 전인 1975년에 사망한 장준하가 자신이 왜 죽었는지 그 진실을 밝혀달라며 다시 세상에 나타난 것이다.

그 경위는 이렇다. 2011년 8월 어느 날, 장준하가 묻힌 파주 광탄면 천주교 나자렛 묘지 일대에 엄청난 폭우가 쏟아졌다. 그런데 다른 석축은 멀쩡했으나 장준하가 안장된 바로 위 석축만 장맛비에 와르르 무너졌다. 이에 장준하의 유족들이 무너진 석축을 다시 쌓기 위해 비용을 알아봤지만, 무려 2000만 원이 넘게 든다는 말에 석축 재단장을 포기할 수밖에 없었다. 대신 이번 기회에 대전 국립묘지로 이장하는 방법을 논의하게 된다. 광복군 출신이기에 국립묘지 안장 자격이 있는 데다 2011년 6월, 평생의 벗이었던 김준엽 전 고대 총장이 운명하면서 대전 국립묘지에 안장되었으니 장준하 역시 그곳으로 함께 모시면 어떻겠느냐는 의견이었다.

그때 생각지도 않았던 제안이 유족에게 전달되었다. 2011년 당시 민주당 소속이었던 파주 이인재 시장이 "장준하 선생님이 오랫동안 파주에 계셨으니 그냥 계속 계시면 어떻겠느냐"며 "만약 그렇게 해주신다면 파주시 소유의 땅에 장준하 공원을 조성하여 모시겠다"는 제안을 한 것이다. 유족은 이 시장의 제안을 수용하기로 결정한다. 그리고 2012년 8월 17일 37주기 기일을 앞두고 그의 묘를 새로 조성된 묘역으로 이장하기 위해 개묘했다. 이날이 2012년 8월 1일이었다.

장준하의 묘를 파고 관 뚜껑을 연 순간 사람들은 경악했다. 37년 만에 나타난 장준하의 두개골에 뚜렷하게 남은 상흔 때문이었다. 마치 동그란 해머에 맞아 그대로 뚫린 것처럼 손상을 입은 장준하의 두개골. 장준하 사후 오랫동안 남아 있던 의혹이 마침내 사실로 확인되는 순간이었다.

이 의혹은 의문사위에서 조사관으로 일하던 내가 가장 궁금해하던 점이기도 했다. 장준하가 사망한 후 그의 시신을 직접 확인한 의사 조철구 박사가 남긴 검안 소견에 장준하의 두개골에 직경 5, 6센티미터가량의 함몰 자국이 보인다는 기록이 있었다. 나는 조 박사의 검안 소견이 사실인지 직접 확인할 필요가 있다고 생각했다. 그래서 2004년 의문사위는 유족에게 장준하의 묘를 열어 법의학적 감정을 해보자는 공식 제안을 했다. 하지만 여러 가지 사정으로 끝내 불발에 그치고 말았는데, 결국 죽은 장준하가 37년 만에 온몸으로 진실을 알려낸 것이다.

나는 장준하가 스스로 자신의 묘 뒤편 석축을 무너뜨려 사람들이 묘를 열어보지 않을 수 없도록 한 것이라고 해석했다. 장준하의 투쟁은 죽어서도 치열했고 멈추지 않았다. 그러한 투쟁은 바로 1967년 박정희의 재선을 막기 위해 장준하가 외쳤던 그 유명한 연설을 다시 한번 상기시켰다. 장준하를 기억하는 이들이라면 대표적으로 떠올리는 1967년의 명연설이다.

"국민 여러분. 대한민국에서는 일정한 자격과 조건을 갖춘 사람이라면 누구나 대통령을 할 수 있습니다. 그러나 대한민국에서 단 한 사람, 박정희 씨만은 절대 대통령을 할 수 없습니다. 박정희 씨는 이 민족을 배신한 친일파요, 사상을 알 수 없는 사람이기 때문입니다."

그렇다면 2012년 8월, 장준하가 자신의 손상당한 두개골을 세상에 드러낸 이유는 무엇일까. 과거에 장준하가 독재자 박정희를 반대했던 것처럼, 대한민국에서 절대로 대통령이 되어선 안 된다고 말하고 싶은 사람이 또 있기에 이를 알리고자 다시 나타난 것이 아닐까. 이를 위해 장준하는 죽어서도 싸우고 있다고 나는 믿었다. '다시는 못난 조상이 되지 않겠다'는 자신의 약속을 지키려 했던 사람, 바로 장준하였다.

위대한 '대한민국 애국자' 장준하

2013년 3월 26일 '장준하 선생 유해 정밀감식 결과 국민보고대회'가 개최된 백범기념관은 긴장의 도가니였다. 장준하의 두개골에서 확인된 상흔이 도대체 무엇으로 인한 것인지 규명하기 위해 서울대 의대 법의학자인 이정빈 교수가 그간 노력했고, 그 결과를 발표하는 자리였다. 이정빈 교수는 이 발표를 위해 2012년 12월 5일부터 4개월간을 헌신적으로 노력했다. 평생을 법의학 감정에만 매달려온 그는 차후 박정희를 지지하는 세력에 의해 정치적으로 공격당할까 봐 치열하게 감정할 수밖에 없었다고 말했다.

장준하의 후배들과 그를 존경하고 지지하는 이들 역시 이날의 결과 발표에 촉각을 세우며 숨죽이고 있었다. 잠시 후 백범기념관의 무대가 어두워지면서 이정빈 교수가 등장했다. 그리고 자신이 일평생에 걸쳐 해온 법의학 학문에 기초한 감정 결과를 조심스럽지만 세세하게, 그러면서도 당당하게 설명하기 시작했다.

이정빈 교수는 장준하의 유해 정밀감식 결과 "두개골 함몰은 추락에 의한 골절이 아니라 외부 가격에 의한 손상"이라고 자신 있게 밝혔다. 그러면서 "장준하 선생 시신에 출혈의 흔적이 전혀 없다는 것이 이를 증명한다"며 그동안 추락사로 알려진 장준하의 사인을 바로잡았다. 박정희 권력하에서 검찰이 발표한 장준하의 추락사를 정면으로 반박하는 내용이었다. 또한 "엉덩이뼈 골절이 두개골 손상과 동시에 일어났다면 당연히 있어야 할 출혈 흔적이 없고, 14.7미터 높이의 약사봉에서 실족했다면 계곡 지면에 의해 생겨야 할 찰과상도 시신에 없다"며 이는 외부 가격으로 이미 사망한 이후에 떨어졌을 가능성을 의미한다는 소견을 덧붙였다.

이정빈 교수의 법의학 소견에서 특히 주목해야 할 대목이 있다. 바로 장준하의 시신에서 어깨뼈 골절이 확인되지 않는다는 부검 소견이다. 이 교수는 "어깨뼈가 어느 쪽도 골절되지 않은 채 추락 사망하는 것은 불가능하다"며 "이는 추락사가 아니라는 결정적인 증거"라고 강조했다.

또한 이정빈 교수는 자신의 법의학 감정 결과를 입증하기 위해 사고 현장으로 알려진 약사봉 높이와 비슷한 6층 높이에서 추락사한 다른 사례를 제시하기도 했는데, 그들은 엉덩이뼈부터 옆구리 전체에 큰 출혈흔을 보였다. 이러한 이정빈 교수의 정밀 법의학 감정 결과에 따라, 각계 시민사회 단체가 중심이 되어 구성한 '장준하 선생 사인 진상조사 공동위원회'는 "사고 현장으로 알려진 약사봉에서 장준하 선생이 추락사했다면 당연히 온몸에 많은 상처가 발생해야 하는데 추락한 상처가 발견되지 않았고, 입고 있던 옷도 찢어지지 않았다. 어떠한 실족 흔적이나 방어 흔적이 없었고, 가장 약한 갈비뼈와 하악골에서도 골절이 발견되지 않았다"며 "장준하 선생은 제3의 장소에서 살해당하고 시신이 옮겨온 것"으로 결론 내린다.

이에 따라 각계 시민단체와 야당은 박근혜 대통령과 새누리당에게 장준하의 사인을 국가 차원에서 재조사하는 법안 제정을 촉구하고 나섰다. 이는 시민단체와 야당의 일방적인 요구가 아니었다. 2012년 12월 대선 당시, 새누리당의 원내 대표였던 이한구가 먼저 제안한 일이었다. 당시 이한구는 장준하의 사인 의혹이 쟁점화되자 "대선이 끝난 후 이 의혹을 조사하자"고 했다.

하지만 국가정보원과 군 사이버사령부 등 국가권력기관이 개입한 부정선거가 자행된 2012년 12월 대선에서 박근혜 새누리당 후보가 대통령에 당선되자, 새누리당은 스스로 약속한 장준하의 진상규명 법안 제정을 외면하고 있다. 부정선거로 얼룩진 대통령 선거에서 당선되어 집권 정당성에 상당한 의구심이 제기되는 박근혜 역시, 아버지 박정희의 대를 이어 여전히 장준하를 핍박하고 있는 것이다. 이러한 시대에 장준하의 사인 진상규명은 언제나 가능할지 참담하기만 하다.

2013년 1월 24일 장준하의 영전에 반가운 소식이 전해졌다. 유신헌법 개정을 청원하는 100만인 서명운동을 주도했다는 이유로 체포되어 1974년에 징역 15년, 자격정지 15년 형을 선고받았던 장준하에게 재심 결과 무죄가 선고된 것이다. 긴급조치 1호 위반 혐의로 유죄 선고를 받은 지 무려 39년 만의 일이었다. 장준하가 무죄라면, 이는 거꾸로 말해 박정희가 유죄를 선고받은 것과 다름없었다. 더디지만 마침내 정의가 바로 세워진 것이다.

다시 시간이 흘러 2015년은 장준하가 세상을 떠난 지 어느덧 만 40주기가 되는 해이다. 시간을 다시 되짚어 40년 전 그때로 되돌아가본다. 1975년 8월 21일, 장준하의 하관식이 있었던 파주 광탄면 천주교 나자렛 묘지. 법정 스님이 장준하의 묘 앞에 서 있었다. 법정 스님은 이날의 아픈 기억을 1년 후인 1976년 8월호 《씨알의 소리》에 기고한다. 장준하 1주기를 맞아 발행된 추모 특집에서 법정 스님은 자신이 장준하의 비보를 처음 알게 된 사연을 글로 써 내려갔다.

산에 들어가 있어 장준하의 비보를 전혀 몰랐던 법정 스님은 산을 내려온 날 광주 버스터미널에서 우연히 안병무 교수를 만났다. 그리고 안병무 교수로부터 건네받은 신문을 보고서야 장준하의 사고 소식을 알게 되었다. 그때 법정 스님은 현기증을 느낄 만큼 큰 충격을 받았다고 썼다. 그러면서 초지일관 한결 같았던 장준하의 일생에 대해 한없는 찬사를 보낸다. 법정 스님은 장준하를 가리켜 누군가가 말하기를 '금지된 동작을 먼저 시작한 혁명가'라고 했는데 "이는 정확히 바로 보고 한 말"이라고 했다. 법정 스님은 그렇게 장준하의 안타까운 죽음을 애도했다. 스님은 글의 말미에 다음과 같이 염원했다.

> 장 선생님. 8월의 태양 아래 선생님의 육신이 대지에 묻히던 날, 저는 관 위에 흙을 끼얹으면서 속으로 빌었습니다. 건강한 몸 받아 어서 오시라고요. 곤히 잠드시라고 빌지는 않았습니다. 금생에 못다한, 한 많은 일들을 두고 어찌 고이 잠들 수 있겠습니까? 가신 선생님이나 남은 우리들이 고이 잠들기에는, 우리 곁에 잠 못 이루는 이웃이 너무도 많기 때문입니다. 이웃이 고이 잠들 수 있을 때 비로소 우리도 잠들 수 있을 것입니다. "50대 초반을 보내며 잠자리가 편치 않음을 괴로워한다"고 《돌베개》에 부치는 말에 선생님은 쓰셨습니다. 그렇습니다. 오늘도 우리는 잠자리가 편치 않음을 괴로워하고 있습니다. 이 괴로움이 덜할 때까지 우리는 잠들 수도, 쉴 수도 없습니다. 지하에서나 지상에서나 우리들의 염원은 결코 다를 수 없습니다.

법정 스님의 이 간절한 추모처럼, 장준하는 정말 다시 건강한 몸을 받아 이 땅 어딘가로 돌아왔을까? 그렇다면 그는 지금 어디에 있을까? 분명한 것은 하나다. 장준하는 부끄러운 조상이 되지 않겠다고 다짐했고 이를 실천하기 위해 일생을 싸워왔다. '금지된 동작을 먼저 시작한' 그는 위대한 민주주의자였고, 혁명가였으며, 대한민국의 민족주의자였다. 만약 장준하가 다시 건강한 몸으로 살아 돌아왔다면, 그것은 우리 각자의 가슴 속에서 정의로, 양심으로, 그리고 민주주의와 인권을 염원하는 뜨거운 피로 바뀌어 심장을 돌고 있을 것이다. 그리하여 부끄러운 조상이 되지 않겠다는 장준하의 염원처럼, 우리 역시 부끄러운 후손이 되지 않겠다는 다짐 속에 장준하가 다시 살아 돌아왔다고 믿는다.

장준하, 장준하, 그는 대한민국의 진정한 애국자였다.

1975년 8월 17일, 재야인사 장준하 선생이 의문사한 뒤 세월은 40년이나 흘렀다. 그사이 대한민국을 영구 집권할 것처럼 악독을 떨던 독재자 박정희도 세상을 떴다. 1979년 10월 26일 자신이 임명한 중앙정보부장 김재규에게 저격당한 것이 그의 최후였다. 장준하 선생 서거 후 약 4년 2개월 뒤에 벌어진 일이었다. 하지만 쿠데타 유신독재자 박정희는 그냥 가지 않았다. '악의 씨앗'을 남겼다. 바로 전두환과 그를 추종하는 신군부 세력이었다.

이들은 1979년 12·12 군사반란을 시작으로 이듬해인 1980년 5월, 광주 시민을 무참히 학살한 후 박정희에 이어 독재자의 권좌에 앉았다. 그리고 이어진 전두환의 7년 독재. 그렇게 또다시 대한민국의 민주주의 역사는 비틀어졌다. 이어진 수많은 이들의 죽음. 누군가는 왜 죽었는지, 어떻게 죽었는지 알 수 없는 의문사로, 또 누군가는 독재 타도를 외치며 스스로 몸에 불을 붙였다. 누군가는 독재 권력에 맞서다 감옥에 끌려갔고, 또 누군가는 그렇게 끌려간 벗들의 빈자리에 대신 서서 촛불을 들고 싸웠다. 그렇게 이 나라 민주주의를 위해 수많은 이들이 희생하고 피를 흘렸다.

그러던 1998년 2월 25일, 건국 역사상 최초로 선거에 의한 여야 정권교체가 이루어졌다. 그리고 김대중에 이어 노무현 후보가 당선되었다. 그렇게 민주정부 10년이 완성되었다. 하지만 지나고 나서야 그때가 봄이었음을 사람들은 깨닫는다. 이명박 정부가 들어선 2008년부터 2012년까지 국토는 허울 좋은 4대강 사업으로 찢겨졌고, 민주주의와 인권은 '명박산성'으로 상징되는 공권력 남용으로 무너졌다. 오늘날 푸른 녹조로 물든 강물처럼 국민의 삶 역시 시퍼렇게 멍이 든 것이다.

그래서였을까. 사람들은 2012년 대선에서는 반드시 민주정부를 세워야 한다고 결기를 다졌다. 더 이상 망가지는 이 나라의 민주주의와 인권을 그냥 둘 수 없다고 말했다. 더구나 2012년 12월 대선에 출마한 새누리당 후보는 박근혜였다. 장장 18년 동안 장기 독재자였으며 쿠데타로 권력을 찬탈한 박정희의 딸이 대를 이어 대한민국 대통령이 되는 것만은 막아야 한다며 사람들은 부산히 움직였다.

하지만 2012년 12월 19일 밤. 언론은 18대 대통령 선거에서 박근혜가 당선되었음을 알렸다. 국가정보원과 군 사이버사령부를 위시한 국가권력기관이 총동원되어 부정선거에 개입하는 등 정통성에 대한 논란이 해결되지 않은 상황이었지만, 여하간 대통령은 박근혜가 되었다. 박근혜의 당선은 많은 이들을 절망케 했다. 연이어 노동자들이 목숨을 끊었다는 비보가 이어졌다. 죽지 말고 살아야 한다고 호소했으나 비극은 멈추지 않았다.

그리고 이듬해인 2013년 2월 25일. 박근혜가 '당선자' 꼬리를 떼고 대한민국 18대 대통령으로 취임하던 날, 나는 아내와 함께 집을 나섰다. 독재자 딸의 대통령 취임식을 생중계하는 방송이 꼴 보기 싫어 나선 길이었다. 우리가 찾아간 분은 장준하 선생의 부인, 김희숙 여사였다.

전날부터 정성껏 끓인 곰탕을 어머니께 건네드리며 잘 지내셨냐고 안부를 여쭸다. 그렇게 한참 말씀을 나누던 중 문득 쇠잔해진 어머니의 모습이 애처로웠다. 선거 결과에 또 얼마나 마음이 상하셨을까 싶어 넌지시 여쭤봤다. "어머니, 이번 선거 결과 보시고 가슴이 많이 아프셨죠?"

어머니는 성품 좋은 온화한 미소를 띠며 "네, 가슴이 많이 아파서 아주 혼났어요"라고 하셨다. 그 말씀에 나도 "그러셨겠죠. 저도 그런데 어머니 심정이야 오죽하실까요"라고 화답했다. 그러자 어머니가 손을 내저었다. "아니, 저는 진짜로 가슴이 아프더라고요. 그래서 요 앞 종합병원에 가서 의사에게 진찰도 받고 이것저것 엑스레이도 찍어보고 별거 다 해봤다니까요."

말씀을 들어보니 대통령 선거 결과가 발표되던 12월 20일 아침, 어머니는 갑자기 가슴에 큰 통증을 느꼈다. 그래서 119 구급차를 불러 병원에 갔는데, 검사 결과 신장 쪽에 작은 종양이 발견되었다. 다행히 악성 종양이 아니라 큰 문제는 없었다지만, 이어지는 어머니의 말씀이 좀 특별했다.

"의사가 하는 말이 손톱 크기만 한 종양이 신장 쪽에 있는데 괜찮다며 안심하라는 거예요. 그래서 제가 다시 물었어요. 그

종양이 손톱만 해요? 아니면 손마디만 해요?"

질문을 받은 의사는 "걱정하지 마세요. 진짜 손톱 크기만 하고 악성도 아니니 약만 잘 드시면 괜찮아지실 거예요"라고 말했다. 그때였다. 웃으며 답하는 의사에게 다시 어머니가 하신 말씀이다.

"선생님. 그 종양 크기가 손톱만 하건, 아니면 그보다 더 크건 상관없이 제가 꼭 여쭤볼 게 있는데요. 제가 앞으로 5년은 꼭 살아야겠는데요. 앞으로 5년은 더 살 수 있겠습니까? 어때요?"

의사는 어머니의 갑작스러운 질문에 "할머니, 왜 5년만 더 사시려고 하세요? 더 오래오래 사셔야죠"라고 웃으며 답했다.

이야기를 듣던 나도 어머니의 말씀에 웃음이 났다.

"아니, 어머니. 더 사셔야지 왜 5년만 더 살게 해달라고 하셨어요?"

"만약 지금 내가 죽으면 저세상 가서 영감을 만날 거 아니오? 그때 영감이 나더러 '그래, 지금 대한민국 대통령은 누가 하고 있소?'라고 물으시면 내가 차마 말을 못할 것 같아요. 그러니 앞으로 5년만 내가 더 살아서 다시 대통령을 뽑을 때까지 있어야겠단 생각이 들더라고요. 그래서 좀 더 좋은 사람이 대통령 되는 걸 보고 죽어야 내 영감한테 당당히 말할 수 있지 않겠어요?"

아내와 나는 순간 말을 잃었다. 왈칵 눈물이 났다.

내가 장준하 선생을 처음 알게 된 때는 1993년이었다. 학생 운동권 출신이었으나 부끄럽게도 그에 대해서 잘 알지 못했다. 우리나라 역사 교육이 문제라고 생각하는 이유 중 하나이다. 광복군으로, 언론인으로, 그리고 정치인과 재야 민주인사로 우리나라 독립과 민주주의를 위해 많은 역할을 해온 분이지만, 그분을 알게 될 기회가 거의 없었다. 그러다가 김영삼 정부가 들어선 1993년, SBS 시사프로 〈그것이 알고 싶다〉에서 장준하 선생의 생애와 의문사를 다룬 2부작 특집을 했는데, 그것이 내가 처음으로 장준하 선생의 존재와 역할을 알게 된 계기였다. 지금도 기억에 남는 것은 당시 이 방송을 진행했던 문성근의 마지막 멘트였다.

"이제 우리는 장막에 가려진 장준하 사건의 한구석을 조금 열어보았을 뿐입니다. 그 속에는 왜곡된 사실과 우리가 찾고자 하는 진실이 뒤엉켜 있을 것입니다. 그 속에서 진실을 찾아내기 위해 이제 우리 사회의 책임 있는 곳에서 이 사건이 공식적으로 거론되기를 진심으로 바랍니다. 침묵을 지키고 있던 분들께서도 이제는 그 침묵을 깨야 한다고 감히 말씀드리고 싶습니다. 우리가 원하는 진실은 쉽게 얻어지지 않지만, 그것을 얻은 사회는 역사 앞에 언제나 떳떳할 수 있기 때문입니다."

나 역시 마찬가지였다. 장준하 선생의 의문사와 그 죽음 뒤편에 가려진 진실을 이제는 밝혀야 한다고 생각했다. 그리고 그 진실을 문성근의 표현처럼 '우리 사회의 책임 있는 곳에서 누군가가' 잘 조사해주기를 진심으로 바랐다.

운명은 참으로 묘했다. 그 방송을 본 후 정확히 만 10년이 지나던 2003년, 다른 사람도 아닌 바로 내가 그 사건 담당 조사관으로 임명되었다. 2003년 재출범한 제2기 대통령소속 의문사 진상규명위원회에서였다. 나는 미치도록 이 사건의 진실을 밝히고 싶었다. 하지만 현실은 녹록지 않았다. 수많은 장애물이 존재했고 이를 돌파할 우리의 능력은 너무 부족했다. 진실을 밝혀야 할 기관과 사람들의 방해와 비협조, 그리고 터무니없는 부인과 거짓이 난무하는 상황에서 조사할 시간은 제한되어 있었다.

이런 어려운 상황 속에서도 우리는 그나마 진실의 일부를 확인했다. 간결하게 정리하자면 "장준하는 등반 중 추락사하지 않았다"는 것이다. "장준하와 함께 등산을 하던 중 실족, 추락하는 것을 목격했다"는 기존 목격자의 주장은 사실이 아닌 것으로 밝혀졌다. 그렇다면 이제 누가 장준하를 사망에 이르게 했는가를 밝히는 숙제가 남았다.

그러던 2012년 8월 1일, 이러한 타살 의혹을 밝혀낸 이는 다름 아닌 장준하 선생 본인이었다. 37년 만에 모습을 드러낸, 외부 가격 흔이 역력한 두개골을 통해 그가 진실을 밝혀달라고 직접 호소한 것이다. 하지만 여전히 장준하 선생에 대한 국가 차원의 조사는 이루어지지 않고 있다. 독재자 아버지 시대에 벌어진 이 야만적 사건에 대해 그의 딸이 대통령으로서 외면하고 있기 때문이다. 통탄할 일이 아닐 수 없다.

그래서 이런 생각을 해봤다. 전두환이 독재자 박정희의 '정치적 아들'을 자임했다면, 나는 장준하 선생의 '정신적 아들'을 자임하고 싶다. 장준하 선생에 대한 의문사를 조사하면서 나는 그 분을 진심으로 존경하게 되었다. 조국과 민중에 대한 그 뜨거운 사랑과 열정을, 정의에 기초한 용기 있는 실천을 흠모하게 되었다. 나 역시 장준하 선생이 걸어간 그 길을 따라 대한민국을 제대로 된 민주주의 인권 국가로 만드는 데 일조하고 싶다.

나와 같은 생각을 가진 사람이 많아졌으면 좋겠다. 장준하의 정신적 아들, 딸을 자임하는 사람들이 10만 명, 아니 100만 명쯤 생겨난다면, 장담컨대 대한민국은 우리가 자랑할 만한 나라가 될 것이라고 확신한다. 이 책이 그러한 사람들에게 용기를 주는 작은 계기가 되기를 바란다.

마지막으로 남기고 싶은 말이 있다. 이 책을 마무리 짓고 있던 어느 날 새벽, 나는 홀로 울었다. 글을 쓰면서 새삼 알게 된 장준하 선생의 모습이 인간적으로 너무 애처로웠다. 욕심이 없었던 사람, 오직 조국과 민중만 생각했고 떠날 땐 장례비 걱정을 해야 할 만큼 청빈했던 일생. 그런데 나는 그런 분에게 해드릴 것이 없어 미안했다. 그분에게 이 책이 자그마한 응원과 위로가 되기를 기원한다.

진심으로 고맙고 고마운 분. 장준하 선생님, 영원히 잊지 않겠습니다.

광복군 시절 26세의 장준하.

도쿄 유학 시절. 왼쪽부터 김용묵, 김익준, 장준하.

1945년 8월 중국 시안에서 OSS 훈련 시절. 왼쪽부터 노능서, 김준엽, 장준하.

思想界

主要目次

—人間問題 特輯—

人間과 文化……金 桂 淑
人間 生活과 宗教……金 在 俊
人間과 教育……林 漢 永
東洋人의 人生觀……裵 成 龍
佛教의 人生觀……權 相 老
칸트의 人間觀……金 基 錫
人間 變質論……P.A. 쏘로킨
人間에 對한 小考
—基督教的 立場에서—……池 東 植

三一精神論……白 樂 濬
自由의內省……에니·도·루즈몽
長官論……李 殷 相
創作「不孝之書」……金 光 洲

4

1953

1953년 4월《사상계》창간호.

1960년 사상계 사무실에서.

1959년 제4회 동인문학상 시상식장 앞에서 아내 김희숙과 함께.

사상계 동료들과 함께. 1960년 강용준의 신인문학상 수상 축하 모임.

1962년 8월 마더 테레사 수녀와 함께 막사이사이상을 받은 장준하.

1962년 8월 막사이사이상을 받고 귀국한 후 인터뷰하는 모습.

사상계 대표 시절의 장준하.

1965년 대일 굴욕외교 반대투쟁 강연장에서.

1967년 4월 대통령 선거 기간 중 국가원수 모독죄로 구속된 장준하.

1969년 3선 개헌 저지를 위한 전국적 유세에서 연설하는 장준하.

국회의원 시절 국방부 국정감사를 하고 있는 모습.

1970년 대통령 명예훼손죄로 선고유예 판결을 받는 장준하.

1973년 12월 24일 서울 YMCA 2층 총무실에서
개헌청원 100만인 서명운동을 발표하는 모습.

1974년 1월 개헌청원 100만인 서명운동을 주도해
긴급조치 1, 2호 위반 죄목으로 구속되어 재판을 받는 장준하(오른쪽)와 백기완.

1975년 8월 명동성당에서 열린 장례미사.

1975년 10월 49제를 맞아 열린 추모의 밤. 함석헌, 김대중 등 재야 인사들이 참석했다.

ⓒ 유성호

2013년 3월 30일 서울광장에서 열린 고 장준하 선생 겨레장 운구 행렬.

© 권우성

오른쪽 두개골이 함몰된 장준하의 유골.

연보

1918. 8. 27. 평북 의주에서 기독교 목사인 부 장석인, 모 김경문 여사 사이의 4남 1녀 중 장남으로 출생하다.

1932. 삭주 대관국교 졸업, 평양 숭실학교에 입학하다.

1933. 4. 선천 신성중학교에 전학, 1937년 3월 졸업하다.

1937. 4. 정주 신안소학교 교원으로 3년간 봉직하다.

1940. 4. 일본국 동경 일본신학교에 입학하다.

1943. 11. 김준덕 씨의 장녀 김희숙 씨와 결혼하다.

1944. 1. 일본 학병에 입대, 중국으로 끌려가다. 동년 7월 일군에서 탈출, 중국군에 가담하다.

1944. 8. 중국 중앙군관학교 임천 분교에서 군사교육을 받고 동년 12월 중국 중앙군 준위에 임관되다.

1945. 1. 중국 중경에서 광복군에 편입, 광복군 대위에 임관되고 《등불》, 《제단》지를 간행하며 광복 투쟁에 헌신하다.

1945. 8. 중국 시안에서 미국군 군사교육을 받고 국내 밀파 특수공작원으로 대기 중 해방을 맞다.

1945. 8. 18. 독립군으로 여의도 비행장에 착륙, 일군의 저지로 시안에 다시 귀환하다.

1945. 11. 대한민국 임시정부의 일원으로 입국, 김구 주석 비서, 비상국민회의 서기 및 민주의원 비서 등을 역임하다.

1947. 12. 조선민족청년단에 참가, 중앙훈련소 교무처장을 역임하다.

1975년 10월 7일 오후 7시, 함석헌 선생의 주도로 명동 YWCA 대강당에서 장준하 선생 추도 예배가 개최되었고 이날 참석한 이들에게 나눠준 유인물에는 '장준하 선생의 경력'이 실려 있었다. 그날의 의미를 되살려 이 연보를 싣는다. 유인물은 장준하 선생이 안장된 1975년 8월 21일까지만 기록하고 있어, 그 이후는 저자가 보태어 정리했다.

1949. 1. 도서출판 '한길사'를 창립하다. 동년 2월에 한국신학대학에 편입, 동년 6월에 졸업하다.

1952. 3. 대한민국 정부 서기관에 임관, 국민사상 연구원 기획, 서무과장, 사무국장 등을 역임하다.

1953. 4. 사상계사를 설립, 월간 《사상계(思想界)》지를 발행하여 16년간 자유민주 반독재 투쟁에 헌신하다.

1960. 5. 유네스코 한국위원회 중앙집행위에 피임, 홍보분과위원장을 역임하다.

1960. 10. 문교부 대학교육심의회 위원으로 선임되다.

1961. 1. 대한민국 국토건설본부 기획부장을 역임하다.

1962. 8. 비율빈 막사이사이 재단에서 막사이사이상 언론 문학상을 수상, 동 상금으로 독립문화상을 창설하다.

1964. 언론자유수호투쟁위원회에 참가, 언론윤리법 반대 투쟁에 나서다.

1965. 조국수호협의회에 참가, 한일조약 반대 투쟁에 가담하다.

1966. 9. 한비 밀수 규탄연설 중 이른바 '밀수 왕초' 사건으로 10개월간 투옥되다.

1967. 3. 4자회담을 주선, 야당 통합을 추진하여 신민당에 입당하다.

1967. 4. 대통령 선거운동 중 국가원수 모독죄로 3개월간 투옥되다.

1967. 6. 옥중 출마로 서울 동대문 을구 국회의원에 당선되다.

1968. 이스라엘 등지를 시찰하다.

1969. 9. 3선 개헌 반대 투쟁위원회 선전위원으로 활약하다.

1970. 대통령 명예훼손죄로 대법원에서 선고유예 선고를 받다.

1970. 2. 새로운 민족 세력의 규합을 위하여 신당운동을 추진하다.

1971. 출판사 '사상사'를 설립, 자서 《돌베개》를 출판하다

1971. 민족 문제에 대한 전망을 안고 민족학교 운동에 참여하다.

1972. 민주수호국민협의회에 참가하다.

1972. 7. 7·4 성명의 정신을 적극 지지하고 남북 평화통일에 헌신하다.

1973. 2. 민주통일당 창당에 참여, 최고위원에 피임되다.

1973. 12. 민주회복 투쟁을 위하여 개헌청원 백만인 서명운동을 주도하다.

1974. 1. 대통령 긴급조치 1호 위반으로 구속되다.

1974. 4. 15년 징역형을 선고받고 복역 중 동년 12월 형집행정지로 석방되다.

1975. 3. 개헌 민주운동 노선의 단일화 촉구를 위하여 동년 4월 민주통일당을 탈당하다.

1975. 8. 17. 경기도 포천군 이동면 도평리에서 사고로 서거하다.

1975. 8. 21. 경기도 파주군 광탄면 천주교 묘지에 안장되다.

1975. 10. 서울 명동 YWCA에서 함석헌 선생 주도로 추도 예배를 거행하다.

1988. 대한민국 국회 본회의장에서 민주통일당 조만후 국회의원이 장준하 사망 의혹을 처음 제기하다. 이후 포천경찰서에서 재수사를 착수하다.

1991. 8. 15. 건국훈장 애국장이 추서되다.

1993. 4. 15. 제1회 한신상이 추서되다.

1993. SBS 〈그것이 알고 싶다〉에서 장준하 사인 의혹을 보도하다.

1999. 11. 1. 잡지의 날을 맞아 금관문화훈장(1급)이 추서되다.

2000. 대통령소속 의문사 진상규명위원회에서 사인 의혹 조사를 개시하다.

2012. 8. 파주 천주교 묘원에서 장준하 공원으로 이장하기 위해 개묘하는 과정에서 직경 6센티미터의 두개골 상흔이 발견되다.

2013. 3. 서울대 의대 이정빈 교수, 장준하 사인에 대해 '머리를 가격당해 숨졌다'는 결론을 내리다.

2015. 8. 17. 장준하 사후 40주기

중정이 기록한 장준하

민주주의자 장준하 40주기 추모 평전

1판 1쇄 펴낸날 | 2015년 9월 21일

지은이 고상만
펴낸이 오연호
본부장 김병기
편집장 서정은 관리 문미정

펴낸곳 오마이북
등록 제313-2010-94호 2010년 3월 29일
주소 서울시 마포구 월드컵북로 396 누리꿈스퀘어 비즈니스타워 18층 (121-270)
전화 02-733-5505 팩스 02-3142-5078
홈페이지 book.ohmynews.com 이메일 book@ohmynews.com
페이스북 www.facebook.com/Omybook

책임편집 서정은
교정 김인숙
디자인 여상우
사진제공 장준하기념사업회
인쇄 천일문화사

ISBN 978-89-97780-16-7 03990

이 도서의 국립중앙도서관 출판예정도서목록(CIP)은 서지정보유통지원시스템 홈페이지(http://seoji.nl.go.kr)와 국가자료공동목록시스템(http://www.nl.go.kr/kolisnet)에서 이용하실 수 있습니다.(CIP제어번호: CIP2015024442)

오마이북은 오마이뉴스에서 만드는 책입니다.